***ACCESO GRATIS** a la Lectura en la Nube*

Para visualizar el libro electrónico en la nube de lectura envíe junto a su nombre y apellidos una fotografía del código de barras situado en la contraportada del libro y otra del ticket de compra a la dirección:

ebooktirant@tirant.com

En un máximo de 72 horas laborales le enviaremos el código de acceso con sus instrucciones.

EL REGLAMENTO EUROPEO DE INTELIGENCIA ARTIFICIAL

EL REGLAMENTO EUROPEO DE INTELIGENCIA ARTIFICIAL

MOISÉS BARRIO ANDRÉS
Director

MARGARITA CASTILLA BAREA
JOAQUÍN DELGADO MARTÍN
VANESSA JIMÉNEZ SERRANÍA
LUIS MIGUEZ MACHO
CARMEN MUÑOZ GARCÍA
MARCOS TORRES CARLOS

tirant lo blanch
Valencia, 2024

En caso de erratas y actualizaciones, la Editorial Tirant lo Blanch publicará la pertinente corrección en la página web www.tirant.com.

EDITA: TIRANT LO BLANCH
C/ Artes Gráficas, 14 - 46010 - Valencia
TELFS.: 96/361 00 48 - 50
FAX: 96/369 41 51
Email: tlb@tirant.com
www.tirant.com
Librería virtual: www.tirant.es
DEPÓSITO LEGAL: V-1884-2024
ISBN: 978-84-1071-303-1

Si tiene alguna queja o sugerencia, envíenos un mail a: *atencioncliente@tirant.com*. En caso de no ser atendida su sugerencia, por favor, lea en *www.tirant.net/index.php/empresa/politicas-de-empresa* nuestro procedimiento de quejas.

Responsabilidad Social Corporativa: http://www.tirant.net/Docs/RSCTirant.pdf

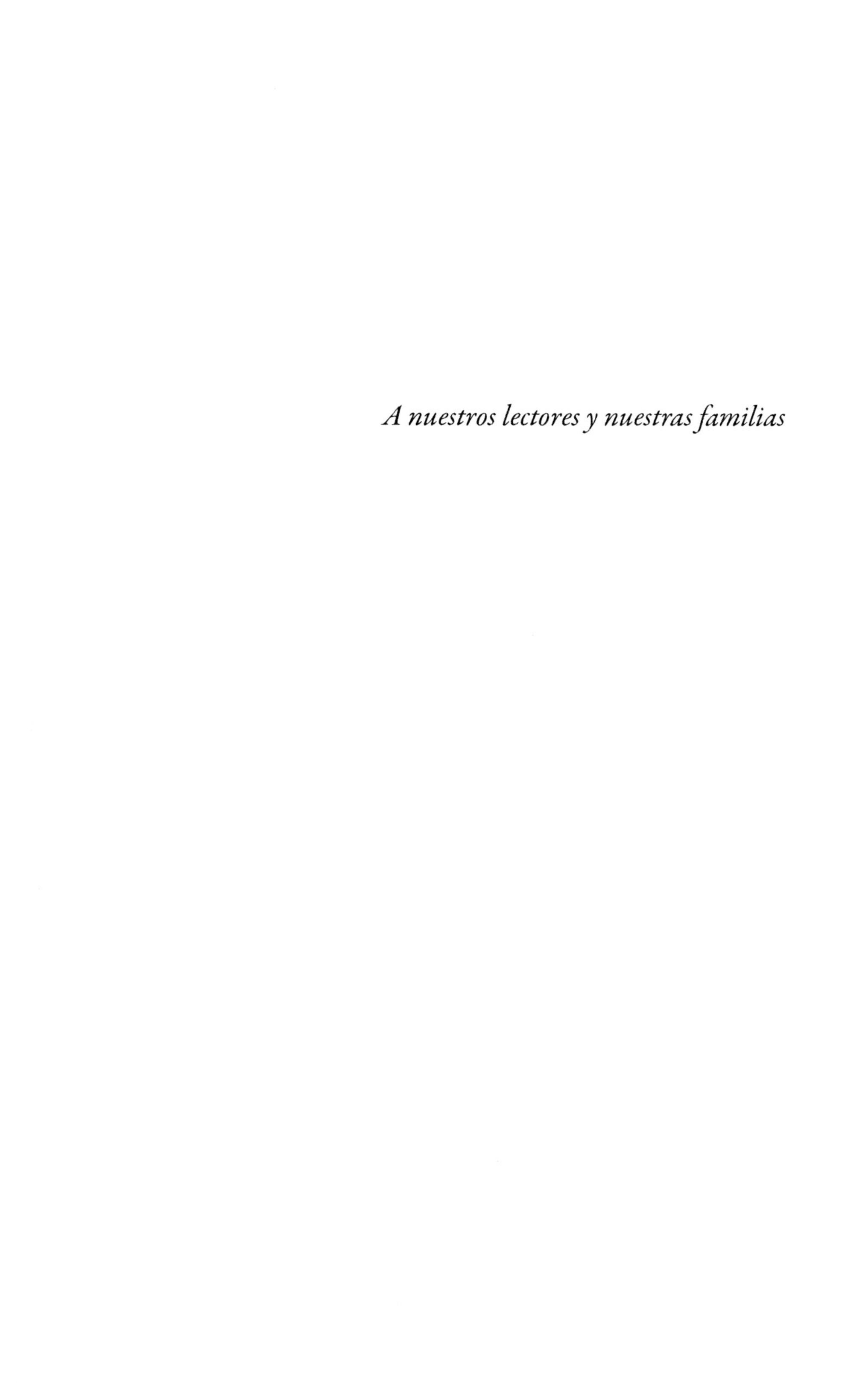

A nuestros lectores y nuestras familias

Índice

Capítulo III

MODELOS DE IA DE USO GENERAL Y SISTEMAS DE IA DE RIESGO LIMITADO Y MÍNIMO

Carmen Muñoz García

Capítulo IV

MEDIDAS DE APOYO A LA INNOVACIÓN Y ARQUITECTURA DE GOBERNANZA

Vanessa Jiménez Serranía

Capítulo V

VIGILANCIA POSTCOMERCIALIZACIÓN, CÓDIGOS DE CONDUCTA Y DIRECTRICES

Margarita Castilla Barea

Capítulo VI

RÉGIMEN SANCIONADOR

Joaquín Delgado Martín

ABREVIATURAS

AESIA:	Agencia Española de Supervisión de la Inteligencia Artificial.
AVM:	Autoridad de Vigilancia del Mercado.
CDFUE:	Carta de los Derechos Fundamentales de la Unión Europea.
CE:	Constitución Española de 1978.
CEDH:	Convenio Europeo de Derechos Humanos.
DDAMUD:	Directiva (UE) 2019/790 del Parlamento Europeo y del Consejo, de 17 de abril de 2019, sobre los derechos de autor y derechos afines en el mercado único digital y por la que se modifican las Directivas 96/9/CE y 2001/29/CE.
DMA:	Reglamento (UE) 2022/1925 del Parlamento Europeo y del Consejo, de 14 de septiembre de 2022, sobre mercados disputables y equitativos en el sector digital y por el que se modifican las Directivas (UE) 2019/1937 y (UE) 2020/1828 (Reglamento de Mercados Digitales).
DOUE:	Diario Oficial de la Unión Europea.
DSA:	Reglamento (UE) 2022/2065 del Parlamento Europeo y del Consejo, de 19 de octubre de 2022, relativo a un mercado único de servicios digitales y por el que se modifica la Directiva 2000/31/CE (Reglamento de Servicios Digitales).
EDPS:	Ver SEPD.
GPAI:	Modelo de IA de uso general (General-Purpose AI models).
IA:	Inteligencia Artificial.
LOPDGDD:	Ley Orgánica 3/2018, de 5 de diciembre, de Protección de Datos Personales y garantía de los derechos digitales.
MAS:	Sistemas Multiagente.
OCDE:	Organización para la Cooperación y el Desarrollo Económicos.
RGPD:	Reglamento (UE) 2016/679 del Parlamento Europeo y del Consejo, de 27 de abril de 2016, relativo a la protección de las personas físicas en lo que respecta al tratamiento de datos personales y a la libre circulación de estos datos y por el que se deroga la Directiva 95/46/CE (Reglamento general de protección de datos).

RIA: Reglamento (UE) 2024/1689 del Parlamento Europeo y del Consejo, de 13 de junio de 2024, por el que se establecen normas armonizadas en materia de inteligencia artificial y por el que se modifican los Reglamentos (CE) n.º 300/2008, (UE) n.º 167/2013, (UE) n.º 168/2013, (UE) 2018/858, (UE) 2018/1139 y (UE) 2019/2144 y las Directivas 2014/90/UE, (UE) 2016/797 y (UE) 2020/1828 (Reglamento de Inteligencia Artificial).

RVM: Reglamento (UE) 2019/1020 del Parlamento Europeo y del Consejo, de 20 de junio de 2019, relativo a la vigilancia del mercado y la conformidad de los productos y por el que se modifican la Directiva 2004/42/CE y los Reglamentos (CE) n.º 765/2008 y (UE) n.º 305/2011.

SEPD: Supervisor Europeo de Protección de Datos.

TEDH: Tribunal Europeo de Derechos Humanos.

TFUE: Tratado de Funcionamiento de la Unión Europea.

TJUE: Tribunal de Justicia de la Unión Europea.

UE: Unión Europea.

AUTORES

Moisés Barrio Andrés es Profesor de Derecho digital, Asesor internacional en regulación, Árbitro y Letrado del Consejo de Estado. Pertenece al grupo de expertos sobre Ciberpolítica del Real Instituto Elcano y al Foro Nacional de Ciberseguridad. En 1992, a sus 11 años, fundó IDESOFT, empresa fabricante de software y de soluciones tecnológicas y de ciberseguridad que fue pionera en Internet.

Margarita Castilla Barea es Catedrática de Derecho Civil de la Universidad de Cádiz. Es Directora del Programa de Doctorado en Ciencias Sociales y Jurídicas de la Universidad de Cádiz, Vicepresidenta y fundadora de OSPIA, Observatorio Sector Público e Inteligencia Artificial y Miembro del Quality and Ethics Committee of European University of the Seas (SEA-EU Alliance).

Joaquín Delgado Martín es Magistrado de la Sala Penal de la Audiencia Nacional y Miembro de la Red Judicial de Especialistas en Derecho UE (REDUE).

Vanessa Jiménez Serranía es Profesora Permanente Laboral de Derecho Mercantil de la Universidad de Salamanca, Vicepresidenta Segunda de la LIDC (International Ligue of Competition Law) y Secretaria de la Red Académica de Derecho de la Competencia.

Luis Miguez Macho es Catedrático de Derecho Administrativo de la Universidad de Santiago de Compostela y Director del Máster de Formación Permanente en Ciberseguridad de la Universidad de Santiago de Compostela.

Carmen Muñoz García es Profesora Titular de Derecho Civil de la Universidad Complutense de Madrid y Codirectora de la Sección de IA del Spanish Hub (ELI), y miembro de la Cátedra ENIA Internacional sobre «IA Generativa: retos y riesgos».

Marcos Torres Carlos es Secretario del Centro de Estudios de la Empresa de la Universidad de Santiago de Compostela.

PRÓLOGO

La regulación digital europea ha inaugurado una nueva etapa con la reciente aprobación del Reglamento Europeo de Inteligencia Artificial (RIA o *AI Act* por su abreviatura inglesa). Esta legislación, a la vanguardia de los debates mundiales sobre la regulación de la IA, se sitúa en la intersección de la protección de los ciudadanos y el desarrollo de la innovación tecnológica.

El RIA encarna el deseo de la Unión Europea (UE) de forjar un marco legislativo europeo que preserve los valores esenciales sin restringir la competitividad europea. Este texto normativo es el resultado de un laborioso consenso, que busca conciliar las aspiraciones de libertad empresarial y promoción del progreso tecnológico con los imperativos del respeto a los derechos fundamentales y la garantía de la seguridad en los sistemas de IA.

Por eso, la intensidad regulatoria que incorpora está adaptada al nivel de riesgo del concreto sistema de IA sobre la salud, la seguridad y los derechos fundamentales del usuario. Es muy diferente la regulación que tendrán un coche autónomo o el corrector ortográfico de Word, por ejemplo. La norma quiere evitar frenar las iniciativas empresariales innovadoras, garantizando al mismo tiempo los derechos fundamentales de las personas.

La adopción del RIA viene acompañada de impactos económicos positivos, que influyen directamente en las empresas europeas. Al sentar una base sólida para la regulación de la IA en función del concreto nivel de riesgo, la UE aspira a crear un entorno de confianza para los usuarios y proveedores de soluciones de IA. Esta confianza es esencial para estimular la inversión y la investigación en un sector tan competitivo. A ello se suma la incorporación de entornos controlados de pruebas, los *sandbox*, para que el cumplimiento normativo no lastre la innovación.

Desde el punto de vista social, sus consecuencias son igualmente significativas. Con un enfoque en la supervisión regulatoria, el RIA busca prevenir riesgos de discriminación y vulneraciones de la privacidad. La inteligencia artificial, establece el considerando 2 del RIA, debe estar al servicio de los ciudadanos y facilitar "la protección de las personas físicas, las empresas, la democracia, el Estado de Derecho y el medio ambiente".

La regulación de la inteligencia artificial no es una preocupación exclusiva de la UE. Otras jurisdicciones de todo el mundo ya han implementado o están considerando regulaciones con aspiraciones asimismo globales. Sin embargo, el RIA destaca por su enfoque integral y preventivo, que bien puede instaurar nuevos estándares mundiales, el conocido como "efecto Bruselas" ya logrado por ejemplo en protección de datos. Al analizar la regulación internacional, podemos ver que algunas naciones apuestan por una regulación sectorial o de *laissez-faire*. En cambio, la UE, con sus especificidades europeas, pretende tomar la delantera en términos de derechos fundamentales. El RIA ambiciona alinear las prácticas de la industria con los valores jurídicos y democráticos comunes a toda Europa.

El nuevo Reglamento, no obstante, es una norma bastante compleja. Precisamente a aportar claridad se dirige el presente estudio sistemático, que quiere traer luz y claves prácticas ante este nuevo horizonte normativo. Este libro pretende poner de manifiesto y acercar al lector a las novedades que trae el RIA de forma sencilla y accesible, al tiempo que brinda herramientas ante la inexistencia de un cuerpo doctrinal y jurisprudencial interpretativo de su contenido.

También quiero agradecer a Tirant lo Blanch y, muy especialmente, a su CEO Salvador Vives la confianza en esta nueva singladura editorial con la presente obra. Para concluir, manifiesto mi satisfacción por haber conducido una obra con un plantel magnífico de colegas, a los que reitero su generosidad por su trabajo y compromiso. Ha sido un lujo trabajar con ellos. Así como a nuestros lectores por la elección de este libro para acercarse al Reglamento.

Madrid-San Juan de Luz, julio de 2024.

Moisés Barrio Andrés
Letrado del Consejo de Estado, J.D., Ph.D., Árbitro y Abogado
https://www.moisesbarrio.es/
@moisesbarrioa

Capítulo I

OBJETO, ÁMBITO DE APLICACIÓN Y SENTIDO DEL REGLAMENTO EUROPEO DE INTELIGENCIA ARTIFICIAL

MOISÉS BARRIO ANDRÉS
Letrado del Consejo de Estado. Profesor de Derecho digital

I. CONCEPTO DE INTELIGENCIA ARTIFICIAL

La inteligencia artificial (IA), o para ser más exactos, el conjunto de tecnologías agrupadas bajo este supraconcepto (*oberbegriff*)[1], es notoriamente difícil de definir, y este rasgo ha sido tanto una ventaja como una rémora. La amplitud del término ha permitido que un conjunto muy extenso y dispar de técnicas sean agrupadas en esta disciplina, desde técnicas de aprendizaje automático con uso intensivo de datos (el popular *machine learning*), como las redes neuronales, hasta lógicas de deducción basadas en modelos. También se han incluido técnicas muy heterogéneas, que comprenden desde la estadística hasta el uso de modelos psicológicos de la mente.

Esta amalgama[2] de tecnologías ha estimulado muchos debates sobre el concepto y capacidades de la IA. Aunque en algunos contextos estos debates son fecundos, también han originado bastante confusión, especialmente en ámbitos no tecnológicos. En ocasiones, han llevado a algunas voces y a muchos ciudadanos a albergar expectativas o a expresar preocupaciones sobre la IA que no se basan en lo que la tecnología es capaz de hacer actualmente o en lo que podemos

---

1 Sobre ello, *vid.* BARRIO ANDRÉS, M., "Inteligencia artificial: origen, concepto, mito y realidad", en *El Cronista del Estado Social y Democrático de Derecho*, núm. 100, 2022.

2 La obra decana de la disciplina, de los profesores RUSSELL y NORVIG, tiene más de mil páginas para cubrir con buen detalle las más relevantes. *Vid.* RUSSELL, S. y NORVIG, P., *Artificial Intelligence: A Modern Approach*, Editorial Pearson, Londres, 2021, 4.ª ed. Una visión más sintética la he desarrollado en BARRIO ANDRÉS, M., *Manual de Derecho digital*, Editorial Tirant lo Blanch, Valencia, 2024, 3.ª ed., capítulo 3.

decir con seguridad que se logrará en los próximos decenios, sino en extrapolaciones que se asientan, ante todo, en creencias y presentimientos.

En todo caso, el término inteligencia "artificial" implica una distinción con respecto a la inteligencia "natural", la propia de los seres humanos, y se refiere a que el origen de la inteligencia es el resultado de un esfuerzo informático intencionado, en lugar de la inteligencia de una persona.

Principalmente existen dos enfoques básicos para la IA:

a) La IA basada en el conocimiento (*knowledge-based AI*), que trabaja con una representación simbólica explícita del conocimiento. En esta dirección, sus tecnologías utilizan un conocimiento extraído a partir de expertos humanos o documentos y lo representan de manera explícita y formal (por medio de ontologías, bases de conocimiento, modelos conceptuales...), de manera que se crea un algoritmo para razonar e inferir soluciones a problemas o consultas en un ámbito particular. Un ejemplo típico de este enfoque son los sistemas expertos[3] basados en reglas de los años 80 del siglo pasado.

b) La IA basada en datos (*data-driven AI*), más conocida como aprendizaje automático (el *machine learning*), se centra en el aprendizaje a partir de ejemplos o de la experiencia en el uso del sistema. Los datos observados representan información incompleta sobre los acontecimientos, y los algoritmos de aprendizaje tratan de generalizar esa información para hacer predicciones sobre los sucesos conocidos. No existe una representación explícita del conocimiento como en la dirección anterior. No utilizan causalidad, sino probabilidad. Sólo recientemente han sido viables porque requieren enormes cantidades de datos y recursos informáticos para ser eficaces, lo cual ha sido posible gracias a Internet y a la computación en la nube. Y es que el auge del *big data* está ligado al desarrollo actual del aprendizaje automático.

Cada enfoque tiene sus propias ventajas y limitaciones. El aprendizaje automático es bastante apropiado en operaciones que requieren la identificación de patrones, como sucede en la visión artificial, reconocimiento del habla, robótica o detección de virus, entre otras. La IA basada en el conocimiento sigue siendo útil para tareas en campos específicos en los que el conocimiento y el razonamiento pueden estar bien sistematizados, como la resolución de problemas por

---

[3] Sobre ellos, *vid.* MARTINO, A. (ed.), *Expert system in law*, Editorial North-Holland, Nueva York, 1992.

parte de expertos. No obstante, en la práctica muchos sistemas inteligentes suelen utilizar diversos componentes provenientes de ambos enfoques, lo que se conoce como "sistemas multiagente" (los *multi-agent systems* o MAS).

Una forma de comprender la IA es compararla con el software tradicional. Por ejemplo, prácticamente todos los operadores jurídicos escribimos textos mediante un programa informático de tratamiento de textos, como Microsoft Word, OpenOffice o Google Docs. Para comenzar, se debe seleccionar la opción de crear un nuevo archivo, luego se escribe el texto, se va formateando con su encabezado y pie de página, negritas, cuadros de texto, etc. Por último, es preciso guardar el documento confeccionado en el archivo deseado. De este modo, es el usuario el que determina las acciones y el software tradicional ejecuta, en consecuencia, las rutinas y los procedimientos necesarios en cada opción del programa de tratamiento de textos.

Por el contrario, en un sistema de IA es el propio software quien toma todas las decisiones en lugar del usuario. La IA es quien confeccionaría todo el documento sin intervención de la persona. Es el caso, por ejemplo, de herramientas como ChatGPT de OpenAI o Copilot de Microsoft, que responden de forma autónoma a la consulta planteada por el usuario. De este modo, aquí encontramos el rasgo distintivo entre un software tradicional y un software que utiliza IA: *quien* decide. En el software tradicional decide el usuario, pero en el software que utiliza IA lo hace directamente el programa informático. Este software inteligente es quien, de forma directa y automática, adopta la decisión para actuar. Tomar decisiones implica la capacidad de razonar. Y como el software que utiliza IA toma decisiones, puede fallar igualmente. Por lo tanto, un programa de IA tiene que gestionar la realización de acciones con éxito, pero también hacer frente a los fallos. Por eso, y para mejorar su rendimiento, los programas informáticos que utilizan IA aprenden de sus fracasos y de sus éxitos. A la postre, podemos concluir que el razonamiento y el aprendizaje son características distintivas de la inteligencia artificial.

En este sentido, la IA intenta emular algunas capacidades de los humanos que van más allá del procesamiento de tareas repetitivas (por ejemplo, los cálculos). Se trata, por lo general, de la capacidad de reconocer patrones que describen objetos, situaciones o emociones, y de encaminar sus acciones hacia algún objetivo (que puede describirse como un patrón deseado). El reconocimiento de patrones es, por tanto, una capacidad fundamental de la IA, y puede aplicarse a diferentes fines: imagen, sonido, voz, vídeo, texto, minería de datos, virus informáticos, ciberataques, mensajes *spam*, etc. De hecho, los recientes avances con técnicas de aprendizaje automático para el reconocimiento de patrones logrados por los grandes gigantes tecnológicos como Microsoft, Google, Amazon, Open-AI o Facebook/Meta han contribuido en gran medida a las expectativas que la IA ha generado en la actualidad.

A largo plazo, la IA pretende dotar a las máquinas de capacidades más avanzadas, como la creatividad y la inteligencia interpersonal. De momento, aunque es posible hacer que un sistema inteligente funcione muy bien en un aspecto, la IA está todavía lejos de emular la capacidad de los seres humanos de moverse por el mundo, interactuar de muchas maneras diferentes con distintos tipos de personas, animales y objetos, definir nuevas metas y preguntarse por el sentido de la vida. En esta dirección, la distinción que cuenta con más predicamento diferencia entre IA débil e IA fuerte:

a) La IA "*débil*", que es la actualmente disponible, tiene la capacidad de resolver problemas específicos, normalmente mejor que los humanos. Al igual que los sistemas expertos de principios de los años 80, con sus miles de reglas, el objetivo de estos sistemas de IA débil es resolver problemas delimitados. Lo que difiere de los años 80 es que ahora contamos con la potencia de cálculo, los datos y las técnicas pertinentes para construir sistemas que puedan resolver problemas sin que sea preciso articular explícitamente todas las reglas.

b) La IA "*fuerte*", también conocida como inteligencia artificial "*general*" (IAG), significa que la IA puede conseguir la capacidad de realizar cualquier objetivo al menos tan bien como lo hacen los humanos. Del mismo modo que las personas, puede examinar una situación y hacer el mejor uso de los recursos a su alcance para lograr sus objetivos. Ahora bien, por el momento no existe. Una IA fuerte igualaría o excedería la inteligencia humana, y se define como la capacidad de razonar, representar el conocimiento, planificar, aprender, comunicarse en lenguaje natural e integrar todas estas habilidades hacia un objetivo común. Para lograr un estatus de IA fuerte, un sistema tiene que ser capaz de llevar a cabo estas habilidades. Si surgirá o no una IA fuerte es algo muy discutido en la comunidad científica y cuyo examen pormenorizado excede los contornos de este libro. En todo caso, como bien subraya LLANO ALONSO[4], en una

---

4 LLANO ALONSO, F. H., *Homo Ex Machina. Ética de la inteligencia artificial y Derecho digital ante el horizonte de la singularidad tecnológica*, Editorial Tirant lo Blanch, Valencia, 2024, pág. 223.

eventual evolución de la IA desbocada "*no basta con exigir solamente una IA centrada en el ser humano, justa, responsable e inclusiva en sus decisiones automatizadas [...]; como ciudadanos no podemos eludir nuestro compromiso ético-jurídico con la defensa de los valores superiores que inspiran la democracia, la constitución y el Estado de Derecho, ni tampoco podemos desentendernos, como miembros de la especie humana, del deber de mantener solidariamente el legado cultural del humanismo, cuyos fundamentos iusfilosóficos están en plena sintonía con el desarrollo científico-tecnológico, siempre que sea respetuoso con los derechos humanos, con especial atención a la autonomía, la dignidad y la integridad moral de las personas*".

En nuestro tiempo, las organizaciones emplean sistemas de IA para adoptar decisiones de contratación, despido y promoción profesional. Los bancos evalúan la elegibilidad de los prestatarios y el riesgo crediticio mediante algoritmos. Las redes sociales, en buena parte, descansan en ellos para moderar y organizar sus contenidos. Los algoritmos de recomendación nos empujan hacia noticias, informaciones, productos y entretenimiento. Ahora bien, el grado de decisión autónoma del software es variable: algunas decisiones están totalmente automatizadas, mientras que otras están ayudadas por la tecnología.

Esta distinción también la encontramos en nuestro Derecho: mientras que el artículo 41 de la Ley 40/2015, de 1 de octubre, de Régimen Jurídico del Sector Público permite incluso automatizar por entero todo un procedimiento administrativo —incluyendo, por tanto, la resolución final—, el Real Decreto-ley 6/2023, de 19 de diciembre, por el que se aprueban medidas urgentes para la ejecución del Plan de Recuperación, Transformación y Resiliencia en materia de servicio público de justicia, función pública, régimen local y mecenazgo lo limita a un borrador total o parcial de documento complejo que "*puede constituir fundamento o apoyo de una resolución judicial o procesal*" (art. 57.1 Real Decreto-ley 6/2023).

Con todo, los investigadores han puesto de manifiesto que los sistemas de IA son arriesgados. En otro trabajo me he ocupado también de los "absurdos algorítmicos"[5]. Dado que los sistemas de IA basados en aprendizaje automático realizan predicciones probabilísticas sobre el futuro, estos programas pueden cometer errores sobre las situaciones ambiguas que intentan predecir. Del mismo modo, las probabilidades son necesariamente generalizadas y los casos excepcio-

---

5 BARRIO ANDRÉS, M., "Retos y desafíos del Estado algorítmico de Derecho", en *Análisis del Real Instituto Elcano*, núm. 82, 2020.

nales son sistemáticamente ignorados. Los estudios también han demostrado que las capacidades de predicción de la IA pueden ser exageradas. También hay que añadir los riesgos de padecer un ciberataque, o la falta de transparencia que impide analizar y eventualmente impugnar las decisiones basadas en resultados producidos por sistemas de IA.

Del mismo modo, la opacidad de la IA hace que los sistemas algorítmicos sean difíciles de auditar y responsabilizar. Los sistemas de IA también incentivan la vigilancia y la recopilación desmesurada de datos porque necesitan enormes conjuntos de información para el entrenamiento y el funcionamiento de los modelos subyacentes. Esto auspicia prácticas que invaden la intimidad y erosionan las normas de protección de datos. Por último, los sistemas de IA tienen sesgos. Operan sobre la base del *corpus* de datos en el que han sido programados y, por lo tanto, los datos que están sesgados en origen, por ejemplo, según la raza, la nacionalidad, el sexo o las brechas socioeconómicas, conducirán a resultados discriminatorios en las decisiones de la IA.

Por eso, la doctrina en todos los sistemas jurídicos nos venimos ocupando de juridificar la IA y establecer garantías en sus herramientas, especialmente cuando atentan o menoscaban los derechos fundamentales. Se han apuntado así la transparencia en el uso de estos sistemas, las evaluaciones de impacto, las declaraciones de conformidad, los sistemas de auditoría y supervisión pública externa, la determinación *ex lege* de usos prohibidos y de instrumentos frente a la discriminación algorítmica, la implantación de mecanismos de explicabilidad de las decisiones, la accesibilidad del código fuente, los entornos controlados de pruebas o *sandboxes*, el control humano (*human-in-the-loop*), la instauración de procedimientos de impugnación y revisión de las decisiones, entre otras salvaguardas.

Buena parte de estas garantías están recogidas en el nuevo Reglamento (UE) 2024/1689 del Parlamento Europeo y del Consejo, de 13 de junio de 2024, por el que se establecen normas armonizadas en materia de Inteligencia Artificial y por el que se modifican los Reglamentos (CE) n.º 300/2008, (UE) n.º 167/2013, (UE) n.º 168/2013, (UE) 2018/858, (UE) 2018/1139 y (UE) 2019/2144 y las Directivas 2014/90/UE, (UE) 2016/797 y (UE) 2020/1828.

II. EL REGLAMENTO EUROPEO DE INTELIGENCIA ARTIFICIAL

A nivel de Derecho comparado, la regulación jurídica de la IA puede clasificarse en tres modelos. Un primer grupo de Estados han optado por un enfoque basado en el liberalismo del propio mercado (caso de Estados Unidos o Reino Unido), un segundo grupo de Estados han positivizado un enfoque imperativo basado en el papel director del Estado (China o Rusia), y un tercer grupo de Estados han adoptado el paradigma de la protección de los derechos fundamentales (con la Unión Europea a la cabeza). Cada uno de estos modelos regulatorios implica opciones de política normativa que se basan en teorías económicas, ideologías políticas e identidades culturales divergentes.

Centrándonos en el ámbito de la Unión Europea (UE), dado el rápido desarrollo de la IA y la percepción de los riesgos que acabamos de apuntar, en los últimos años la regulación de la IA se ha convertido en una cuestión política central en la Unión[6]. Por eso, los responsables políticos se comprometieron a promover un enfoque de la IA centrado en el ser humano para garantizar que los europeos puedan beneficiarse de las nuevas aplicaciones inteligentes desarrolladas y que funcionen de acuerdo con los valores y principios de la UE.

En su Libro Blanco sobre Inteligencia Artificial, de 19 de febrero de 2020[7], la Comisión Europea asumió el compromiso de fomentar la adopción de la IA en Europa y a abordar los riesgos asociados a determinados usos de esta tecnología disruptiva[8]. Tras haber adoptado inicialmente un enfoque de *soft law*[9] con la publicación de sus Directrices éticas no vinculantes, de 8 de abril de 2019, para una IA fiable[10] y unas ulteriores recomendaciones políticas y de inversión, de 26

6 *Vid.* el reciente análisis de MUÑOZ GARCÍA, C., *Regulación de la inteligencia artificial en Europa. Incidencia en los regímenes jurídicos de protección de datos y de responsabilidad por productos*, Editorial Tirant lo Blanch, Valencia, 2023.

7 COM(2020) 65 final.

8 El Libro Blanco esboza el diseño de lo que califica como un ecosistema de confianza exclusivo en materia de IA, una meta que constituye un objetivo político en sí mismo, velando por el cumplimiento del acervo europeo en la materia, especialmente las normas de protección de los derechos fundamentales y los derechos de los consumidores, protegiendo en particular su seguridad frente a los desequilibrios informativos de la toma de decisiones mediante algoritmos, en mayor medida con relación a los sistemas de inteligencia artificial que operan en la UE y presentan un riesgo elevado. También, recalca, se debe ofrecer protección y seguridad a empresas y organismos públicos, de modo que puedan utilizar la IA para innovar.

9 Las señaladas Directrices éticas se concretan en tres requisitos clave para la fiabilidad de los sistemas de IA. Se exige que los sistemas sean lícitos, éticos y robustos. Es decir, que cumplan con la normativa jurídica aplicable de la Unión Europea, que respeten los valores que fundamentan la Unión y que su desarrollo sea técnica y socialmente seguro.

10 Disponibles en https://digital-strategy.ec.europa.eu/es/library/ethics-guidelines-trustworthy-ai

de junio de 2019[11], la Comisión Europea asumió por fin un enfoque jurídico, pidiendo la adopción de normas jurídicas armonizadas para el desarrollo, la comercialización y el uso de sistemas de IA.

De forma complementaria, el Parlamento Europea solicitó a la Comisión que evaluara el impacto de la IA y elaborara un marco de la UE para la IA, en sus amplias recomendaciones de 16 de febrero de 2017 sobre normas de derecho civil sobre robótica[12]. En 2020, el Parlamento adoptó una serie de resoluciones en el ámbito de la ética[13], la responsabilidad civil y los derechos de propiedad intelectual[14], a las que siguieron, ya en 2021, otras sobre el uso de la IA en los ámbitos civil y militar[15], los sectores educativo, cultural y audiovisual[16] y en materia penal[17].

La Comisión Europea puso en marcha una amplia consulta pública en 2020, y el 21 de abril de 2021 publicó una evaluación de impacto de la normativa sobre inteligencia artificial[18], un estudio de apoyo[19] y una propuesta de Reglamento del Parlamento Europeo y del Consejo por el que se establecen normas armonizadas en materia de Inteligencia Artificial (Ley de Inteligencia Artificial) y

---

11 Disponibles en https://digital-strategy.ec.europa.eu/en/library/policy-and-investment-recommendations-trustworthy-artificial-intelligence

12 Resolución del Parlamento Europeo, de 16 de febrero de 2017, con recomendaciones destinadas a la Comisión sobre normas de Derecho civil sobre robótica (2015/2103(INL)).

13 Resolución del Parlamento Europeo, de 20 de octubre de 2020, con recomendaciones destinadas a la Comisión sobre un marco de los aspectos éticos de la inteligencia artificial, la robótica y las tecnologías conexas (2020/2012(INL)).

14 Resolución del Parlamento Europeo, de 20 de octubre de 2020, sobre los derechos de propiedad intelectual para el desarrollo de las tecnologías relativas a la inteligencia artificial (2020/2015(INI)).

15 Resolución del Parlamento Europeo, de 20 de enero de 2021, sobre inteligencia artificial: cuestiones de interpretación y de aplicación del Derecho internacional en la medida en que la UE se ve afectada en los ámbitos de los usos civil y militar, así como de la autoridad del Estado fuera del ámbito de la justicia penal (2020/2013(INI)).

16 Resolución del Parlamento Europeo, de 19 de mayo de 2021, sobre la inteligencia artificial en los sectores educativo, cultural y audiovisual (2020/2017(INI)).

17 Resolución del Parlamento Europeo, de 6 de octubre de 2021, sobre la inteligencia artificial en el Derecho penal y su utilización por las autoridades policiales y judiciales en asuntos penales (2020/2016(INI)).

18 Disponible en https://digital-strategy.ec.europa.eu/en/library/impact-assessment-regulation-artificial-intelligence

19 Disponible en https://op.europa.eu/en/publication-detail/-/publication/55538b70-a638-11eb-9585-01aa75ed71a1/language-en

se modifican determinados actos legislativos de la unión[20], que recibieron las observaciones de las partes interesadas. En su evaluación de impacto[21], ya la Comisión identificó varios problemas planteados por el desarrollo y el uso de los sistemas de IA, debido a sus características específicas, a saber: la opacidad (capacidad limitada de la mente humana para comprender cómo funcionan determinados sistemas de IA); la complejidad; la adaptación continua e imprevisibilidad; el comportamiento autónomo; y la dependencia funcional de los datos y de la calidad de los mismos.

Sobre esta base, el Consejo adoptó su posición común el 6 de diciembre de 2022. En el Parlamento, el expediente se asignó conjuntamente a la Comisión de Mercado Interior y Protección del Consumidor (IMCO) y a la Comisión de Libertades Civiles, Justicia y Asuntos de Interior (LIBE). El Parlamento adoptó su posición negociadora el 14 de junio de 2023 (con 499 votos a favor, 28 en contra y 93 abstenciones), con enmiendas sustanciales al texto de la Comisión. Tras largas negociaciones, el Consejo y el Parlamento Europeo alcanzaron un acuerdo provisional sobre el RIA el 9 de diciembre de 2023. Las comisiones LIBE e IMCO del Parlamento Europeo aprobaron el texto final en una votación conjunta el 13 de febrero de 2024, con una mayoría abrumadora (con 71 votos a favor, 8 votos en contra y 7 abstenciones). El Parlamento Europeo votó el texto en su sesión plenaria de 13 de marzo de 2024 (con 523 votos a favor, 46 votos en contra y 49 abstenciones), seguida de una corrección de errores finalmente aprobada con fecha 25 de abril de 2024, tras lo cual el texto fue adoptado formalmente por el Consejo con fecha 21 de mayo de 2024, y fue publicado en el Diario Oficial de la Unión Europea (DOUE) con fecha 12 de julio de 2024.

En cuanto a su entrada en vigor y aplicación, la primera será a los veinte días de su publicación en el DOUE. La aplicación, en cambio, seguirá un calendario más complejo, cuyos hitos, relativos a distintos apartados de la norma, se irán produciendo escalonadamente del modo siguiente:

i) Como regla general, el RIA será aplicable a los 24 meses de su entrada en vigor.

ii) Los capítulos I ["Disposiciones generales"] y II ["Prácticas de IA prohibidas"] se aplicarán a partir de los 6 meses de su entrada en vigor.

---

20 COM(2021) 206 final.

21 SWD(2021) 84 final.

iii) Por su parte, la sección 4 del capítulo III ["Autoridades notificantes y organismos notificados"], el capítulo V ["Modelos de IA de uso general]", el capítulo VII ["Gobernanza"], el capítulo XII ["Sanciones"] y el artículo 78 ["Confidencialidad"] serán aplicables a los 12 meses después de la fecha de entrada en vigor del Reglamento, a excepción del artículo 101 ["Multas a proveedores de modelos de IA de uso general"].

iv) Finalmente, el artículo 6.1 ["Reglas de clasificación de los sistemas de IA de alto riesgo"] y las obligaciones correspondientes serán aplicables a los 36 meses después de la fecha de entrada en vigor del Reglamento.

Ahora bien, la aplicación del RIA requiere la adopción de una serie de actos normativos complementarios[22]. Por eso, en los próximos meses la Comisión Europea publicará diversas disposiciones de aplicación, actos delegados y directrices relacionadas con el Reglamento y, asimismo, supervisará el proceso de estandarización necesario para el cumplimiento de las obligaciones que ha positivizado el RIA.

A continuación, en este primer capítulo nos ocuparemos de los aspectos cardinales de esta norma.

III. OBJETO

El propósito del Reglamento es proporcionar seguridad jurídica mediante un marco unificado *ex ante* aplicable a todos los sistemas de IA puestos en el mercado de la Unión, y lo hace con distintos niveles de obligaciones en atención al grado de riesgo que presenta cada sistema para la salud, la seguridad y los derechos fundamentales de los ciudadanos. Este enfoque basado en el riesgo lleva al RIA a prohibir determinados usos considerados de riesgo inaceptable en la UE, imponer obligaciones estrictas para usos de riesgo alto, establecer obligaciones

---

22 La Comisión Europea deberá adoptar actos de ejecución para establecer especificaciones comunes sobre los requisitos de los sistemas de alto riesgo, aprobar códigos de buenas prácticas sobre contenidos generados o manipulados por IA y especificar normas comunes de aplicación si dichos códigos de buenas prácticas no se consideran adecuados. Del mismo modo, tendrá que adoptar actos delegados para determinar las condiciones para que los sistemas de IA no se consideren de alto riesgo, y para especificar y actualizar los criterios de los modelos de uso general que supongan un riesgo sistémico, entre otras cuestiones. La Oficina Europea de IA tendrá que elaborar los códigos de prácticas y códigos de conducta para los proveedores de modelos de IA de uso general.

de transparencia para ciertos sistemas de riesgo limitado, y dejar sin regulación imperativa al resto de sistemas de riesgo mínimo.

Contrariamente a los enfoques regulatorios sectoriales o verticales, como ocurre en el Derecho norteamericano en esta materia con la Orden ejecutiva del Presidente Biden sobre el desarrollo y la utilización seguros y fiables de la inteligencia artificial, de 30 de octubre de 2023, el RIA establece normas claras para todos los sistemas y ámbitos de aplicación de la IA. Por eso, el RIA tiene un carácter horizontal —es decir, no limitado a sectores concretos—, y pretende dar una respuesta proporcional al riesgo generado por los sistemas de IA. Lo hace en forma de reglamento europeo, que es directamente aplicable en todos los Estados miembros (art. 288 TFUE), sin necesidad de normas nacionales de transposición como sucede con las directivas.

Ahora bien, el RIA no agota la regulación de la IA. El mismo debe aplicarse de forma conjunta con el Derecho digital europeo general (RGPD, DSA, DMA, NIS2...), así como con las normas sectoriales que resulten de aplicación (por ejemplo, sector financiero, drones o dispositivos médicos). Asimismo, y en cuanto a los eventuales daños que puedan surgir *ex post*, con fecha 28 de setiembre de 2022 la Comisión Europea publicó dos Propuestas de Directiva que completarán[23] el régimen europeo en la materia:

a) La primera propuesta, Propuesta de Directiva del Parlamento Europeo y del Consejo relativa a la adaptación de las normas de responsabilidad civil extracontractual a la inteligencia artificial (Directiva sobre responsabilidad en materia de IA), pretende facilitar la prueba de la culpa y de la relación de causalidad en el caso de daños causados por sistemas de inteligencia artificial que deban resolverse de acuerdo con las respectivas legislaciones nacionales de responsabilidad por culpa.
b) La segunda, Propuesta de Directiva del Parlamento Europeo y del Consejo sobre responsabilidad por los daños causados por productos defectuosos, tiene por objeto sustituir la vigente Directiva 85/374/CEE del Consejo, de 25 de julio de 1985, relativa a la aproximación de las disposiciones legales, reglamentarias y administrativas de los Estados Miembros en materia de responsabilidad por los daños causados por productos de-

---

23 CASTILLA BAREA, M., "¿Qué queda hoy de la resolución del parlamento europeo de 20 de octubre de 2020 sobre un régimen de responsabilidad civil en materia de inteligencia artificial?", en CERVILLA GARZÓN, M. D. y BALLESTEROS BARROS, Á. M. (dirs.), *Temas actuales de Derecho Privado II*, Editorial Aranzadi, Navarra, 2023, págs. 121-143.

fectuosos, por una regulación adaptada a las nuevas necesidades de la IA y, de paso, de la economía circular.

El RIA se articula fundamentalmente sobre la base jurídica del artículo 114 del Tratado de Funcionamiento de la Unión Europea (TFUE), que faculta a la Unión para la adopción de medidas para garantizar el establecimiento y funcionamiento del mercado interior, conforme a los principios de subsidiariedad y proporcionalidad. A esta base se añadió luego el artículo 16 del TFUE (protección de datos personales).

El RIA tiene, según su artículo 1.1, el siguiente objeto:

> *"mejorar el funcionamiento del mercado interior y promover la adopción de una inteligencia artificial (IA) centrada en el ser humano y fiable, garantizando al mismo tiempo un elevado nivel de protección de la salud, la seguridad y los derechos fundamentales consagrados en la Carta, incluidos la democracia, el Estado de Derecho y la protección del medio ambiente, frente a los efectos perjudiciales de los sistemas de IA (en lo sucesivo, «sistemas de IA») en la Unión así como prestar apoyo a la innovación".*

Es decir, la norma pretende promover la adopción de la inteligencia artificial centrada en el ser humano y fiable, garantizando al mismo tiempo un alto nivel de protección de la salud, la seguridad, los derechos fundamentales y la protección del medio ambiente contra los efectos nocivos de los sistemas de inteligencia artificial en la Unión, y apoyando también la innovación. El objetivo es regular todo el ciclo de vida de los sistemas de IA, desde la recogida de datos de entrada hasta su uso final.

Para ello, el Reglamento establece (art. 1.2 RIA):

a) normas armonizadas para la introducción en el mercado, la puesta en servicio y la utilización de sistemas de IA en la Unión;

b) prohibiciones de determinadas prácticas de IA;

c) requisitos específicos para los sistemas de IA de alto riesgo y obligaciones para los operadores de dichos sistemas;

d) normas armonizadas de transparencia aplicables a determinados sistemas de IA;

e) normas armonizadas para la introducción en el mercado de modelos de IA de uso general;

f) normas sobre el seguimiento del mercado, la vigilancia del mercado, la gobernanza y la garantía del cumplimiento; y

g) medidas en apoyo de la innovación, prestando especial atención a las pymes, incluidas las empresas emergentes (las *startups*).

Por tanto, y como característica distintiva del RIA, se positiviza a escala de toda la Unión Europea una regulación por capas o niveles de riesgo, donde no se regula la tecnología en sí sino los ámbitos de uso concretos, con el objetivo de abordar los riesgos a la salud, seguridad y derechos fundamentales asociados a su finalidad prevista del *concreto* sistema de IA. Por eso, la intensidad regulatoria que incorpora la norma está adaptada al nivel de riesgo del concreto sistema de inteligencia artificial sobre la salud, la seguridad y los derechos fundamentales del usuario. Es muy diferente la regulación que tiene un coche autónomo (sistema de alto riesgo) o el corrector ortográfico de Word (sistema de riesgo mínimo), por ejemplo.

La aplicación de esta norma será responsabilidad de una serie de entidades públicas nacionales y de la UE.

Los Estados miembros deberán crear o designar al menos una autoridad de vigilancia del mercado y una autoridad de notificación para garantizar la aplicación y ejecución del RIA. España se ha adelantado a su entrada en vigor de forma pionera en la UE con la creación de la Agencia Española de Supervisión de la Inteligencia Artificial (AESIA). La AESIA fue creada en virtud de la disposición adicional séptima de la Ley 28/2022, de 21 de diciembre, de fomento del ecosistema de las empresas emergentes. Y su Estatuto ha sido aprobado por Real Decreto 729/2023, de 22 de agosto.

En la Unión Europea, por su parte, la aplicación del RIA contará con el apoyo de una serie de organismos, como la Comisión Europea, el Comité Europeo de IA, la Oficina Europea de IA, los organismos de normalización de la UE (CEN y CENELEC), un foro consultivo y un grupo de expertos científicos independientes. La Oficina de la IA de la UE[24] ha sido concebida, entre otros fines, para asesorar sobre la aplicación de este nuevo grupo normativo regulador de la IA, en particular por lo que respecta a los modelos de IA de uso general, y para elaborar códigos de buenas prácticas que respalden la correcta aplicación del Reglamento.

---

24 Decisión de la Comisión, de 24 de enero de 2024, por la que se crea la Oficina Europea de Inteligencia Artificial (C/2024/1459).

IV. ÁMBITO DE APLICACIÓN

La aplicación del Reglamento no depende del origen de los sistemas, sino que la norma establece unas reglas independientes del origen del proveedor o fabricante del sistema de IA.

Así, el RIA resulta de aplicación principalmente a los proveedores y responsables del despliegue que pongan en servicio o comercialicen en la Unión sistemas de IA y modelos de uso general y que tengan su lugar de establecimiento o estén ubicados en la UE, así como a los responsables de despliegue y proveedores de sistemas de IA que estén establecidos en un tercer país, cuando el producto generado por sus sistemas se utilice en la UE.

Y ya se trate tanto de sujetos privados o de entidades del sector público, pues la norma se aplica a ambas categorías de sujetos.

De acuerdo con su artículo 2, el Reglamento se aplica a:

a) los proveedores que introduzcan en el mercado o pongan en servicio sistemas de IA o que introduzcan en el mercado modelos de IA de uso general en la Unión, con independencia de si dichos proveedores están establecidos o ubicados en la Unión o en un tercer país;

b) los responsables del despliegue de sistemas de IA que estén establecidos o ubicados en la Unión;

c) los proveedores y responsables del despliegue de sistemas de IA que estén establecidos o ubicados en un tercer país, cuando los resultados de salida generados por el sistema de IA se utilicen en la Unión;

d) los importadores y distribuidores de sistemas de IA;

e) los fabricantes de productos que introduzcan en el mercado o pongan en servicio un sistema de IA junto con su producto y con su propio nombre o marca;

f) los representantes autorizados de los proveedores que no estén establecidos en la Unión;

g) las personas afectadas que estén ubicadas en la Unión.

Sin embargo, quedan excluidos del ámbito de aplicación del RIA los sistemas de IA comercializados, puestos en servicio o utilizados por entidades públicas y privadas con fines militares, de defensa o de seguridad nacional. Del mismo modo, el RIA no se aplicará a los sistemas y modelos de IA, incluidos sus resultados, que se desarrollen específicamente y se pongan en servicio con el único fin de la investigación y el desarrollo científicos. Además, por principio, el

Reglamento no se aplica antes de que los sistemas y modelos se pongan en servicio o se comercialicen (en este caso, pueden aplicarse las normas de los espacios controlados de prueba o *sandbox*).

Por tanto, el Reglamento no se aplica a:

a) A los sistemas de IA que se utilicen exclusivamente con fines militares, de defensa o de seguridad nacional;

b) A las autoridades públicas de un tercer país ni a las organizaciones internacionales que utilicen sistemas de IA en el marco de la cooperación internacional o de acuerdos de cooperación policial y judicial con la Unión;

c) A los sistemas y modelos de IA específicamente desarrollados y puestos en servicio con el único fin de la investigación y el desarrollo científicos;

d) A las actividades de investigación, prueba o desarrollo de sistemas o modelos de IA antes de su introducción en el mercado o puesta en servicio;

e) A las personas físicas que utilicen sistemas de IA en el curso de una actividad puramente personal de carácter no profesional; y

f) A los sistemas de IA bajo licencias libres y de código abierto (salvo que sean sistemas de IA de alto riesgo o de riesgo limitado).

V. TIPOLOGÍA DE LOS SISTEMAS DE IA

El RIA define un "sistema de IA" del modo siguiente (art. 3.1) RIA):

> *"un sistema basado en una máquina que está diseñado para funcionar con distintos niveles de autonomía y que puede mostrar capacidad de adaptación tras el despliegue, y que, para objetivos explícitos o implícitos, infiere de la información de entrada que recibe la manera de generar resultados de salida, como predicciones, contenidos, recomendaciones o decisiones, que pueden influir en entornos físicos o virtuales".*

Se trata de una definición cimentada en la acuñada por la Organización para la Cooperación y el Desarrollo Económicos (OCDE) en 2019 y que ha sido revisada en 2023. La misma ha sido objeto de importantes críticas doctrinales[25]. La definición no pretende abarcar los sistemas de software o enfoques de progra-

---

25 FERNÁNDEZ HERNÁNDEZ, C., "Una reflexión sobre el concepto de inteligencia artificial desde un punto de vista jurídico", en *Revista LA LEY de Derecho digital e innovación*, núm. 17, 2023.

mación tradicionales más sencillos, y el RIA habilita a la Comisión para que elabore directrices sobre su aplicación que resultarán en este punto fundamentales.

La definición positivizada en el RIA pretende reflejar el consenso científico de que los objetivos de un sistema de IA pueden ser *explícitos* (por ejemplo, cuando están directamente programados en el sistema por un desarrollador humano) o *implícitos* (por ejemplo, a través de un conjunto de reglas especificadas por un humano, o cuando el sistema es capaz de aprender nuevos objetivos).

Ejemplos de sistemas de IA con objetivos *implícitos* son los sistemas de autoconducción de vehículos programados para cumplir las normas de tráfico (pero que no "conocen" su objetivo implícito de proteger vidas), o un gran modelo de lenguaje LLM como es ChatGPT de OpenAI, en el que los objetivos del sistema no se programan explícitamente, sino que se adquieren en parte mediante el proceso de aprendizaje por imitación a partir de texto generado por humanos y en parte a partir del proceso de aprendizaje por refuerzo sobre la base de la retroalimentación humana.

A tenor del artículo 3.1) del RIA, los principales criterios funcionales que distinguen el comportamiento de un sistema de IA cubierto por el Reglamento de otros sistemas basados en máquinas son (i) la autonomía, (ii) la capacidad de adaptación y (iii) la inferencia.

Para proporcionar más orientación sobre los criterios de definición, el considerando 12 del RIA explica lo siguiente:

a) la autonomía indica "*cierto grado de independencia de las acciones respecto a la intervención humana y de capacidades para funcionar sin intervención humana*";
b) la capacidad de adaptación se refiere a "*las capacidades de autoaprendizaje que permiten al sistema cambiar mientras está en uso*";
c) la inferencia alude "*al proceso de obtención de resultados de salida, como predicciones, contenidos, recomendaciones o decisiones, que puede influir en entornos físicos y virtuales, y a la capacidad de los sistemas de IA para deducir modelos o algoritmos, o ambos, a partir de información de entrada o datos*"[26].

[26] En el mismo considerando se aclara que las técnicas que permiten la inferencia "*incluyen estrategias de aprendizaje automático que aprenden de los datos cómo alcanzar determinados objetivos y estrategias basadas en la lógica y el conocimiento que infieren a partir de conocimientos codificados o de una representación simbólica de la tarea que debe resolverse*", y que

Sin embargo, a mi juicio la definición que ha positivizado el RIA es una definición bastante inadecuada. En puridad, se trata de una definición de software, no de IA. Tomemos como ejemplo una función de autosuma en una hoja de cálculo de Excel (o equivalente como Google Sheets u LibreOffice Calc). Tiene un objetivo específico (construir una suma), una información de entrada (los datos) y un resultado de salida que puede influir en el entorno (según la relevancia de la suma para cualquier decisión en una organización, o incluso a nivel personal). Así pues, en realidad el único criterio distintivo de la IA en esta definición es el rasgo de la inferencia.

Ya sabemos que el considerando 12 del RIA lo aclara en cierta medida:

> El concepto de IA *"no debe incluir los sistemas basados en las normas definidas únicamente por personas físicas para ejecutar automáticamente operaciones. Una característica principal de los sistemas de IA es su capacidad de inferencia.* [...] *Las técnicas que permiten la inferencia al construir un sistema de IA incluyen estrategias de aprendizaje automático que aprenden de los datos cómo alcanzar determinados objetivos y estrategias basadas en la lógica y el conocimiento que infieren a partir de conocimientos codificados o de una representación simbólica de la tarea que debe resolverse. La capacidad de inferencia de un sistema de IA trasciende el tratamiento básico de datos, al permitir el aprendizaje, el razonamiento o la modelización".*

De este modo, los dos principales enfoques de la inteligencia artificial, por un lado, la IA basada en el conocimiento (*knowledge-based AI*) —que incluye los enfoques simbólicos—, y, por otro, la IA basada en datos (*data-driven AI*), enfoque más conocido como aprendizaje automático (el *machine learning*), se agrupan ahora en la característica de la inferencia. No podría ser de otra manera, pero la definición del RIA seguirá dejando lagunas, sobre todo en lo que respecta a los sistemas simples basados en reglas y la modelización estadística. Los considerandos no eliminan la inseguridad jurídica, pero al menos garantizan que los programas informáticos sencillos, como la precitada función de autosuma de Excel, no se consideren IA.

A mayor abundamiento, y a pesar de seguir el modelo de definición de la OCDE, la definición del RIA sigue planteando problemas de calado. Los conceptos básicos y los umbrales siguen siendo ambiguos. El primero de ellos se refiere a la condición de que la IA tiene distintos niveles de autonomía. Se necesitarán más orientaciones para especificar cuál de estos distintos niveles será

---

cualquiera de estas implementaciones va más allá del procesamiento básico de datos y permite "*el aprendizaje, el razonamiento o la modelización*".

el mínimo que deberá alcanzarse para cumplir el criterio de autonomía en la práctica. Además, el RIA no tiene en cuenta cómo "está diseñado" un sistema de IA para funcionar. Al haber insertado la referencia a estar diseñado, el RIA introduce un extraño requisito de intencionalidad que suscita interrogantes sobre si un sistema de IA sigue siendo un sistema de IA si su arquitecto no pretendía que actuara como tal, o viceversa. En cambio, la definición de la OCDE se refiere únicamente al funcionamiento objetivo de un concreto sistema de IA en la práctica, en un tenor mucho más preciso.

A la postre, si bien definir la IA no es tarea fácil, llama la atención cómo todos los cambios introducidos en la definición del RIA frente a su fuente de inspiración, la señalada definición de la OCDE, parecen no haber hecho más que incorporar más oscuridad y, en consecuencia, nuevas dosis de inseguridad jurídica. Por todo ello, el concepto de "sistema de IA" del RIA tendrá que completarse en último término a través de una jurisprudencia informada por las orientaciones de la Oficina Europea de IA y las autoridades nacionales competentes. Y habrá que prestar especial atención a aclarar el contenido y las relaciones entre los criterios funcionales de autonomía, capacidad de adaptación e inferencia.

En cuanto al tipo de regulación instituida, el RIA puede calificarse, en esencia, como un instrumento que traslada la lógica de la seguridad de los productos a los riesgos de violación de los derechos fundamentales. El supuesto operativo es que, al igual que los productos "comunes", los sistemas de IA pueden utilizarse con seguridad si su programación y uso cumplen una serie de normas técnicas predefinidas.

Este enfoque regulatorio no deja de tener sus inconvenientes, y así lo hemos analizado *in extenso* en otra obra[27]. Allí he advertido, entre otras cuestiones, cómo "*el paradigma regulatorio de seguridad de los productos no es siempre técnicamente adecuado para abordar todos los problemas que plantean los derechos fundamentales*". No olvidemos las notables diferencias entre la regulación de seguridad de productos estandarizados, como una lavadora o un ascensor, y las inherentes a productos inteligentes, que es lo que brinda la IA. A la postre, la IA no es un producto ni un servicio "único", sino un sistema que se entrega dinámi-

27 BARRIO ANDRÉS, M. (dir.), *Comentarios al Reglamento Europeo de Inteligencia Artificial*, Editorial La Ley, Madrid, 2024, en prensa.

camente a través de múltiples capas (el llamado "ciclo de vida de la IA") en diferentes contextos con diferentes repercusiones en diversos individuos y grupos[28].

En todo caso, debemos subrayar que el RIA establece un marco jurídico común para el uso y suministro de sistemas de IA en la UE. Ofrece una clasificación de los sistemas de IA con diferentes requisitos y obligaciones adaptados a un enfoque basado en el riesgo para la salud, la seguridad y los derechos fundamentales, y que incluye cuatro categorías: sistemas prohibidos, sistemas de riesgo alto, sistemas de riesgo limitado y sistemas de riesgo mínimo, que tienen además una intensidad regulatoria distinta.

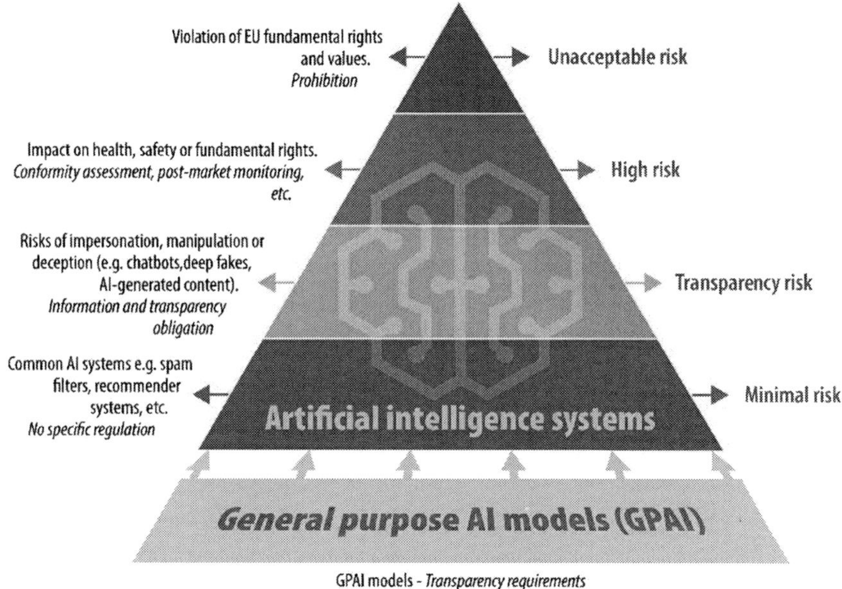

Fuente: Comisión Europea.

A continuación, examinaremos los contornos de cada una de las indicadas categorías.

---

[28] Muchos sistemas de IA son dinámicos, no estáticos: su comportamiento (y su aplicación satisfactoria) cambiará con nuevos datos, nuevos usos y nuevas integraciones, lo que, a su vez, modifica sus perfiles de riesgo y exige una evaluación continua.

1. SISTEMAS PROHIBIDOS

En primer lugar, la norma tipifica un conjunto de sistemas de IA que presentan *riesgos inaceptables* para los valores estructurales de la Unión Europea, y por ello dichos sistemas están absolutamente prohibidos. Esta categoría ha sido, de hecho, uno de los grandes caballos de batalla en la tramitación legislativa del Reglamento.

Como precisa el considerando 28 del RIA:

> *"Al margen de los múltiples usos beneficiosos de la IA, esta también puede utilizarse indebidamente y proporcionar nuevas y poderosas herramientas para llevar a cabo prácticas de manipulación, explotación y control social. Dichas prácticas son sumamente perjudiciales e incorrectas y deben estar prohibidas, pues van en contra de los valores de la Unión de respeto de la dignidad humana, la libertad, la igualdad, la democracia y el Estado de Derecho y de los derechos fundamentales consagrados en la Carta, como el derecho a la no discriminación, a la protección de datos y a la intimidad y los derechos del niño".*

De este modo, los sistemas prohibidos, establece el artículo 5 del RIA, son aquellos que se consideran *ex lege* una clara amenaza para la seguridad, los medios de vida y los derechos de las personas. Se reputan como tales:

a) Los sistemas o aplicaciones de IA destinados o que provoquen **manipular subliminalmente** el comportamiento humano de forma que se cause un daño a sí mismo o a terceros.

b) Los sistemas diseñados o que se **aprovechen de la vulnerabilidad** por razones de edad, discapacidad o de una situación social o económica específica de una persona o de un grupo para manipular su comportamiento.

c) Los sistemas que permiten la clasificación o ***scoring* social** por parte de los gobiernos o autoridades públicas.

d) Los sistemas de IA con el fin de **evaluar o predecir el riesgo de que una persona física cometa un delito** (salvo para apoyar la valoración humana de la implicación de una persona en una actividad delictiva).

e) Los sistemas de IA que creen o amplíen **bases de datos de reconocimiento facial** mediante la extracción no selectiva de imágenes faciales de Internet o de circuitos cerrados de televisión (sistemas de videovigilancia CCTV).

f) Los sistemas de IA para **inferir emociones** de una persona física en los lugares de trabajo y en los centros educativos (excepto por razones médicas o de seguridad).

g) Los sistemas de **categorización biométrica que clasifiquen individualmente** a las personas sobre la base de sus datos biométricos para deducir o inferir su raza, opiniones políticas, afiliación sindical, convicciones religiosas o filosóficas, vida sexual u orientación sexual (se excepciona el etiquetado o filtrado de conjuntos de datos biométricos adquiridos lícitamente, como imágenes, basado en datos biométricos ni la categorización de datos biométricos en el ámbito de la garantía del cumplimiento del Derecho).

h) Los sistemas de **identificación biométrica en tiempo real y en lugares públicos** con fines de cumplimiento del Derecho, salvo y en la medida en que dicho uso sea estrictamente necesario para alcanzar uno o varios de los objetivos siguientes:

   i. la búsqueda selectiva de víctimas concretas de secuestro, trata de seres humanos o explotación sexual de seres humanos, así como la búsqueda de personas desaparecidas;

   ii. la prevención de una amenaza específica, importante e inminente para la vida o la seguridad física de las personas físicas o de una amenaza real y actual o real y previsible de un atentado terrorista;

   iii. la localización o identificación de una persona sospechosa de haber cometido una infracción penal a fin de llevar a cabo una investigación o un enjuiciamiento penales o de ejecutar una sanción penal por alguno de los delitos mencionados en el anexo II del RIA (terrorismo, trata de seres humanos, explotación sexual de menores y pornografía infantil, tráfico ilícito de estupefacientes o sustancias psicotrópicas, tráfico ilícito de armas, municiones y explosivos, homicidio voluntario, agresión con lesiones graves, tráfico ilícito de órganos o tejidos humanos, tráfico ilícito de materiales nucleares o radiactivos, secuestro, detención ilegal o toma de rehenes, delitos que son competencia de la Corte Penal Internacional, secuestro de aeronaves o buques, violación, delitos contra el medio ambiente, robo organizado o a mano armada, sabotaje o participación en una organización delictiva implicada en uno o varios de los delitos anteriores) que en el Estado miembro de que se trate se castigue con una pena o una medida de seguridad privativas de libertad cuya duración máxima sea de, al menos, cuatro años.

2. SISTEMAS DE ALTO RIESGO

Son sistemas de IA de *alto riesgo* aquellos que pueden tener efectos perjudiciales para la salud, la seguridad o los derechos fundamentales de las personas. Dichos sistemas están autorizados, pero sujetos a una serie de requisitos y obligaciones imperativos para acceder al mercado de la UE y que conforman el grueso de la norma.

De acuerdo con el artículo 6 del RIA, un sistema de IA se considerará de *alto riesgo* cuando pertenezca a una de estas categorías:

a) Que se trate de un sistema de IA destinado a ser utilizado como componentes de seguridad de productos cubiertos por la **legislación armonizada europea de seguridad de productos** y que está enumerada en el anexo I del RIA (art. 6.1 RIA), o bien que el sistema de IA sea un producto en sí mismo de los contemplados en dicha legislación sectorial. Se trata de productos como los siguientes:

   i. Máquinas.
   ii. Juguetes.
   iii. Embarcaciones de recreo y motos acuáticas.
   iv. Ascensores.
   v. Aparatos y sistemas de protección para uso en atmósferas potencialmente explosivas.
   vi. Equipos radioeléctricos.
   vii. Equipos a presión.
   viii. Instalaciones de transporte por cable.
   ix. Equipos de protección individual.
   x. Aparatos que queman combustibles gaseosos.
   xi. Productos sanitarios (incluidos los de diagnóstico *in vitro*).
   xii. Seguridad de la aviación civil.
   xiii. Vehículos de dos, tres o cuatro ruedas.
   xiv. Vehículos agrícolas o forestales.
   xv. Equipos marinos.

b) Que se trate de un sistema de IA independiente **clasificado como tal por el Reglamento** con implicaciones principalmente en materia de derechos fundamentales y en los ámbitos listados en el anexo III del RIA (art. 6.2 RIA). Dichos ámbitos, de acuerdo con el anexo III del RIA, son los siguientes:

i. Los sistemas de identificación biométrica remota, categorización biométrica de personas físicas y reconocimiento de emociones.

ii. Los sistemas utilizados para la gestión y el manejo de infraestructuras críticas (por ejemplo, infraestructuras digitales, tráfico, agua, gas, calefacción y electricidad).

iii. Los sistemas utilizados en el ámbito de la educación y formación profesional que puede determinar el acceso a la educación y el curso profesional de alguien (por ejemplo, la calificación de los exámenes).

iv. Los sistemas utilizados en el ámbito del empleo, gestión de los trabajadores y acceso al autoempleo (por ejemplo, software de clasificación de los *curriculum vitae* para los procedimientos de contratación).

v. Los sistemas utilizados para el acceso y utilización de servicios privados y públicos esenciales (por ejemplo, acceso a servicios sociales, servicios asistenciales o de crédito).

vi. Los sistemas utilizados por las fuerzas de seguridad (por ejemplo, para evaluación de riesgo de reincidencia delictiva o sistemas de evaluación del estado emocional de una persona —polígrafos, detección de noticias falsas, valoración de pruebas, analítica forense...—).

vii. Los sistemas utilizados para la gestión de la migración, el asilo y el control de fronteras (por ejemplo, en la verificación de la autenticidad de los documentos de viaje).

viii. Los sistemas utilizados en la Administración de Justicia y en los procesos democráticos.

No obstante lo anterior, el artículo 6.3 del RIA establece que un sistema de IA no se considerará de alto riesgo si no supone un riesgo importante de daño para la salud, la seguridad o los derechos fundamentales de las personas físicas, incluso por no influir sustancialmente en el resultado de la toma de decisiones. Esta previsión, introducida por el Parlamento Europeo, pretende evitar el efecto automático en la calificación del riesgo. De todos modos, el Reglamento parece presumir *iuris tantum* que los usos que constan en el anexo III son de alto riesgo. Ahora bien, si el proveedor del sistema considera que el suyo no comporta el riesgo significativo apuntado, documentará su evaluación antes de que dicho sistema sea introducido en el mercado o puesto en servicio y deberá registrar el mismo en la base de datos de la UE a la que se refiere el artículo 71 del RIA para tales sistemas de alto riesgo. Se pasa, pues, a un sistema de mucha mayor flexibilidad, no exento de cargas para los proveedores, que deberán valorar la concurrencia del riesgo.

Los requisitos imperativos para sistemas de IA de alto riesgo están definidos en el grueso del capítulo III del RIA. Entre los mismos, cabe destacar los siguientes: establecer e implementar un sistema de gestión de riesgos; utilizar datos de alta calidad para el entrenamiento, validación y evaluación de los sistemas de IA; creación de documentación técnica relevante y registros de datos (*logs*) para la auditabilidad; asegurar el grado de transparencia adecuado y proporcionar al usuario la información necesaria sobre las capacidades y limitaciones del sistema de IA; garantizar una vigilancia humana; y proporcionar una precisión, solidez y ciberseguridad adecuadas. Serán expuestos detenidamente en el próximo capítulo de esta obra.

3. SISTEMAS DE RIESGO LIMITADO

Los sistemas de IA que presenten *riesgos limitados* por su falta de transparencia están sujetos a requisitos de información y transparencia.

Los supuestos, que están tipificados en el artículo 50 del RIA, engloban cuatro categorías:

a) En primer lugar, los **sistemas de IA destinados a interactuar directamente con personas físicas**. Son del tipo de *chatbot* o robot conversacional. El RIA quiere asegurarse que los usuarios estén debidamente informados de que tratan con una IA. Así, salvo cuando resulte obvio por las circunstancias, el sistema, el proveedor o el usuario deben informar a la persona expuesta al sistema de que está interactuando con un sistema de IA, y así debe ser diseñado (art. 50.1 RIA).

b) En segundo lugar, se recoge el caso de los sistemas de IA de uso general que **generen contenido sintético de audio, imagen, vídeo o texto** (art. 50.2 RIA). Dichos sistemas tendrán que etiquetar tales contenidos con una marca de agua para reflejar precisamente este carácter (el resultado estará marcado "*en un formato legible por máquina y que sea posible detectar que han sido generados o manipulados de manera artificial*").

c) En tercer lugar, se incluyen los **sistemas de reconocimiento de emociones** y **sistemas de categorización biométrica**. Siempre que no se hallen prohibidos, estos sistemas tienen que informar que se están usando y de su funcionamiento. Se excepcionan los sistemas de IA utilizados para la categorización biométrica y el reconocimiento de emociones que hayan sido autorizados por ley para detectar, prevenir e investigar infracciones penales, con sujeción a las garantías adecuadas para los derechos y libertades de terceros y de conformidad con el Derecho de la Unión (art. 50.3 RIA).

d) En último lugar, se incluyen las **ultrasuplantaciones** o *deepfakes*, es decir, la generación o manipulación de imagen, audio o vídeo por IA, que se asemeja a personas, objetos, lugares, entidades o sucesos reales y que puede inducir a una persona a pensar erróneamente que son auténticos o verídicos. Es decir, tal contenido da la falsa impresión de ser auténtico o verdadero, y que muestra personas aparentemente diciendo o haciendo cosas que no han dicho o hecho, sin su consentimiento. En estos casos, los responsables del sistema deben declarar que el contenido ha sido generado artificialmente o manipulado. Esta obligación no se aplicará cuando el uso esté autorizado por ley para detectar, prevenir, investigar o enjuiciar infracciones penales, o cuando el contenido generado por IA haya sido sometido a un proceso de revisión humana o de control editorial y cuando una persona física o jurídica tenga la responsabilidad editorial por la publicación del contenido (art. 50.4 RIA).

4. SISTEMAS DE RIESGO MÍNIMO

Son todos los demás. No tienen requisitos imperativos. El RIA permite el libre uso de aplicaciones de sistemas de IA en videojuegos o los filtros de *spam*, por ejemplo. Aun así, la norma fomenta para ellos la adopción de códigos de conducta para la aplicación voluntaria de requisitos específicos (art. 95 RIA).

5. IA GENERATIVA

Si, como señala PRESNO LINERA[29], hubiera que destacar una novedad incorporada en las fases finales de elaboración del Reglamento y que no estaba

[29] PRESNO LINERA, M. A., "La propuesta de «Ley de Inteligencia Artificial» europea", en *Revista de las Cortes Generales*, núm. 116, 2023, pág. 115.

prevista ni en la propuesta de la Comisión Europea ni en la orientación general del Consejo es, sin duda, la de los llamados *modelos fundacionales* (o *foundational models*)[30], que en las enmiendas parlamentarias fueron definidos como un avance reciente en el que se desarrollan modelos de IA a partir de algoritmos diseñados para optimizar la generalidad y versatilidad de la información de salida. Aquí se incluyen por ejemplo BERT, GPT, Claude o Stable Diffusion.

En efecto, una característica privativa de los modelos fundacionales es su adaptabilidad y su comportamiento emergente (es decir, no planeado inicialmente). Estos modelos pueden realizar una amplia gama de tareas dispares con un alto grado de precisión en función de las indicaciones de entrada[31]. Algunas tareas incluyen el procesamiento de lenguaje natural (NLP), la respuesta a preguntas y la clasificación de imágenes. El tamaño y la naturaleza de uso general de los modelos básicos los diferencian de los modelos de *machine learning* tradicionales, que suelen realizar tareas específicas y delimitadas con carácter previo, como analizar texto en busca de opiniones, clasificar imágenes o pronosticar tendencias.

Sin embargo, la denominación final ha sido la de "modelos de IA de uso general", aunque esta denominación no debe confundirse con la AGI, la inteligencia artificial general.

En la redacción final, el RIA regula la IA generativa a través de dos conceptos clave:

a) De una parte, los **modelos de IA de uso general**, es decir, "*un modelo de IA, también uno entrenado con un gran volumen de datos utilizando autosupervisión a gran escala, que presenta un grado considerable de generalidad y es capaz de realizar de manera competente una gran variedad de tareas distintas, independientemente de la manera en que el modelo*

---

30 Los modelos fundacionales son redes neuronales de aprendizaje profundo entrenados con conjuntos de datos gigantescos y especialmente por medio del aprendizaje autosupervisado y que han cambiado la forma en que los científicos abordan el *machine learning*. En lugar de desarrollar la inteligencia artificial desde cero, los científicos de datos utilizan un modelo fundacional como punto de partida para desarrollar modelos de aprendizaje automático que impulsen aplicaciones nuevas de manera rápida y eficiente. El término "modelo fundacional" fue acuñado por los investigadores para describir los modelos de *machine learning* entrenados en un amplio espectro de datos generalizados y sin etiquetar y que son capaces de realizar una gran variedad de tareas generales como procesar el lenguaje, generar texto e imágenes y conversar en lenguaje natural.

31 *Vid.* en detalle BOMMASANI, R. *et al.*, "On the opportunities and risks of foundation models", en *ArXiv*, núm. 2108.07258, 2021.

se introduzca en el mercado, y que puede integrarse en diversos sistemas o aplicaciones posteriores, excepto los modelos de IA que se utilizan para actividades de investigación, desarrollo o creación de prototipos antes de su introducción en el mercado" (art. 3.63) RIA), como son ChatGPT, Bing Chat, Gemini o LLaMA; y

b) De otra, los **sistemas de IA de uso general**, que son aquellos basados en un modelo de IA de uso general y que pueden servir para diversos fines, tanto para su uso directo como para su integración en otros sistemas de IA (art. 3.66) RIA).

De este modo, establece normas específicas para ellos en su capítulo V, rubricado precisamente "Modelos de IA de uso general", lo que supone en cierto modo romper el carácter horizontal de la norma.

De hecho, la introducción de esta categoría no responde a una buena técnica jurídica. Las enmiendas del Parlamento en esta materia, que finalmente ha asumido en buena medida el RIA, consisten en insertar piezas de regulación vertical en el marco horizontal de la norma. A mi juicio, el resultado es un monstruo legal con todos los inconvenientes de los enfoques vertical y horizontal de la regulación. Por un lado, las múltiples definiciones de los diversos sistemas de IA deberían haber especificado el ámbito material de la norma, por lo que han aumentado exponencialmente los problemas derivados de la definición de sistema de IA del Reglamento. Por otro lado, esta multiplicación de reglas sobre modelos fundacionales y los modelos de lenguaje de gran tamaño, Gen AI y LLM respectivamente, no evita el riesgo de obsolescencia normativa.

* * *

A continuación, en los próximos capítulos de esta obra iremos desgranando los aspectos principales que ha instituido el RIA.

Capítulo II

SISTEMAS DE IA PROHIBIDOS Y SISTEMAS DE IA DE ALTO RIESGO

LUIS MIGUEZ MACHO
Catedrático de Derecho Administrativo de la Universidad de Santiago de Compostela

MARCOS TORRES CARLOS
Doctor en Derecho. Secretario del Centro de Estudios de la Empresa de la Universidad de Santiago de Compostela

I. INTRODUCCIÓN

El Reglamento Europeo de Inteligencia Artificial (en adelante, el Reglamento o RIA) reconoce que "*la IA puede generar riesgos y menoscabar los intereses públicos y los derechos fundamentales que protege el Derecho de la Unión*" (cdo. 5), por lo que declara que, "*como requisito previo, la IA debe ser una tecnología centrada en el ser humano*" (cdo. 6) y señala que su objetivo es "*promover el enfoque europeo de la IA centrado en el ser humano*" (cdo. 8).

Con tal fin, establece normas comunes para los sistemas de inteligencia artificial de alto riesgo, dirigidas a "*garantizar un nivel elevado y coherente de protección de los intereses públicos en lo que respecta a la salud, la seguridad y los derechos fundamentales*" (cdo. 7). Asimismo, el RIA debe aplicarse "*sin perjuicio del Derecho vigente de la Unión*", al que complementa "*en particular en materia de protección de datos, protección de los consumidores, derechos fundamentales, empleo, protección de los trabajadores y seguridad de los productos, al que complementa el presente Reglamento*" (cdo. 9).

En el caso de las prohibiciones recogidas en el artículo 5.1 del RIA, queda claro que no afectan a otras prohibiciones que se pudieran derivar del Derecho de la Unión, cuando una práctica de inteligencia artificial infrinja alguna de sus disposiciones (art. 5.8 RIA).

Es importante destacar que el Reglamento se aplica a los proveedores de sistemas de inteligencia artificial con independencia de si están establecidos en la Unión o fuera de ella, así como a los responsables del despliegue de sistemas de inteligencia artificial cuando estén establecidos en la Unión. No obstante, cuando dichos responsables estén establecidos en un tercer país, también se les aplicará el Reglamento en la medida en que los resultados de salida generados por dichos sistemas estén destinados a utilizarse en la Unión.

Bajo esta perspectiva, interesa destacar que el conjunto de normas desplegadas en el Reglamento se basa en "un enfoque basado en riesgos claramente definido, que adapte el tipo y contenido de las normas a la intensidad y el alcance de los riesgos que puedan generar los sistemas de IA de que se trate" (cdo. 26). De esta forma, se establece un conjunto de prácticas de inteligencia artificial prohibidas, por no ser aceptables, y una clasificación de sistemas de inteligencia artificial que deben considerarse como sistemas de alto riesgo, si bien también se contemplan excepciones sometidas a determinadas condiciones de autoevaluación previa y de registro, de modo que se garantice la transparencia en su aplicación. Además, para los sistemas de inteligencia artificial que no sean de alto riesgo, el artículo 95 del RIA fomenta un modelo de autorregulación, con códigos de conducta que prevean la aplicación voluntaria de alguno o de todos los requisitos establecidos para los sistemas de alto riesgo.

El enfoque de riesgos permite que el RIA determine que un sistema de inteligencia artificial pueda no ser considerado como práctica prohibida si carece del "objetivo o el efecto de alterar de manera sustancial el comportamiento de una persona o un colectivo de personas" y no "sea razonablemente probable que provoque, perjuicios considerables", o que no sea considerado de alto riesgo si no plantea "un riesgo importante de causar un perjuicio a la salud, la seguridad o los derechos fundamentales de las personas físicas, también al no influir sustancialmente en el resultado de la toma de decisiones".

En definitiva, el concepto de riesgo se encuentra vinculado a la posibilidad o no de causar un perjuicio que sea relevante, considerable o sustancial. Por ello, a lo largo del articulado del Reglamento se establecen disposiciones encaminadas a ayudar a comprender o determinar qué prácticas o sistemas de inteligencia son prácticas prohibidas o sistemas de alto riesgo, como el apartado 5 del artículo 6 o las disposiciones que prevén actos delegados de la Comisión Europea para adoptar modificaciones como consecuencia del "progreso técnico" (o "avances tecnológicos").

II. PRÁCTICAS DE INTELIGENCIA ARTIFICIAL PROHIBIDAS

1. DELIMITACIÓN

La introducción en el mercado, la puesta en servicio o la utilización de un sistema de inteligencia artificial están prohibidas en los supuestos recogidos en el artículo 5 del RIA, que constituye el artículo único del capítulo II, "Prácticas de inteligencia artificial prohibidas".

El apartado 1 del artículo 5 desarrolla ocho casos que, con carácter general, deben considerarse prácticas prohibidas, si bien debe prestarse atención a que algunas de ellas requieren que exista un efecto sobre la capacidad de decisión de las personas y un perjuicio considerable (o sea razonable que pueda existir un perjuicio considerable) para las personas:

a) Los sistemas que se sirvan de técnicas subliminales o de técnicas deliberadamente manipuladoras o engañosas

Esta prohibición aparece definida por una serie de requisitos acumulativos:

- Que dichas técnicas tengan el objetivo o el efecto de alterar de manera sustancial el comportamiento de una persona o un grupo de personas.
- Que se produzca una merma apreciable de la capacidad de las personas para tomar una decisión informada.
- Que hagan que las personas tomen una decisión que de otro modo no habrían tomado.
- Que las circunstancias anteriores provoquen, o sea razonablemente probable que provoquen, perjuicios considerables a las personas.

Estos requisitos, aplicables tanto a las técnicas subliminales como a las deliberadamente manipuladoras o engañosas, permiten deducir que inclusive las técnicas subliminales no están prohibidas *per se*, sino que la prohibición opera sólo cuando concurren todos los requisitos establecidos. La posibilidad de no aplicar la prohibición atendiendo a la intencionalidad o al efecto exige, en el caso de los sistemas de inteligencia artificial de alto riesgo o de la imputación de responsabilidades a un proveedor o responsable de despliegue, que el análisis de razonabilidad esté documentado en el marco del sistema de gestión de riesgos que debe implantarse para los sistemas de alto riesgo, conforme al artículo 9 del RIA.

b) Los sistemas que exploten las vulnerabilidades de las personas físicas

La vulnerabilidad debe afectar a una persona física o a un determinado grupo de personas.

Dicha vulnerabilidad está condicionada a que se derive de la edad, de una discapacidad o de una situación social o económica específica de la persona o personas de un determinado colectivo.

Se establecen dos condiciones acumulativas:

- Que el sistema de IA tenga la finalidad o el efecto de alterar de manera sustancial el comportamiento de una persona o de una persona que pertenezca al grupo en cuestión.
- Que, al igual que en la prohibición anterior del art. 5.a) RIA, se realice de un modo que provoque, o sea razonablemente probable que provoque, perjuicios considerables a las personas.

c) Los sistemas que tengan como fin evaluar o clasificar a personas físicas o a grupos de personas

La prohibición se condiciona a que la evaluación o clasificación se realice en función del comportamiento social o de las características personales o de su personalidad "conocidas, inferidas o predichas" por el sistema.

En este caso podemos inferir dos condiciones, como son que la evaluación o clasificación se desarrolle "*durante un período determinado de tiempo*" y que la puntuación ciudadana provoque un trato perjudicial o desfavorable a las personas. Pero para considerar que se está ante un trato perjudicial o desfavorable hacia determinadas personas físicas o colectivos de personas, debe incurrirse, al menos, en alguno de los supuestos siguientes: que no guarden relación con el contexto social donde se generaron o recabaron los datos originalmente o bien que sea injustificado o desproporcionado con respecto a su comportamiento social o la gravedad de dicho comportamiento.

d) Los sistemas que se usen para realizar evaluaciones de riesgos de personas físicas

Esta prohibición se aplica a los sistemas de inteligencia artificial que tengan como finalidad evaluar o predecir la probabilidad de que una persona física cometa una infracción penal.

La prohibición sólo opera si se cumple la condición de que la evaluación o predicción se base únicamente en la elaboración del perfil de una persona física o en la evaluación de los rasgos y características de su personalidad, por lo que el propio RIA señala que no se aplicará cuando la valoración se base en hechos objetivos y verificables que estén directamente relacionados con una acción o actividad delictiva.

e) Los sistemas que creen o amplíen bases de datos de reconocimiento facial

Estamos ante una prohibición que se aplica cuando la creación o ampliación de dichas bases de datos la realicen los sistemas de inteligencia artificial mediante la extracción no selectiva de imágenes faciales de internet o de circuitos cerrados de televisión (CCTV).

Se trata de una prohibición *per se*, que no requiere la concurrencia de ningún supuesto especial o de un juicio de razonabilidad, como sucede en el caso de las técnicas subliminales o las técnicas deliberadamente manipuladoras o engañosas

f) Los sistemas de reconocimiento de emociones

Esta prohibición está limitada a los casos en que los sistemas de IA y tengan como finalidad inferir las emociones de una persona física en lugares de trabajo o en centros educativos, y se aplica *per se*, excepto en los casos que su instalación o introducción en el mercado se justifique en base a motivos médicos o de seguridad.

g) Los sistemas de categorización biométrica

La prohibición se aplica a todo sistema de categorización biométrica[1] que clasifique individualmente a las personas físicas, pero establece la condición de

---

1 El artículo 3.40) del RIA define los sistemas de categorización biométrica como aquellos destinados a incluir a las personas físicas en categorías específicas en función de sus datos biométricos, salvo cuando sean accesorios a otro servicio comercial y estrictamente necesarios por razones técnicas objetivas. Los datos biométricos, definidos en el artículo 3.34) del RIA, son los datos personales obtenidos a partir de un tratamiento técnico específico, relativos a las características físicas, fisiológicas o conductuales de una persona física, como imágenes faciales o datos dactiloscópicos.

que la finalidad de la categorización biométrica sea deducir o inferir alguna de las características siguientes:

- Raza.
- Opiniones políticas.
- Afiliación sindical.
- Convicciones religiosas o filosóficas.
- Vida sexual u orientación sexual.

La prohibición no se aplica al etiquetado o filtrado de conjunto de datos biométricos basado en datos biométricos ni a la categorización de datos biométricos en el ámbito de la garantía del cumplimiento del Derecho.

h) Los sistemas de identificación biométrica remota en tiempo real

Los sistemas de identificación biométrica remota se definen en el artículo 3.41) del Reglamento como aquellos sistemas de inteligencia artificial destinados a identificar a las personas físicas sin su participación activa y generalmente a distancia comparando sus datos biométricos con los que figuran en una base de datos de referencia. El artículo 3.42) del RIA precisa que estos sistemas son "en tiempo real" cuando la recogida de los datos biométricos, la comparación y la identificación se producen sin una demora significativa, lo cual engloba no sólo la identificación instantánea, sino también, a fin de evitar la elusión, demoras mínimas limitadas[2].

Estos sistemas están prohibidos con carácter general en espacios de acceso público con fines de aplicación de garantía del cumplimiento del Derecho, con las excepciones que luego veremos. La prohibición deja a salvo las disposiciones de RGPD relativas al tratamiento de datos biométricos con fines distintos de la aplicación del Derecho[3].

---

2 El artículo 3.43) del RIA define el sistema de identificación biométrica remota en diferido como "*cualquier sistema de identificación biométrica remota que no sea un sistema de identificación biométrica remota en tiempo real*".

3 El artículo 3.46) del RIA define la garantía del cumplimiento del Derecho como "*las actividades realizadas por las autoridades garantes del cumplimiento del Derecho, o en su nombre, para la prevención, la investigación, la detección o el enjuiciamiento de delitos o la ejecución de sanciones penales, incluidas la protección frente a amenazas para la seguridad pública y la prevención de dichas amenazas*". Autoridades encargadas de la aplicación de la ley son, según el número 45) del mismo artículo "*toda autoridad pública competente para la prevención, la investigación, la detección o el enjuiciamiento de infracciones penales o la ejecución de sancio-*

2. FUNDAMENTO Y ALCANCE DE LAS PROHIBICIONES

La prohibición de las prácticas mencionadas se enmarca en la protección por el Derecho de la Unión de los derechos fundamentales, la salud y la seguridad de las personas, en el entendimiento de que aquéllas, con carácter general, pueden provocar un daño considerable a dichos bienes jurídicos.

No obstante, hay que destacar dos aspectos: por un lado, que algunas prohibiciones no operan *per se*, ya que su aplicación se condiciona a la concurrencia de determinadas circunstancias o supuestos y con ello al desarrollo de un juicio de razonabilidad, al exigirse que la práctica prohibida tenga "la finalidad o el efecto" de producir un daño; por otro lado, que esta norma no exime a otras prácticas de un juicio de licitud, de manera que, aunque no estén prohibidas con carácter general, sí podrían llegar a estarlo atendiendo a supuestos específicos en tanto que "provoquen, o sea razonablemente probable que provoquen, perjuicios considerables" a los derechos fundamentales, la salud o la seguridad de las personas.

En este último sentido, el artículo 79.2 del RIA prevé que las autoridades de vigilancia del mercado de los Estados miembros, cuando "*tenga[n] motivos suficientes para considerar que un sistema de IA presenta un riesgo*", puedan actuar de oficio para verificar cumplimiento de "*todos los requisitos y obligaciones establecidos en el presente Reglamento*", debiendo prestar una especial atención a los sistemas que presenten un riesgo para los grupos de personas vulnerables a que se refiere el artículo 5 del RIA. Si la autoridad constata que el sistema de inteligencia artificial no cumple los requisitos y obligaciones establecidos en el Reglamento, "*exigirá sin demora indebida al operador pertinente que adopte todas las medidas correctoras oportunas para adaptar el sistema de IA a los citados requisitos y obligaciones, retirarlo del mercado o recuperarlo, dentro de un plazo que dicha autoridad podrá determinar y, en cualquier caso, en un plazo de quince días hábiles a más tardar o en el plazo que prevean los actos legislativos de armonización de la Unión pertinentes según corresponda*".

nes penales, incluidas la protección frente a amenazas para la seguridad pública y la prevención de dichas amenazas" y "*cualquier otro organismo o entidad a quien el Derecho del Estado miembro haya confiado el ejercicio de la autoridad pública y las competencias públicas a efectos de prevención, investigación, detección o enjuiciamiento de infracciones penales o ejecución de sanciones penales, incluidas la protección frente a amenazas para la seguridad pública y la prevención de dichas amenazas*".

En caso de incumplimiento, el apartado 5 del artículo 79 habilita a la autoridad nacional para adoptar "*todas las medidas provisionales adecuadas para prohibir o restringir la comercialización del sistema de IA en su mercado nacional o su puesta en servicio, para retirar el producto o el sistema de IA independiente de dicho mercado o recuperarlo*", y el apartado 6 menciona expresamente como uno de los motivos de la no conformidad "*el no respeto de la prohibición de las prácticas de IA a que se refiere el artículo 5*".

Las prohibiciones del artículo 5 del RIA deben entenderse sin perjuicio de otras disposiciones del Derecho de la Unión. Así se aprecia en el apartado 8 del artículo 5, según el cual "*el presente artículo no afectará a las prohibiciones aplicables cuando una práctica de IA infrinja otras disposiciones de Derecho de la Unión*"[4], o en el último párrafo del apartado 1, cuando señala que la prohibición de los sistemas de identificación biométrica remota en tiempo real se entiende sin perjuicio de la aplicación a los tratamientos de datos biométricos con fines distintos de la garantía del cumplimiento del Derecho de las previsiones del artículo 9 del RGPD relativas al tratamiento de categorías especiales de datos personales.

Debe tenerse en cuenta también que las prácticas prohibidas no deben entenderse como un *numerus clausus*, ya que el artículo 112 del Reglamento obliga en su apartado 1 a la Comisión Europea a realizar anualmente una evaluación de "*la necesidad de modificar la lista del anexo III y la lista de prácticas de IA prohibidas previstas en el artículo 5*", y prevé en su apartado 11, letra b), que la Oficina Europea de IA desarrollará una metodología objetiva y participativa para la evaluación de los niveles de riesgo a partir de los criterios expuestos en los artículos pertinentes y la inclusión de nuevos sistemas en la lista de prácticas prohibidas a que se refiere el artículo 5.

Finalmente, para una mejor aplicación y comprensión de las prácticas prohibidas, el artículo 96.1.b) del RIA establece la obligación de que la Comisión elabore directrices para su aplicación práctica.

---

4 De acuerdo con el considerando 45 del Reglamento, éste "*no debe afectar a las prácticas prohibidas por el Derecho de la Unión, incluido el Derecho de la Unión en materia de protección de datos, de no discriminación, de protección de los consumidores y sobre competencia*". Asimismo, el artículo 2, al establecer el ámbito de aplicación de la norma, señala en su apartado 9 que "*el presente Reglamento se entenderá sin perjuicio de las normas establecidas por otros actos jurídicos de la Unión relativos a la protección de los consumidores y a la seguridad de los productos*".

3. EXCEPCIONES

El RIA no contempla un régimen general de excepciones para las prácticas de inteligencia artificial prohibidas, salvo aquellas recogidas en la correspondiente letra del artículo 5.1 en la que se establece cada prohibición. Las excepciones que se establecen permiten deducir que los sistemas de inteligencia artificial que se desarrollen pueden implementarse con capacidades tales que únicamente estarán prohibidos en la medida en que su uso o finalidad estén prohibidos por el art. 5 del Reglamento.

Por ello, debe señalarse que el régimen de evaluación de la conformidad desarrollado por el Reglamento y que permite la adecuación de los sistemas que podrían ser objeto de prohibición tampoco puede entenderse como un sistema de excepción (dada la amplitud temporal que puede comportar el periodo de investigación, notificación y no conformidad, entre otros procedimientos administrativos). Aunque la obligación de adecuación existe desde el momento del diseño del sistema (diseño tecnológico y de uso) por parte del proveedor y/o del responsable del despliegue, la ilicitud se aplica por ser objeto de una prohibición absoluta antes que por adolecer de riesgos no subsanables.

Si bien el artículo 2.12 del RIA excluye de su ámbito de aplicación a los "*sistemas de IA divulgados con arreglo a licencias libres y de código abierto, a menos que se introduzcan en el mercado o se pongan en servicio como sistemas de IA de alto riesgo o como sistemas de IA que entren en el ámbito de aplicación del artículo 5 o del artículo 50*", en ningún caso podrán introducirse en el mercado o ponerse en funcionamiento sin adecuarse previamente al Reglamento, lo que implica que las prohibiciones del artículo 5 se aplicarán también a las licencias libres y de código abierto, de ser el caso.

En cuanto a las actividades de investigación, prueba o desarrollo relativas a sistemas o modelos de inteligencia artificial, excluidas del ámbito de aplicación del Reglamento por el artículo 2.8, debe tenerse en cuenta que este precepto establece que "*se llevarán a cabo de conformidad con el Derecho de la Unión aplicable*", lo que no las exime de respetar los principios en los que se fundan las prohibiciones del artículo 5 del RIA[5].

---

[5] Además, el considerando 25 del RIA señala que "*en cualquier caso, toda actividad de investigación y desarrollo debe llevarse a cabo de conformidad con normas éticas y profesionales reconocidas para la investigación científica y con el Derecho aplicable de la Unión*".

Las excepciones expresas se encuentran en las prohibiciones de los sistemas que se usen para realizar evaluaciones de riesgos de personas físicas (art. 5.1.d) RIA), de los sistemas que se usen para inferir las emociones de una persona física (art. 5.1.f) RIA), de los sistemas de categorización biométrica (art. 5.1.g) RIA) y de los sistemas de identificación biométrica remota en tiempo real (art. 5.1.h) RIA).

En concreto:

a) Sistemas que se usen para realizar evaluaciones de riesgos de personas físicas

Para que no se aplique la prohibición, el sistema de IA sólo debe tener la función de servir de apoyo a la evaluación humana de la implicación de una persona en una actividad delictiva. Además, dicha valoración humana debe tener como base hechos objetivos y verificables directamente relacionados con una actividad delictiva.

b) Sistemas que se usen para inferir las emociones de una persona física

No se aplicará la prohibición si el sistema de inteligencia artificial es instalado o introducido en el mercado por motivos médicos o de seguridad.

Aun no estando prohibidos, el Reglamento considera estos sistemas exceptuados como de alto riesgo (anexo III, apartado 1.c) RIA), conforme a lo dispuesto por el artículo 6.2. y los somete en el artículo 27 a una evaluación del impacto que su uso puede tener sobre los derechos fundamentales por parte de determinados responsables del despliegue, quienes, además, tienen el deber de informar acerca del funcionamiento del sistema a las personas físicas sobre las que éste actúe.

c) Sistemas de categorización biométrica

Se exceptúa de la prohibición el etiquetado o filtrado de conjuntos de datos biométricos adquiridos legalmente y que se base basado en datos biométricos. La norma pone como ejemplo las imágenes, pero el considerando 16 explica que se trata de los sistemas "que sean una característica meramente accesoria intrínsecamente vinculada a otro servicio comercial, lo que significa que la característica no puede utilizarse, por razones técnicas objetivas, sin el servicio principal y que la integración de dicha característica o funcionalidad no es un medio para eludir la aplicabilidad de las normas del presente Reglamento".

También se excluye la categorización de datos biométricos en el ámbito de la aplicación del Derecho.

d) Sistemas de identificación biométrica remota en tiempo real

Esta prohibición, que se aplica al uso de tales sistemas en espacios de acceso público con fines de aplicación del Derecho, sólo se puede exceptuar si se pretende lograr alguno de los siguientes objetivos, y en la medida en que el uso del sistema sea estrictamente necesario para ello:

- Búsqueda selectiva de víctimas concretas de determinados delitos (secuestro, trata de seres humanos o explotación sexual de seres humanos) y de personas desaparecidas.
- Prevención de una amenaza específica, importante e inminente para la vida o la seguridad física de las personas físicas, o de una amenaza real y actual o real y previsible de un atentado terrorista.
- Localización o identificación de una persona sospechosa de haber cometido una infracción penal a fin de llevar a cabo una investigación o un enjuiciamiento penales, o de ejecutar una sanción penal. Esto debe referirse, por una parte, a alguno de los delitos mencionados en el anexo II, y por otra, dicho delito debe estar castigado en el Estado miembro de que se trate con una pena o una medida de seguridad privativas de libertad cuya duración máxima sea de, al menos, cuatro años.

El artículo 5.2 establece otros dos requisitos esenciales para la aplicación de estas excepciones:

- Que el uso del sistema se lleve a cabo únicamente "para confirmar la identidad de la persona que constituya el objetivo específico".
- Que se tenga en cuenta tanto la naturaleza de la situación que dé lugar al posible uso, y en particular la gravedad, probabilidad y magnitud del perjuicio que se produciría de no utilizarse el sistema, como las consecuencias que tendría el uso del sistema en los derechos y las libertades de las personas implicadas, y en particular la gravedad, probabilidad y magnitud de dichas consecuencias.

Otra condición esencial la constituye el cumplimiento de "garantías y condiciones necesarias y proporcionadas" según el Derecho nacional que autorice el uso, autorización que sólo se podrá conceder si la autoridad garante del cumplimiento del Derecho ha realizado una evaluación de impacto relativa a los derechos fundamentales según lo dispuesto en el artículo 27 del Reglamento y el sistema se encuentra registrado en la base de datos de la Unión para los sistemas de inteligencia artificial de alto riesgo, de conformidad con el artículo 49. Sin embargo, si existe una urgencia que sea debidamente justificada, puede exceptuarse la condición del registro previo, siempre que éste se lleve a cabo "sin demora indebida".

Finalmente, de acuerdo con el apartado 3 del artículo 5, el uso de estos sistemas requiere la autorización previa de una autoridad judicial o de una autoridad administrativa independiente, que sólo podrá ser expedida previa solicitud motivada de acuerdo con el Derecho nacional. Éste deberá establecer normas detalladas sobre la solicitud, la concesión y el ejercicio de estas autorizaciones, así como sobre su supervisión y notificación a las autoridades de vigilancia del mercado pertinente y de protección de datos (apartado 5 del art. 5). No obstante, en una situación de urgencia debidamente justificada, el sistema se podrá empezar a utilizar sin autorización, siempre que ésta se solicite sin demora indebida, a más tardar en un plazo de 24 horas. En todo caso, no podrá adoptarse ninguna decisión que produzca efectos jurídicos adversos para una persona exclusivamente sobre la base de la información de salida del sistema de identificación biométrica remota en tiempo real.

III. SISTEMAS DE INTELIGENCIA ARTIFICIAL DE ALTO RIESGO

1. DELIMITACIÓN

A tenor de los apartados 1 y 2 del artículo 6, el RIA establece dos supuestos en los que se considerará un sistema inteligencia artificial como sistema de alto riesgo.

En primer lugar, cuando el sistema de inteligencia artificial reúna acumulativamente dos condiciones establecidas en el art. 6.1 RIA, como son, por un lado, que el sistema esté destinado a ser componente de seguridad de un producto que entre en el ámbito del anexo I del Reglamento o que dicho sistema sea en sí mismo un producto que entra en el ámbito del mismo anexo I y, por otro lado, que ese producto (en cualquiera de los supuestos anteriores) esté obligado a realizar una evaluación de conformidad, antes de su introducción o puesta en servicio en el mercado, por así disponerlo el acto legislativo correspondiente que se encuentre relacionado en el anexo I.

En segundo lugar, los sistemas de inteligencia artificial incluidos *ex lege* en el anexo III del Reglamento. Dicho anexo identifica 25 sistemas, dentro de ocho ámbitos: biometría; infraestructuras críticas; educación y formación profesional; empleo, gestión de los trabajadores y acceso al autoempleo; acceso a servicios privados esenciales y a servicios y prestaciones públicos esenciales y disfrute de estos servicios y prestaciones; garantía del cumplimiento del Derecho; migración, asilo y gestión del control fronterizo; y administración de justicia y procesos democráticos. No obstante, el apartado 3 del artículo 6 permite deducir que se pueden desarrollar sistemas de inteligencia artificial que operen en los ámbitos o categorías del anexo III, pero que quedan excluidos de las condiciones establecidas para los sistemas de inteligencia artificial de alto riesgo por no alcanzar un riesgo importante, que deberá determinarse de acuerdo con las reglas del RIA.

En suma, el RIA no contiene una enunciación taxativa de los sistemas de inteligencia artificial que se consideran de alto riesgo, ni siquiera con el complemento de sus anexos I y III, sino que establece una metodología dinámica para su determinación, basada en remisiones a otras normas y a evaluaciones del riesgo que esos sistemas pueden representar para los derechos fundamentales, la salud y la seguridad.

Así, puede afirmarse que la determinación de la condición de sistema de alto riesgo en el Reglamento no es cerrada y al efecto debe tenerse en cuenta el artículo 7 del RIA, que prevé una serie condiciones y procedimientos para que la Comisión Europea modifique el anexo III, con la finalidad de añadir o modificar casos de uso de sistemas de alto riesgo.

Además, en consonancia con lo dicho más arriba sobre las prácticas prohibidas, el uso de todo sistema de inteligencia artificial tiene como premisa que debe desarrollarse o realizarse, en todo caso, sin perjuicio del Derecho vigente de la Unión[6] y no debe afectar a otras restricciones que se pudieran derivar de éste, cuando una práctica de inteligencia artificial pueda afectar alguna de sus disposiciones.

---

6 El considerando 9 del Reglamento especifica que "*las normas armonizadas que se establecen en el presente Reglamento deben aplicarse en todos los sectores y, en consonancia con el nuevo marco legislativo, deben entenderse sin perjuicio del Derecho vigente de la Unión, en particular en materia de protección de datos, protección de los consumidores, derechos fundamentales, empleo, protección de los trabajadores y seguridad de los productos, al que complementa el presente Reglamento*".

2. EXCEPCIONES

El apartado 3 del artículo 6 del RIA establece excepciones únicamente para los sistemas de inteligencia artificial relacionados en el anexo III. Estos sistemas no serán considerados de alto riesgo si no plantean un riesgo importante de causar un perjuicio a la salud, la seguridad o los derechos fundamentales de las personas físicas y, en particular, cuando no influyan sustancialmente en el resultado de la toma de decisiones por parte de las personas físicas.

El propio precepto presume que esto ocurre cuando el sistema de inteligencia artificial tiene alguna de las siguientes finalidades:

- Lleva a cabo una tarea de procedimiento limitada.
- Mejora el resultado de una actividad humana previamente realizada.
- Detecta patrones de toma de decisiones o desviaciones con respecto a patrones de toma de decisiones anteriores, sin que ello implique en ningún caso que se pueda destinar a sustituir la evaluación humana previamente realizada sin una revisión humana adecuada, ni a influir en ella.
- Lleva a cabo una tarea preparatoria para una evaluación pertinente a efectos de los casos de uso enumerados en el anexo III.

No obstante, el propio anexo III contempla algunas excepciones al establecer los casos de uso de alto riesgo. Así, en el caso de los sistemas de identificación biométrica remota (anexo III, 1.a) RIA), el Reglamento excluye los sistemas destinados a usarse con la exclusiva finalidad de confirmar que una persona física concreta es la persona que afirma ser. Aplicando el mismo criterio, también excluye a los sistemas destinados a la verificación de documentos de viaje (anexo III, 7.d) RIA).

3. REQUISITOS

3.1. GARANTÍA DEL CUMPLIMIENTO DE LOS REQUISITOS

La sección 2 del capítulo III del RIA (arts. 8 a 15) desarrolla un conjunto de requisitos que deberá cumplir todo sistema de inteligencia artificial clasificado como de alto riesgo, para lo que será preceptivo tener en cuenta:

- Sus finalidades previstas.
- El estado actual de la técnica generalmente reconocido en materia de inteligencia artificial y tecnologías relacionadas con la inteligencia artificial.

El apartado 2 del artículo 8 del Reglamento establece la obligación de que los proveedores garanticen que el sistema de alto riesgo cumpla los requisitos aplicables exigidos por la legislación de armonización de la UE enumerados en la sección A del anexo I, si además le son aplicables los requisitos establecidos por el Reglamento.

3.2. SISTEMA DE GESTIÓN DE RIESGOS

El artículo 9.1 del RIA prevé para todos los sistemas de inteligencia artificial de alto riesgo que se establecerá, implantará, documentará y mantendrá un sistema de gestión de riesgos.

El artículo 9.2 del Reglamento lo define como un "*proceso iterativo continúo planificado y ejecutado durante todo el ciclo de vida de un sistema de IA de alto riesgo, que requerirá revisiones y actualizaciones sistemáticas periódicas*", debiendo constar de cuatro etapas:

a) La determinación y el análisis de los riesgos conocidos y previsibles. No obstante, se limita o condiciona el análisis, ya que se limita a los riesgos para la salud, la seguridad o los derechos fundamentales y atendiendo a la utilización del sistema para su finalidad prevista.

b) La estimación y la evaluación de los riesgos que podrían surgir (posibles riesgos nuevos), considerando dos posibles situaciones: cuando el sistema se use conforme a su finalidad prevista y cuando se le pueda dar un uso indebido que sea razonablemente previsible[7].

c) La evaluación de otros riesgos que podrían identificarse (surgir, según el Reglamento) a partir del análisis de los datos del sistema de vigilancia poscomercialización (previsto en el art. 72 RIA).

d) La adopción de medidas adecuadas y específicas de gestión de riesgos de los riesgos conocidos y previsibles identificados y previsibles, esto es, los identificados en la primera etapa y que deberán tener en cuenta los efectos y la interacción que podría derivarse de la aplicación combinada de los requisitos de los sistemas de alto riesgo.

---

[7] El art. 3.13) RIA define uso indebido razonablemente previsible como "*la utilización de un sistema de IA de un modo que no corresponde a su finalidad prevista, pero que puede derivarse de un comportamiento humano o una interacción con otros sistemas, incluidos otros sistemas de IA, razonablemente previsible*".

Una condición importante para poder acceder al régimen del Reglamento para los sistemas de alto riesgo es que los riesgos que se establezcan en el sistema de gestión de riesgos sean, exclusivamente, aquellos que pueden mitigarse o eliminarse. El art. 8 RIA, al establecer el cumplimiento de los requisitos para los sistemas de alto riesgo, dispone que el sistema de gestión de riesgos se debe tener en cuenta cuando se verifique el cumplimiento de los requisitos. Los riesgos que pueden considerarse son exclusivamente aquellos susceptibles de mitigarse o eliminarse razonablemente, bien en las etapas de diseño o de desarrollo del sistema o bien a través del suministro de la información técnica adecuada, lo que debe entenderse que se incorpora en las instrucciones de uso que se suministran al responsable del despliegue. Puede considerarse que esta disposición traza los límites para determinar los riesgos inaceptables (a los que se les aplicaría una regla de prohibición relativa) y aquellos que simplemente pueden gestionarse con medidas de transparencia.

Para lograr comprender y determinar las medidas más adecuadas y específicas, deben determinarse los riesgos residuales pertinentes asociados a cada peligro y los riesgos generales residuales, ya que el RIA los considera aceptables y, por ello, todos los sistemas de inteligencia artificial de alto riesgo deben someterse a pruebas que determinen que funcionan coherentemente de acuerdo con la finalidad prevista de uso y que se cumplen los requisitos establecidos para el sistema de gestión de riesgos.

3.3. GOBERNANZA DE DATOS

Cuando los sistemas de inteligencia artificial de alto riesgo utilicen técnicas que impliquen el entrenamiento de modelos de IA con datos, se establece que deben desarrollarse con base en conjuntos de datos de entrenamiento, validación y prueba que cumplan los criterios de calidad establecidos por el artículo 10 del Reglamento.

De forma general, los criterios de calidad para los conjuntos de datos son:

- Establecimiento de prácticas de gobernanza y gestión de datos adecuadas a la finalidad del sistema.
- Que sean pertinentes, suficientemente representativos, libres de errores (en la mayor medida posible) y completos, y, cuando proceda, tengan las propiedades estadísticas adecuadas.
- Que tengan en cuenta las características o elementos particulares del entorno geográfico, contextual, conductual o funcional específico en el

que está previsto que se utilice el sistema de inteligencia artificial de alto riesgo.

El apartado 5 del artículo 10 del RIA habilita a los proveedores de los sistemas de inteligencia artificial de alto riesgo para que, cuando sea necesario detectar y corregir sesgos, puedan tratar, de forma excepcional, las categorías especiales de datos personales, en la medida que sea estrictamente necesaria y con la debida garantía de los derechos y las libertades fundamentales de las personas físicas, entre otros requisitos.

Si el desarrollo del sistema no implica el entrenamiento de modelos de inteligencia artificial, los criterios del artículo 10 del Reglamento (apartados 2 a 5) se aplicarán únicamente a los conjuntos de datos de prueba.

3.4. DOCUMENTACIÓN TÉCNICA

La gestión y acreditación documental durante todo el ciclo de vida del sistema de inteligencia artificial de alto riesgo resulta esencial para garantizar el cumplimiento de la normativa vigente. El artículo 11 del RIA establece la obligatoriedad de que la documentación técnica esté elaborada antes de que el sistema se introduzca en el mercado o se ponga en servicio y sea clara, completa y actualizada.

La información que debe contener esta documentación se establece en el anexo IV, y comprende un contenido mínimo relativo a:

- Una descripción general del sistema, que incluya su finalidad prevista de uso, instrucciones de uso, etc.
- Una descripción detallada de los elementos que componen el sistema y el proceso de desarrollo de éste, como la metodología, los recursos previos empleados, las especificaciones, la arquitectura, las metodologías y técnicas de entrenamiento basada en datos, medidas de supervisión humanas, ciberseguridad, etc.
- La información sobre la supervisión, el funcionamiento y el control del sistema.
- Una descripción de la idoneidad de los parámetros de rendimiento.
- Una descripción detallada del sistema de gestión de riesgos.
- Una lista de las normas armonizadas aplicadas total o parcialmente.
- Una descripción de los cambios pertinentes realizados por el proveedor a lo largo de su ciclo de vida.

El objetivo de esta documentación, que debe ser clara, completa y actualizada, es demostrar o comprobar que el sistema de inteligencia artificial se ha desarrollado cumpliendo los requisitos del Reglamento, con la finalidad de que las autoridades nacionales competentes y los organismos notificados puedan evaluar la conformidad su conformidad con dichos requisitos. Dado que el anexo IV sólo establece un contenido mínimo, la documentación e información debería ampliarse en la medida en resulte necesario para alcanzar los objetivos de la evaluación de conformidad.

3.5. CONSERVACIÓN DE REGISTROS

Con el fin de que se pueda comprobar adecuadamente el funcionamiento del sistema de inteligencia artificial de alto riesgo conforme a su finalidad prevista y a lo largo de todo su ciclo de vida, el Reglamento pretende garantizar un (cierto) nivel de trazabilidad. Para ello, establece en su artículo 12.1 que estos sistemas permitirán el registro automático de eventos, que denomina "archivos de registro" (los archivos *log*).

Los eventos que se registren deben ser pertinentes para:

- Detectar la posibilidad de un riesgo derivado de su calificación como "productos que presentan un riesgo", en el sentido del art. 79.1 RIA[8] o a una modificación sustancial[9].

---

8 El artículo 79.1 del Reglamento señala que "*los sistemas de IA que presentan un riesgo se entenderán como «productos que presentan un riesgo» tal como se definen en el artículo 3, punto 19, del Reglamento (UE) 2019/1020, en la medida en que presenten riegos que afecten a la salud, la seguridad o los derechos fundamentales de las personas*". El artículo 3.19 del Reglamento (UE) 2019/1020 considera "producto que presenta un riesgo" a aquel que "*puede afectar negativamente a la salud y la seguridad de las personas en general, a la salud y la seguridad en el trabajo, a la protección de los consumidores, al medio ambiente, a la seguridad pública o a otros intereses públicos protegidos por la legislación de armonización de la Unión aplicable, en un grado que vaya más allá de lo que se considere razonable y aceptable en relación con su finalidad prevista o en las condiciones de uso normales o razonablemente previsibles del producto en cuestión, incluida la duración de su utilización y, en su caso, los requisitos de su puesta en servicio, instalación y mantenimiento*".

9 El art. 3.23) RIA define modificación sustancial como "*un cambio en un sistema de IA tras su introducción en el mercado o puesta en servicio que no haya sido previsto o proyectado en la evaluación de la conformidad inicial realizada por el proveedor y a consecuencia del cual se vea afectado el cumplimiento por parte del sistema de IA de los requisitos establecidos en el capítulo III, sección 2, o que dé lugar a una modificación de la finalidad prevista para la que se haya evaluado el sistema de IA de que se trate*".

- Facilitar la vigilancia poscomercialización y la vigilancia del funcionamiento del sistema a cargo de los responsables de éste, conforme a las instrucciones de uso suministradas por el proveedor, lo que implica que los responsables del despliegue realizarán la vigilancia basándose en las instrucciones de uso e informado a los proveedores, en su caso, conforme al sistema de vigilancia establecido.
- La vigilancia del funcionamiento de los sistemas de alto riesgo en el sentido del art. 26.6 del Reglamento, que impone a los responsables del despliegue la obligación de conservación de los archivos de registro generados automáticamente por el sistema.

El artículo 12.3 del Reglamento prevé que deberán implantarse algunas capacidades adicionales de registro cuando se trate de sistemas de identificación biométrica remota, como un registro del periodo de cada uso del sistema, la base de datos empleada para los datos de entrada, los datos de entrada que han permitido que la búsqueda presente una correspondencia y la identificación de las personas físicas que verifican los resultados, previstas en el art. 14.5 RIA y que son dos personas con la competencia, formación y autoridad necesarias para verificar y confirmar por separado tal identificación.

3.6. TRANSPARENCIA Y COMUNICACIÓN DE INFORMACIÓN A LOS RESPONSABLES DEL DESPLIEGUE

El artículo 13.1 del RIA prevé que los sistemas de inteligencia artificial de alto riesgo se diseñarán y desarrollarán de forma que se pueda garantizar que funcionan con un nivel de transparencia suficiente para que los responsables del despliegue interpreten y usen correctamente su información de salida.

Por consiguiente, establece que se garantizará un tipo y un nivel de transparencia adecuados (entiéndase elevado antes que conveniente, además de pertinente) para que el proveedor, el responsable del despliegue y otras partes cumplan las obligaciones que les impone el Reglamento en sus artículos 16 a 27.

De esta forma, se impone la obligación general de que todos los sistemas de alto riesgo deban acompañarse o entregarse siempre con sus correspondientes instrucciones de uso, que contendrán información "concisa, completa, correcta y clara que sea pertinente, accesible y comprensible para los responsables del despliegue". El apartado 3 del artículo 13 especifica el contenido mínimo de esa información, que incluye, entre otros extremos, las características, capacidades y limitaciones del funcionamiento del sistema o las medidas de supervisión humanas.

3.7. SUPERVISIÓN HUMANA

La vigilancia humana es un elemento esencial dentro del conjunto de requisitos que se imponen a los sistemas de inteligencia artificial de alto riesgo, por la sencilla razón de que debería ser una persona o personas humana(s) quien tenga la capacidad de decisión sobre la determinación de que el uso o los resultados del uso de un sistema pueden, eventualmente, variar las condiciones de la conformidad del sistema y actuar en consecuencia.

Así, el ser humano debe tener la capacidad de supervisar estos sistemas en sus fases de diseño, desarrollo y despliegue, con la finalidad de poder ejecutar las oportunas decisiones en caso de surgir la necesidad de detener el sistema o iniciar el procedimiento para corregir errores o mitigar los riesgos residuales que pudieran convertirse en inaceptables.

Por ello, el artículo 14 del Reglamento establece que los sistemas de inteligencia artificial de alto riesgo deben diseñarse y desarrollarse de tal forma que puedan ser vigilados de manera efectiva por personas físicas, con la finalidad de prevenir o reducir los riesgos para la salud, la seguridad o los derechos fundamentales a que pueden dar lugar, aun cuando se empleen conforme a la finalidad de uso prevista o haya un uso indebido razonablemente previsible.

Para la implantación de estas previsiones, es fundamental que el sistema de inteligencia artificial de alto riesgo cuente con un sistema de gestión de riesgos robusto, ya que será el medio a través del cual se determinen los riesgos inherentes y los que cabe mitigar o eliminar, para prever unas medidas de supervisión proporcionales a dichos riesgos, así como en relación con el nivel de autonomía y el contexto de uso del sistema.

En esta línea, si bien con una redacción un tanto confusa, el artículo 14.4 del Reglamento dispone que el sistema de inteligencia artificial de alto riesgo se ofrecerá al usuario de tal modo que las personas físicas a quienes se encomiende la vigilancia humana puedan, en función de las circunstancias y de manera proporcionada a éstas, entender adecuadamente las capacidades y limitaciones del sistema y vigilar debidamente su funcionamiento, sin basarse exclusivamente en la propia identificación del riesgo generada por el sistema, y que tengan el poder de decidir, en cualquier situación concreta, no utilizar el sistema o desestimar, invalidar o revertir la información de salida que éste genere y, en último término, intervenir en el funcionamiento del sistema o interrumpir ese funcionamiento.

Por último, en el caso de los sistemas de inteligencia artificial de alto riesgo mencionados en el apartado 1.a) del anexo III (sistemas de identificación biométrica remota, en la medida en que no constituyan prácticas prohibidas), se añade, como medida adicional de control, que se tendrá que garantizar que el responsable del despliegue no actúe ni tome ninguna decisión basándose en la identificación generada por el sistema, salvo si, al menos, dos personas físicas "con la competencia, formación y autoridad necesarias" han verificado y confirmado por separado dicha identificación. Este requisito se exceptúa para los sistemas de inteligencia artificial de alto riesgo utilizados con fines de aplicación del Derecho, de migración, de control fronterizo o de asilo cuando el Derecho nacional o de la Unión considere que su aplicación es desproporcionada.

3.8. PRECISIÓN, SOLIDEZ Y CIBERSEGURIDAD

El artículo 15.1 del RIA dispone que los sistemas de inteligencia artificial de alto riesgo se diseñarán y desarrollarán de modo que alcancen un nivel adecuado de precisión, solidez y ciberseguridad y funcionen de manera uniforme, es decir, estable, en esos sentidos durante todo su ciclo de vida. Los niveles de precisión y los parámetros de medición deberán suministrarse con el sistema en las instrucciones de uso, pero, para garantizar que las condiciones y los niveles que se establezcan son los adecuados, el Reglamento prevé que la Comisión Europea y otras autoridades fomenten el desarrollo de parámetros de referencia y metodologías de medición.

Este artículo impone en su apartado 4 el deber de que los sistemas de inteligencia artificial de alto riesgo sean diseñados con el atributo de la resistencia frente a errores, fallos o incoherencias, lo que equivale realmente al deber de desplegar siempre los mayores esfuerzos para que se alcance un nivel muy elevado o el más elevado posible de resistencia frente a los errores surgidos del propio sistema o generados en el entorno en el que éste funciona y, en particular, de aquellos derivados de la interacción con personas físicas o con otros sistemas. El legislador presta también atención a los bucles de retroalimentación, al prever la eliminación o reducción "al máximo posible" del riesgo de que resultados de salida sesgados influyan en la información de entrada de nuevas operaciones.

Los sistemas, además, deben ser resistentes a los intentos no autorizados de alterar su normal funcionamiento de acuerdo con su finalidad. Por ello, el apartado 5 del artículo 15 del RIA establece un conjunto no exhaustivo de medidas de garantía de la ciberseguridad, como medidas para prevenir, detectar, combatir, resolver y controlar los ataques que traten de manipular el conjunto de datos de entrenamiento ("envenenamiento de datos") o los componentes entrenados previamente utilizados en el entrenamiento ("envenenamiento de modelos"), la información de entrada diseñada para hacer que el modelo de IA cometa un error ("ejemplos adversarios" o "evasión de modelos"), los ataques a la confidencialidad o los defectos en el modelo.

4. OBLIGACIONES DE LAS PARTES

4.1. PROVEEDORES

El artículo 3.3) del RIA considera proveedor a toda persona física o jurídica o autoridad, órgano u organismo públicos que desarrolle un sistema de inteligencia artificial o un modelo de inteligencia artificial de uso general, o para el cual se desarrolle, y lo introduzca en el mercado o lo ponga en servicio con su propio nombre o marca comercial, previo pago o gratuitamente.

La condición de desarrollador establecida para todos los proveedores (bien porque desarrollan el sistema de inteligencia artificial, bien porque es desarrollado a demanda suya) sitúa a éstos como los principales responsables de definir la finalidad y los objetivos explícitos o implícitos de estos sistemas y, con ello, de prever los riesgos que, una vez desplegados, podrían presentar en cualquier entorno físico o virtual, incluso independientemente de la finalidad de su desarrollo.

El artículo 16 del Reglamento establece obligaciones específicas para los proveedores de los sistemas de inteligencia artificial de alto riesgo.

En primer lugar, conforme al art. 16.a) RIA, los proveedores tienen el deber de vigilar que sus sistemas cumplan los requisitos establecidos en la sección 2 del capítulo III. Este deber de vigilancia debe interpretarse como deber de garantía de cumplimiento de los requisitos de los artículos 8 a 15 del Reglamento, dado que los proveedores son los principales responsable de determinar si el producto que desarrollan o que se desarrolla a demanda suya constituye un sistema de inteligencia artificial de alto riesgo.

Además, deben poder ser identificados, indicando su nombre, su nombre comercial registrado o marca registrada y su dirección de contacto, bien en el mismo sistema, bien, cuando no sea posible, en el embalaje del sistema o en la documentación que lo acompañe y se les atribuye, de forma reiterativa, la obligación de desarrollar las previsiones de los artículos 17 (sistema de gestión de calidad), 18 (conservación de la documentación) y 19 del RIA (conservación de los archivos de registro generados automáticamente). El sistema de gestión de calidad, que tiene que recoger las políticas, los procedimientos y las instrucciones, debe entenderse imprescindible tanto en el desarrollo del sistema como durante su despliegue. El artículo 17 del RIA establece una serie de elementos que debe incluir el sistema de gestión de calidad y que comprenden la estrategia de cumplimiento de la normativa y los diferentes aspectos tecnológicos de su desarrollo, incluidas las relaciones derivadas con las partes vinculadas o interesadas y las cuestiones de responsabilidad personal del proveedor.

El proveedor está obligado a realizar, en todo caso y como condición previa para su introducción en el mercado o puesta en servicio, así como cada vez que se introduzca una modificación sustancial (art. 43.4 RIA), la evaluación de la conformidad del sistema. Esta obligación no decae ni siquiera cuando hubiera sido objeto de una exención temporal, con arreglo al artículo 46 del Reglamento. También deberá redactar una declaración UE de conformidad (art. 47 RIA), que hará constar que el sistema cumple los requisitos de los sistemas de inteligencia artificial de alto riesgo y contendrá toda la información determinada por el anexo V del RIA.

También deberá colocar el marcado CE en el propio sistema o, cuando no sea posible, en su embalaje o en la documentación que lo acompañe, al objeto de que conste la conformidad del producto con el Reglamento, de forma visible, legible e indeleble, o de cualquier otra que garantice la toma de conocimiento del marcado CE, e independientemente del medio mediante el que se entregue el producto.

El proveedor deberá realizar el registro previo de todo sistema de inteligencia artificial de alto riesgo mencionado en el anexo III, excepto los del apartado 2, relativos a infraestructuras (art. 49.1 RIA) en la base de datos de la UE para los sistemas de IA de alto riesgo enumerados en el anexo III y prevista en el artículo 71 del RIA. Esta obligación de registro se refiere tanto al sistema como al propio proveedor, y se aplica aun en caso de que se considere que el sistema no es de alto riesgo, por operar las excepciones del artículo 6.3 del RIA.

Otra obligación importante consiste en adoptar las medidas correctoras necesarias y facilitar la información exigida por el artículo 20 del RIA, que prevé que el proveedor tiene que adoptar las medidas correctoras necesarias en caso de que el sistema deje de ser conforme al Reglamento después de su introducción en el mercado o su puesta en funcionamiento. En relación con esta disposición, cobra especial relevancia la obligación de implantar un sistema de gestión de riesgos, única forma aceptable de que pueda operar la retirada, desactivación o recuperación del sistema. El proveedor tiene la obligación de realizar una investigación inmediata de los riesgos detectados, en colaboración con el responsable del despliegue, y de informar a las autoridades de vigilancia del mercado, así como al organismo notificado que expidió el certificado de conformidad del sistema. Además, el proveedor deberá demostrar la conformidad del sistema, cuando le sea requerido mediante solicitud motivada por la autoridad nacional competente. El proveedor tiene la obligación de suministrar toda la información para demostrar la conformidad del sistema con el Reglamento, en particular los requisitos de la sección 2 del capítulo III (arts. 8 a 15), incluido el acceso a los archivos de registro generados automáticamente; todo esto de acuerdo con las disposiciones del art. 21 RIA, sobre la obligación de cooperación de los proveedores con las autoridades competentes.

No menos importante resulta que el proveedor vele por el cumplimiento de los requisitos de accesibilidad que imponen las Directivas (UE) 2016/2102 del Parlamento Europeo y del Consejo, de 26 de octubre de 2016, sobre la accesibilidad de los sitios web y aplicaciones para dispositivos móviles de los organismos del sector público, y 2019/882 del Parlamento Europeo y del Consejo, de 17 de abril de 2019, sobre los requisitos de accesibilidad de los productos y servicios.

También debemos destacar que, de acuerdo con el artículo 22.1 del Reglamento, los proveedores de terceros países deben nombrar un representante autorizado, establecido en la Unión, antes de comercializar sus sistemas de inteligencia artificial de alto riesgo en el mercado de la UE. Los representantes autorizados efectuarán las tareas especificadas en el mandato recibido, que incluirán en todo caso:

- Verificar que se ha elaborado la declaración UE de conformidad y la documentación técnica a que se refiere el artículo 11 y que el proveedor ha llevado a cabo un procedimiento de evaluación de la conformidad adecuado.
- Conservar a disposición de las autoridades competentes durante un período de diez años a contar desde la introducción en el mercado o la puesta en servicio del sistema los datos de contacto del proveedor, una copia de la declaración UE de conformidad, la documentación técnica y, en su caso, el certificado expedido por el organismo notificado.
- Proporcionar a la autoridad nacional competente, previa solicitud motivada, toda la información y la documentación que sean necesarias para demostrar la conformidad del sistema con los requisitos establecidos en

la sección 2 del capítulo III del Reglamento, incluyendo el acceso a los archivos de registro generados automáticamente, en la medida en que estén bajo el control del proveedor.

- Cooperar con las autoridades competentes, previa solicitud motivada, en todas las acciones que emprendan en relación con el sistema, en particular para reducir y mitigar los riesgos que éste presente.
- Cuando proceda, cumplir las obligaciones de registro a que se refiere el artículo 49.1 o, si el registro lo lleva a cabo el propio proveedor, garantizar que la información a que se refiere la sección A del anexo VIII es correcta.

El representante autorizado está obligado a poner fin a su mandato "si considera o tiene motivos para considerar que el proveedor contraviene las obligaciones que le atañen con arreglo al presente Reglamento" y a comunicar de manera inmediata tanto la terminación del mandato como dichos motivos.

El artículo 25 del Reglamento establece un conjunto de responsabilidades en toda la cadena de valor de la inteligencia artificial, determinando algunas circunstancias en las que un operador distinto del proveedor (distribuidor, importador, responsable del despliegue o tercero) será considerado proveedor y quedará sujeto a las obligaciones del artículo 16. Esto ocurrirá cuando estemos ante un sistema ya introducido en el mercado o puesto en servicio y sobre el que el operador en cuestión ponga su nombre o marca o lo modifique sustancialmente (y siga siendo de alto riesgo), o bien cuando se trate de un sistema de inteligencia artificial (incluido un sistema de uso general) que no se haya considerado de alto riesgo, pero que experimente una modificación en su finalidad de forma que se convierta en un sistema de alto riesgo.

4.2. IMPORTADORES Y DISTRIBUIDORES

La comercialización de los sistemas de inteligencia artificial de alto riesgo por parte de los importadores y distribuidores acarrea una serie de obligaciones previas y posteriores a aquélla, impuestas por los artículos 23 y 24 del Reglamento, como el deber de no introducir o distribuir el sistema si consideran que no está en conformidad con las disposiciones de la norma.

En concreto, los importadores, antes de introducir el sistema en el mercado, deben verificar su conformidad con el Reglamento, asegurándose del que el proveedor haya desarrollado el procedimiento de evaluación de la conformidad y haya elaborado la documentación técnica prevista por el artículo 11 y el anexo

IV del RIA, así como de que el sistema lleve el marcado CE exigido y vaya acompañado de la declaración UE de conformidad y de las instrucciones de uso, y de que el proveedor haya designado a un representante autorizado.

A la vista del artículo 23.2 del Reglamento, cabe concluir que el importador tiene un deber de diligencia, ya que tendrá que evaluar el producto y la información recibida del proveedor para poder determinar si cabe riesgo de falsificación de producto o que la documentación que se le suministra es falsa, de modo que no lo deberá introducir en el mercado hasta que haya obtenido la conformidad del sistema. En caso de que exista un riesgo en el sentido del artículo 79.1, el importador debe informar al proveedor, a sus representantes autorizados y a las autoridades de vigilancia del mercado. Además, tiene la obligación de conservar durante diez años una copia del certificado expedido por el organismo notificado, en su caso, de las instrucciones de uso y de la declaración UE de conformidad a que se refiere el artículo 47 del RIA.

Por su parte, los distribuidores deben verificar que el producto contiene el marcado CE, junto con la declaración UE de conformidad, las instrucciones de uso, así como que, en su caso, el proveedor cuente con un sistema de gestión de calidad y proveedor e importador hayan indicado su nombre comercial registrado o marca registrada y su dirección de contacto, bien en el mismo sistema o en su documentación.

Igual que sucede en el caso del importador, al distribuidor se le impone un deber de diligencia, ya que el artículo 24.2 del Reglamento implica que tendrá que analizar la información suministrada por el proveedor para poder determinar "*con arreglo a la información en su poder, que un sistema de IA de alto riesgo no es conforme con los requisitos establecidos en la sección 2*". Si el distribuidor considera o tiene motivos para considerar que el producto no es conforme, "no lo comercializará hasta que se haya conseguido esa conformidad" y deberá informar del ello al proveedor o importador, en su caso, lo que también tendrá que hacer cuando considere que el sistema presenta un riesgo en el sentido del artículo 79, apartado 1. Este deber también se debe observar cuando el sistema ya ha sido comercializado, en cuyo caso el distribuidor tendrá que adoptar medidas correctoras hasta recuperar la conformidad del sistema, retirarlo del mercado o recuperarlo, o velará por que actúen en consecuencia los demás operadores intervinientes en la cadena de comercialización.

Hay también obligaciones comunes que se imponen tanto a importadores como a distribuidores.

Así, en el almacenamiento o transporte durante el periodo en que alguno de ellos sea responsable del sistema, el importador o el distribuidor deberá asegurarse de que no se vea afectado el cumplimiento de los requisitos establecidos por el Reglamento (arts. 23.4 y 24.3 RIA). Asimismo, ambos operadores están obligados a facilitar a las autoridades competentes toda la información y documentación de sus actuaciones en relación con el cumplimiento de sus deberes, así como a cooperar con aquéllas en cualquier medida que adopten, en particular para reducir o mitigar los riesgos que presente el sistema que origina la actuación.

4.3. RESPONSABLES DEL DESPLIEGUE

El artículo 3.4) del RIA considera responsable del despliegue de un sistema de inteligencia artificial a la persona física o jurídica o autoridad, órgano u organismo públicos que utilice el sistema bajo su propia autoridad, salvo cuando su uso se enmarque en una actividad personal de carácter no profesional.

El responsable del despliegue debe ser considerado el operador más importante, ya que es quien usará el sistema de inteligencia artificial de alto riesgo y, por tanto, combina las responsabilidades técnicas y legales derivadas de las disposiciones del Reglamento y demás normativa aplicable, con la sensibilidad que cabe esperar en un agente que emplea un producto que genera riesgos para las personas y la sociedad y que, por tanto, tendría que observar una conducta ética más allá de lo estrictamente exigido por el ordenamiento jurídico.

En cualquier caso, sus obligaciones se establecen en el artículo 26 del Reglamento, que dispone que los responsables del despliegue de sistema de inteligencia artificial de alto riesgo deben adoptar medidas técnicas y organizativas adecuadas para garantizar su utilización de acuerdo con las instrucciones de uso que los acompañen, sin perjuicio de que el Derecho nacional o de la Unión imponga otras obligaciones para poner en práctica las medidas de supervisión humanas indicadas por el proveedor y de la obligación de conservar los archivos de registro (de acuerdo con las condiciones que prevé el apartado 6 del artículo).

Los responsables del despliegue tendrán que encargar la supervisión humana de los sistemas a personas físicas que tengan la competencia, la formación y la autoridad necesaria. Además, tienen el deber de vigilar el correcto funcionamiento de los sistemas sobre la base de las instrucciones de uso y, cuando proceda, informarán al proveedor o distribuidor y a la autoridad competente de acuerdo con el artículo 72 del Reglamento, relativo al sistema de vigilancia poscomercialización. El deber de información "sin demora indebida" se aplica si se aprecia que el uso del sistema podría generar un riesgo en el sentido del artículo 79.1, cuando se detecte un incidente grave.

Además de estas obligaciones generales, el artículo 26 del RIA impone otras para casos específicos:

- Cuando un sistema se emplee en el lugar o centro de trabajo, los responsables del despliegue que sean empleadores deberán informar a los representantes de los trabajadores y a los trabajadores afectados de que estarán expuestos a la utilización del sistema de inteligencia artificial de alto riesgo (art. 26.7).
- Los responsables del despliegue que sean autoridades públicas o instituciones, órganos y organismos de la Unión deben cumplir las obligaciones de registro previstas en el artículo 49 del Reglamento. Si constatan que el sistema no se encuentra registrado en la base de datos de la UE para sistemas de IA de alto riesgo establecida en el artículo 71 del Reglamento, tienen la obligación de no usarlo y de informar al proveedor o al distribuidor (art. 26.8).
- Los responsables del despliegue deben emplear la información de que dispongan para cumplir la obligación de realizar una evaluación de impacto sobre protección de datos, de acuerdo con el artículo 35 del RGPD o con el artículo 27 de la Directiva (UE) 2016/680 del Parlamento Europeo y del Consejo, de 27 de abril de 2016, relativa a la protección de las personas físicas en lo que respecta al tratamiento de datos personales por parte de las autoridades competentes para fines de prevención, investigación, detección o enjuiciamiento de infracciones penales o de ejecución de sanciones penales, y a la libre circulación de dichos datos (art. 26.9).
- En el caso de los sistemas de inteligencia artificial de identificación biométrica remota en diferido que se usen en el marco de una investigación cuya finalidad sea la búsqueda selectiva de una persona sospechosa de haber cometido una infracción penal o condenada por ello, el responsable del despliegue tendrá que solicitar, de manera previa o sin demora indebida y a más tardar en un plazo de cuarenta y ocho horas, autorización a la autoridad judicial o administrativa competente, salvo cuando el sistema se utilice para la identificación inicial de un posible sospechoso sobre la base de hechos objetivos y verificables vinculados directamente a la infracción (art. 26.10).
- Los responsables del despliegue de los sistemas de IA de alto riesgo a que se refiere el anexo III que tomen decisiones o ayuden a tomar decisiones

relacionadas con personas físicas tendrán que informar a las personas físicas de que están expuestas a la utilización de estos sistemas (art. 26.11).

Finalmente, y como cláusula de cierre del artículo, se obliga a los responsables del despliegue a cooperar con las autoridades nacionales competentes en cualquier medida que estas adopten en relación con el sistema de inteligencia artificial de alto riesgo con el objetivo de aplicar el Reglamento.

5. EVALUACIÓN DE IMPACTO RELATIVA A LOS DERECHOS FUNDAMENTALES

El artículo 27 del RIA prevé que determinados sistemas de inteligencia artificial de alto riesgo sean sometidos a una evaluación del impacto que su utilización puede tener en los derechos fundamentales.

En concreto, los sistema sujetos a esta evaluación son los mencionados en el artículo 6.2 del Reglamento, es decir, los contemplados en el anexo III, con la excepción de aquellos destinados a ser utilizados como componentes de seguridad en la gestión y funcionamiento de las infraestructuras digitales críticas, del tráfico rodado o del suministro de agua, gas, calefacción o electricidad.

Además, hay que tener en cuenta que la obligación de realizar la evaluación recae únicamente sobre los responsables del despliegue que sean organismos de Derecho público o entidades privadas que prestan servicios públicos, salvo en el caso de los sistemas destinados a ser utilizados para evaluar la solvencia de personas físicas o establecer su calificación crediticia y en el de aquellos destinados a ser utilizados para la evaluación de riesgos y la fijación de precios en relación con las personas físicas en el caso de los seguros de vida y de salud, en que la obligación recae sobre cualquier responsable de su despliegue.

La evaluación consistirá en una descripción de determinados elementos relativos al sistema y a su uso. En concreto:

- Los procesos en los que se utilizará.
- El periodo de tiempo en que se utilizará y la frecuencia de uso.
- Las categorías de personas físicas y grupos que puedan verse afectados.
- Los riesgos de perjuicios específicos para aquéllos.
- Las medidas de supervisión humana.
- Las medidas que se adoptarán en caso de que los riesgos se materialicen y, en particular, los acuerdos de gobernanza interna y los mecanismos de reclamación.

Los resultados de la evaluación deben comunicarse a la autoridad de vigilancia del mercado. Debe destacarse que si el responsable del despliegue considera en algún momento que alguno de los elementos de la evaluación ha cambiado o está desactualizado, deberá actualizar la información, con las consecuencias que ello implique respecto de sus instrucciones de uso y finalidad.

Asimismo, se trata de un régimen flexible que permite que el responsable pueda emplear evaluaciones de impacto relativas a los derechos fundamentales realizadas previamente o a evaluaciones de impacto existentes realizadas por los proveedores, siempre que se trate de casos similares, o que sólo sea necesario complementar una evaluación previa realizada en el marco del RGPD o de la Directiva (UE) 2016/680. La Oficina Europea de IA elaborará un modelo de cuestionario, para facilitar el cumplimiento de esta obligación de manera simplificada.

6. EVALUACIÓN DE LA CONFORMIDAD Y SUPERVISIÓN

6.1. AUTORIDADES NOTIFICANTES Y ORGANISMOS NOTIFICADOS

Los procedimientos de evaluación de la conformidad y supervisión de los sistemas de inteligencia artificial de alto riesgo están atribuidos en el Reglamento a las autoridades notificantes y organismos notificados previstos en la sección 4 del capítulo III (arts. 28 a 39 RIA). Estas entidades son de gran importancia para la comprensión del sistema de normas armonizadas del Reglamento, tanto para el desarrollo de las obligaciones de los operadores, en particular de los proveedores, como para el aseguramiento del cumplimiento y despliegue de las garantías por parte de las autoridades competentes.

Una autoridad notificante, de acuerdo con el artículo 3.19) del RIA, es la autoridad nacional responsable de establecer y llevar a cabo los procedimientos necesarios para la evaluación, designación y notificación de los organismos de evaluación de la conformidad, así como de su supervisión. El artículo 28 prevé que se debe nombrar, al menos, una autoridad notificante en cada Estado, que puede decidir que dicha tarea sea realizada por un organismo nacional de acreditación establecido conforme al Reglamento (CE) n.º 765/2008 del Parlamento Europeo y del Consejo, de 9 de julio de 2008, por el que se establecen los requisitos de acreditación y vigilancia del mercado relativos a la comercialización de los productos y por el que se deroga el Reglamento (CEE) n.º 339/93, y con arreglo a éste. Además, se establece la necesidad de que los procedimientos se desarrollen en cooperación con las demás autoridades notificantes.

Éstas deben actuar de manera imparcial y objetiva, evitando los conflictos de intereses. En tal sentido:

- Las decisiones relativas a la notificación de los organismos de evaluación de la conformidad tendrán que ser adoptadas por personas distintas de las que llevaron a cabo la evaluación de dichos organismos.
- No podrán ofrecer ni ejercer ninguna de las actividades que realicen los organismos de evaluación de la conformidad, ni ningún servicio de consultoría de carácter comercial o competitivo.

Además, preservarán la confidencialidad de la información recibida y dispondrán de suficiente personal competente para realizar adecuadamente sus tareas, con conocimientos especializados en ámbitos como las tecnologías de la información, la inteligencia artificial y el Derecho (en este último caso, en particular, en el ámbito la supervisión de los derechos fundamentales).

Por su parte, el artículo 3.22) del RIA define los organismos notificados como los organismos de evaluación de la conformidad notificados con arreglo al propio Reglamento y a otros actos pertinentes de la legislación de armonización de la Unión, considerándose organismos de evaluación de la conformidad, de acuerdo con el número 21) del artículo 3, aquellos organismos independientes que desempeñen actividades de evaluación de la conformidad, como el ensayo, la certificación y la inspección.

Con arreglo al artículo 29 del Reglamento, los organismos de evaluación de la conformidad, para convertirse en organismos notificados, deben presentar una solicitud de notificación ante la autoridad notificante del Estado miembro en el que estén establecidos. La solicitud irá acompañada de una descripción de las actividades de evaluación de la conformidad y de los tipos de sistemas de inteligencia artificial respecto de los cuales se consideren competentes, junto con un certificado de acreditación, en su caso, que declare que cumplen los requisitos del artículo 31 del Reglamento:

- Hallarse establecidos de conformidad con el Derecho nacional de los Estados miembros y tener personalidad jurídica.
- Contar con los requisitos organizativos, de gestión de la calidad, recursos y procesos necesarios para el desempeño de sus funciones, así como con los requisitos adecuados en materia de ciberseguridad.
- Contar con un estructura organizativa, una distribución de responsabilidades, una línea jerárquica y un funcionamiento que ofrezca confianza

en su desempeño en los resultados de las actividades de evaluación de la conformidad que realicen.

- Ser independientes de los proveedores de los sistemas que evalúen, de sus competidores y de cualquier otro operador con un interés económico en dichos sistemas.
- No intervenir directamente, ni ellos ni sus directivos y personal, en el diseño, desarrollo, comercialización o uso de los sistemas que evalúen, ni realizar ninguna actividad que pudiera entrar en conflicto con su independencia de criterio o su integridad, como servicios de consultoría.
- Estar organizados y gestionados de modo que se garantice la independencia, objetividad e imparcialidad de sus actividades.
- Contar con procedimientos documentados que garanticen que se mantenga la confidencialidad de la información que llegue a su poder en el desarrollo de las actividades de evaluación de la conformidad.
- Contar con procedimientos para desempeñar sus actividades que tengan debidamente en cuenta el tamaño de los proveedores, el sector en que operan, su estructura y el grado de complejidad del sistema de inteligencia artificial de que se trate.
- Suscribir un seguro de responsabilidad adecuado para sus actividades de evaluación de la conformidad.
- Contar con competencias técnicas internas suficientes para poder evaluar de manera eficaz las tareas que lleven a cabo agentes externos en su nombre y disponer permanentemente de suficiente personal administrativo, técnico, jurídico y científico que tenga la experiencia y conocimientos necesarios.

Los organismos notificados son los responsables de verificar la conformidad de los sistemas de inteligencia artificial de alto riesgo con los requisitos que les impone el Reglamento, lo que harán de acuerdo con lo dispuesto en el artículo 43 para la evaluación de conformidad. Su actividad no debe suponer cargas innecesarias al proveedor y sus actuaciones deben ser proporcionales y adecuadas al tamaño del proveedor, al sector en el que opera y al sector en el que se desplegará el sistema, así como el grado de complejidad de éstos, sin que ello pueda suponer una merma del rigor y nivel de protección requeridos por la norma. Todos los procesos internos y respecto de las evaluaciones de conformidad deben ser debidamente documentados y puestos a disposición de los organismos notificantes correspondientes, cuando éstos los soliciten en cumplimento de las obligaciones que les impone el Reglamento.

El RIA también prevé posibles variaciones en la situación de los organismos notificados, de modo que, si hay cambios, la autoridad notificante deberá notificar a la Comisión Europea y demás Estados miembros las modificaciones realizadas en la notificación. Cuando se considere que el organismo notificado ya no cumple los requisitos del artículo 31 del Reglamento, o que sus funciones se desarrollan de manera deficiente, puede suspenderse, limitarse o retirarse total o parcialmente la notificación a través de los procedimientos establecidos en el artículo 36 del Reglamento, enfocados especialmente a la evaluación de los certificados expedidos por el organismo notificado afectado.

La evaluación de conformidad puede realizarse también por un organismo de un tercer país, siempre que éste haya suscrito un acuerdo con la Unión Europea que lo autorice para poder desempeñar las actividades de los organismos notificados con arreglo al Reglamento y se cumplan los requisitos del artículo 31 o se garantice un nivel equivalente de cumplimiento (art. 39 RIA).

6.2. NORMAS, EVALUACIÓN DE LA CONFORMIDAD, CERTIFICADOS Y REGISTRO

El sistema de evaluación de la conformidad establecido en el Reglamento para los sistemas de inteligencia artificial de alto riesgo incluye la elaboración de normas armonizadas que recojan los requisitos que impone la sección 2 del capítulo III (art. 40 RIA), así como una habilitación a la Comisión para adoptar actos de ejecución por los que se establezcan especificaciones comunes para dichos requisitos (art. 41 RIA).

Cuando un sistema de inteligencia artificial sea conforme a dichas normas o a las especificaciones comunes, se presumirá que es conforme a los requisitos impuestos por el Reglamento, sin perjuicio de que, en el caso de las especificaciones comunes, los proveedores puedan apartarse de ellas si justifican debidamente que han adoptado soluciones técnicas que cumplen los requisitos en un nivel, como mínimo, equivalente.

Asimismo, el artículo 42 del RIA establece presunciones de conformidad con determinados requisitos:

- Se presumirá que los sistemas de inteligencia artificial de alto riesgo que hayan sido entrenados y probados con datos que reflejan el entorno geográfico, conductual, contextual o funcional específico en el que esté previsto su uso cumplen los requisitos establecidos en el artículo 10.4, relativo a datos y gobernanza de datos.

- Se presumirá que los sistemas de inteligencia artificial de alto riesgo que cuenten con un certificado o una declaración de conformidad en virtud de un esquema de ciberseguridad con arreglo al Reglamento (UE) 2019/881 del Parlamento Europeo y del Consejo, de 17 de abril de 2019, relativo a ENISA (Agencia de la Unión Europea para la Ciberseguridad) y a la certificación de la ciberseguridad de las tecnologías de la información y la comunicación (Reglamento sobre la Ciberseguridad) cuyas referencias estén publicadas en el Diario Oficial de la Unión Europea cumplen los requisitos de ciberseguridad establecidos en el artículo 15 del RIA, o en la medida en que el certificado de ciberseguridad o la declaración de conformidad, o partes de estos, abarquen dichos requisitos.

Los procedimientos para la evaluación de la conformidad de los sistemas de inteligencia artificial de alto riesgo están regulados en el artículo 43 del Reglamento, que distingue tres supuestos:

a) Sistemas de inteligencia artificial del ámbito de la biometría, en la medida en que su uso esté permitido por el Derecho de la Unión o Derecho nacional aplicable

A su vez, dentro de éstos se distinguen dos casos distintos:

- Si el proveedor, para demostrar el cumplimiento de los requisitos impuestos por el Reglamento, ha aplicado las normas armonizadas previstas por el artículo 40 o las especificaciones comunes del artículo 41, podrá optar por uno de los dos procedimientos de evaluación de la conformidad siguientes:
  - El procedimiento de control interno descrito en el anexo VI.
  - El procedimiento de evaluación del sistema de gestión de la calidad y de evaluación de la documentación técnica, con la participación de un organismo notificado, descrito en el anexo VII.
- Si no hay normas armonizadas ni especificaciones comunes, o el proveedor no las ha aplicado o las ha aplicado sólo en parte, o las normas armonizadas se han publicado con una limitación, entonces se utilizará el procedimiento de evaluación de la conformidad establecido en el anexo VII, pudiendo escoger el proveedor cualquiera de los organismos notificados. No obstante, si el sistema lo van a poner en servicio las autoridades

encargadas de la aplicación del Derecho, las autoridades de inmigración o las autoridades de asilo, o las instituciones, órganos u organismos de la Unión, actuará como organismo notificado la autoridad de vigilancia del mercado.

b) Resto de los sistemas de inteligencia artificial de alto riesgo incluidos en el anexo III del RIA

En este caso, los proveedores utilizarán el procedimiento de evaluación de la conformidad de control interno descrito en el anexo VI, sin necesidad de participación de un organismo notificado.

c) Sistemas de inteligencia artificial de alto riesgo regulados por los actos legislativos de armonización de la Unión enumerados en la sección A del anexo I del RIA

Al existir procedimientos de evaluación de la conformidad específicos previstos por los mencionados actos legislativos de armonización, se aplicarán también a los sistemas de inteligencia artificial de alto riesgo, pero con algunas especialidades:

- Se incluirán en todo caso en la evaluación los requisitos impuestos a los sistemas de inteligencia artificial de alto riesgo por el Reglamento en la sección 2 del capítulo III.
- Se aplicará en el procedimiento de evaluación de la conformidad una parte de los elementos del procedimiento de evaluación del sistema de gestión de la calidad y de evaluación de la documentación técnica descrito en el anexo VII del Reglamento.
- Los organismos notificados que apliquen estos procedimientos de evaluación de la conformidad tienen que cumplir también los requisitos específicos de los organismos notificados establecidos por el artículo 31 del Reglamento.
- Si se permite al fabricante del producto prescindir de una evaluación externa de la conformidad a condición de que haya aplicado normas armonizadas, sólo podrá recurrir a esta opción cuando también haya aplicado las normas armonizadas o, en su caso, las especificaciones comunes a que se refiere el artículo 41 del Reglamento.

Los sistemas de inteligencia artificial de alto riesgo que ya hayan sido objeto de un procedimiento de evaluación de la conformidad tendrán que someterse a una nueva evaluación en caso de modificación sustancial, con independencia de si está prevista una distribución posterior del sistema modificado o de si este continúa siendo utilizado por el responsable del despliegue actual. En el caso de los sistemas que continúen aprendiendo tras su introducción en el mercado o su puesta en servicio, no se consideran cambios sustanciales los cambios que hayan sido predeterminados por el proveedor en el momento de la evaluación inicial de la conformidad y figuren en la información recogida en la documentación técnica.

El artículo 46.1 del Reglamento, rotulado equívocamente "Exención del procedimiento de evaluación de la conformidad", contempla en realidad la posibilidad de que las autoridades de vigilancia del mercado puedan autorizar la introducción en el mercado o la puesta en servicio de sistemas de inteligencia de alto riesgo específicos en el territorio del Estado miembro de que se trate mientras se está llevando a cabo la evaluación de la conformidad, bien por motivos excepcionales de seguridad pública, bien con el fin de proteger la vida y la salud de las personas, el medio ambiente o activos fundamentales de la industria y de las infraestructuras.

Cuando la evaluación de la conformidad es llevada a cabo con arreglo al procedimiento descrito en el anexo VII del RIA por organismos notificados, éstos emitirán los correspondientes certificados, a los que el artículo 44.2 del Reglamento les otorga una duración máxima de cinco años para los sistemas contemplados en el anexo I y de cuatro para los contemplados en el anexo III, prorrogables por periodos adicionales de la misma duración sobre la base de una nueva evaluación, sin perjuicio de que se puedan suspender o retirar anticipadamente si el organismo notificado observa que el sistema de inteligencia artificial ya no cumple los requisitos del Reglamento.

Por su parte, el artículo 47 del RIA regula la declaración UE de conformidad que deben redactar los proveedores de sistemas de inteligencia artificial de alto riesgo y el artículo 48 del RIA el marcado CE, que estará sujeto a los principios generales establecidos en el artículo 30 del Reglamento (CE) n.º 765/2008 y llevará el número de identificación del organismo notificado responsable de los procedimientos de evaluación de la conformidad.

Finalmente, el artículo 49 del RIA regula la obligación de registro previo de los sistemas de inteligencia artificial de alto riesgo mencionados en el anexo III [excepto los del apartado 2, relativos a infraestructuras] en la base de datos de la

UE para los sistemas de IA de alto riesgo enumerados en el anexo III prevista en el artículo 71, de la que ya se ha hablado en relación con las obligaciones de los proveedores, y que también alcanza a estos últimos.

IV. CONCLUSIONES

Los capítulos II y III del RIA constituyen probablemente la parte central de todo el texto, porque, de acuerdo con el enfoque que ha adoptado la Unión Europea a la hora de abordar la regulación de los sistemas de inteligencia artificial, contienen las normas de mayor densidad por su fuerza imperativa, proporcional a los riesgos para los derechos fundamentales, la salud y la seguridad de las personas que generan las prácticas que se prohíben o que se someten a requisitos obligatorios y a una evaluación de su conformidad a dichos requisitos.

Tanto los criterios que el Reglamento emplea para determinar cuáles son las prácticas que en concreto se prohíben como los requisitos que se imponen a los sistemas de inteligencia artificial de alto riesgo pueden considerarse razonables en el actual estado de la técnica y coherentes con los estándares internacionales de ética para el uso de la inteligencia artificial. Asimismo, debe valorarse de forma positiva que se incluyan cláusulas que permitan la adaptación de estas previsiones a los avances tecnológicos que con toda certeza se van a producir, y de una forma acelerada. Baste pensar en lo sucedido con la eclosión de los sistemas de inteligencia artificial de uso general, que no se pudieron tomar en consideración cuando se formuló la propuesta inicial del RIA.

Sin embargo, esta normativa suscita también algunas dudas. Es cierto que la tramitación de la propuesta inicial de Reglamento en el Parlamento Europeo y la posterior negociación con el Consejo y la Comisión ha enriquecido y matizado el texto, pero ha introducido un grado de complejidad en sus disposiciones que va a dificultar su aplicación y, sobre todo, su aplicación uniforme en los Estados miembros. No es una técnica legislativa adecuada regular exhaustivamente una materia en el texto normativo principal, tratando de contemplar todos los posibles casos con sus excepciones, en lugar de trazar un marco general y remitir los detalles a las normas de desarrollo.

La lectura del Reglamento no ofrece un panorama claro y fácilmente comprensible para los operadores jurídicos, tecnológicos y económicos del sector de la inteligencia artificial de cuál es el régimen que se establece en cuestiones críticas, como la de cuándo la evaluación de la conformidad de los sistemas de alto riesgo tendrá que ser realizada por entidades externas de carácter independiente y cuándo bastará la autoevaluación por los propios proveedores. Tampoco ha quedado correctamente imbricada en el procedimiento de evaluación de la conformidad con los requisitos del Reglamento la evaluación de impacto relativa a los derechos fundamentales, cuya finalidad no se entiende bien, si se tiene en cuenta que todos los requisitos que se imponen a los sistemas de inteligencia artificial de alto riesgo están dirigidos precisamente a minimizar los riesgos que éstos pueden presentar para la salud, la seguridad y los derechos de las personas.

En todo caso, y aun con estos defectos, no se puede negar que esta regulación de las prácticas de inteligencia artificial prohibidas y de los sistemas de inteligencia artificial de alto riesgo constituye un valioso paso adelante en el sometimiento de la inteligencia artificial al Derecho. Una vez se haya implantado el entramado institucional necesario para la aplicación efectiva de la norma y sus previsiones vayan siendo aplicables, conforme al calendario previsto en el artículo 113 del RIA, se generará un gran mercado de la inteligencia artificial sometida a reglas que es de esperar suponga un ejemplo y un acicate para el resto del mundo.

Capítulo III
MODELOS DE IA DE USO GENERAL Y SISTEMAS DE IA DE RIESGO LIMITADO Y MÍNIMO

CARMEN MUÑOZ GARCÍA
Profesora Titular de Derecho Civil de la Universidad Complutense de Madrid. Codirectora de la Sección de IA del Spanish Hub (ELI)[1]

I. INTRODUCCIÓN

1. ITER NORMATIVO DE LOS MODELOS DE IA DE USO GENERAL (GPAI)

En abril de 2021, la Comisión Europea presentó la propuesta de Reglamento de IA y desde ese momento el enfoque normativo de esta tecnología se abordó desde una definición de "sistemas de IA" desde una plano jurídico neutro, flexible y que se adapte al devenir tecnológico, y además, desde una perspectiva basada en el potencial riesgo que pueda generar para la salud, la seguridad o los derechos fundamentales de las personas físicas. Lo que derivó en una clasificación de sistemas de inteligencia artificial vinculados al nivel de riesgo que generan y que lleva a diferenciar los sistemas en: (i) "de riesgo inaceptable"; (ii) "de alto riesgo"; (iii) "de riesgo limitado o medio"; y (iv) "de riesgo bajo o mínimo".

Lo anterior será decisivo porque a partir de la distinción se fijarían obligaciones para los proveedores y otros agentes intervinientes en el desarrollo, implementación y uso de la IA. El enfoque con fundamento en el riesgo es la base de normas imperativas, vinculantes y proporcionadas a la contingencia probable. A

---

1 Este trabajo se enmarca en la Cátedra Internacional de "IA Generativa: retos y riesgos", financiada por la Unión Europea-Next Generation EU; en el Proyecto OdiseIA for GOOGLE.org "AI Governance" (subproyecto #1.1 *"Mapping of AI governance - recommendations and regulation."*); y en el Grupo de Investigación UCM 971680, "Derecho de Daños. Derecho de la contratación".

mayores riesgos, mayores requisitos técnicos y obligaciones, mayor control post comercialización, reglas más rigurosas de gobernanza y sanciones más elevadas.

Nos encontramos con que dicho enfoque basado en los riesgos, tras expulsar del mercado de la Unión los sistemas prohibidos porque representan una amenaza directa a la seguridad pública y privada, la privacidad o los derechos fundamentales, centra el grueso de la propuesta de la Comisión Europea en los denominados "sistemas de alto riesgo". Estos serán admitidos en el mercado de la Unión bajo determinadas condiciones y tras someterse a una evaluación de conformidad *ex ante*, a obligaciones y requisitos técnicos obligatorios y a un seguimiento y control *ex post*. Su regulación, como hemos indicado, de inicio, constituía la principal —casi única—, materia objeto de la entonces propuesta regulatoria.

Por otro lado, los sistemas "de riesgo limitado o medio" eran irrelevantes salvo para establecer para ellos obligaciones en materia de transparencia cuando: interactúan con seres humanos; se utilizan para detectar emociones o hacer asociaciones a partir de datos biométricos, o generan o manipulan contenido.

Quedaban al margen, pues, los sistemas de "riesgo mínimo o nulo" (videojuegos o filtros de *spam*), aunque no creo que por ello deba faltar el estándar de transparencia en cualquier contratación con consumidores. Y ello es así con independencia de que el Reglamento Europeo de IA se refiera en términos más genéricos, en lugar de a consumidores "a las personas físicas". Son estos los sujetos protegidos frente a los operadores de los sistemas o modelos de IA.

Así las cosas, se optó, tras consultas y evaluaciones de impactó previas, por proporcionar un marco regulatorio horizontal que estableciera requisitos obligatorios para los "sistemas de alto riesgo", mientras que se fomentaban e impulsaban códigos de conducta para los sistemas de IA que no fueran de alto riesgo. Sin embargo, para estos últimos, y ante nuevas realidades tecnológicas, las instituciones europeas han ido mostrando gran preocupación y relevancia jurídica al tiempo previo de la adopción del texto definitivo.

Tecnológicamente, mucho ha cambiado desde la propuesta inicial (abril 2021), y, para ello, el Reglamento ha incorporado una nueva regulación jurídica para acoger los nuevos modelos que requieren también especial tratamiento normativo, y que encajarán en uno de los cuatro niveles asociados al riesgo.

Sentadas las bases (abril de 2021), con la irrupción de *ChatGPT* (noviembre de 2022)[2], el devenir tecnológico imparable, y múltiples actores innovando a nivel mundial, se produce un *tsunami* que determinó que, tanto el Consejo de la Unión Europea a través de sus orientaciones generales (diciembre 2022), como el Parlamento Europeo vía enmiendas (junio 2023), pusieran en valor que los sistemas denominados "de riesgo limitado o medio", con amplias capacidades (multimodales y multifuncionales), también podían vulnerar derechos fundamentales, la salud, la seguridad de las personas, las democracias, el medio ambiente o el Estado de Derecho.

Las repercusiones negativas para valores y derechos ampliamente consolidados en la Unión determinaron que, para estos casos —hasta ahora considerados "de riesgo medio o limitado"—, debían imponerse, además de las medidas de transparencia, obligaciones y requisitos técnicos particulares que contribuyan a minimizar o a reducir los potenciales riesgos que generan. Los deberes serían proporcionales al riesgo que provocan, y se preveía que las obligaciones debían aproximarse a muchas de las impuestas a los "sistemas de alto riesgo"[3]. El Pleno del Parlamento Europeo, en una propuesta razonada (771 enmiendas a la totalidad) y con una amplia mayoría, publicó en junio de 2023 sus múltiples aportaciones, y entre ellas, la regulación específica para los entonces denominados "modelos fundacionales", que encajaban en los sistemas de riesgo medio o limitado, a los que proporcionaba una regulación unitaria, sin distinciones, y para los que imponía obligaciones inexcusables.

---

2 En el poco tiempo que lleva de prueba, y comercialización (en versiones más actualizadas), mucho se ha escrito sobre ChatGPT y la inteligencia artificial generativa (popularizada a través de esta herramienta que realiza tareas propias de la inteligencia humana vía redes neuronales artificiales y con capacidad para supervisar su aprendizaje). Al respecto, TURIN, A.M. (1950). «Computing Machinery and Intelligence». *Mind* 49: 433-460, quien ya proponía considerar la siguiente cuestión: «¿Pueden pensar las máquinas?». En aquél momento admitió que era muy probable que lleguen a competir con los hombres en todos los aspectos intelectuales. Y ese momento parece muy cercano. Visto en https://redirect.cs.umbc.edu/courses/471/papers/turing.pdf
Recientemente, cabe citar: MUÑOZ GARCÍA, C. (2023). «¿ChatGPT en la universidad? ¿Complementar el aprendizaje y cambiar el modelo educativo?». *Diario La Ley*, núm. 10283, marzo; NAVAS NAVARRO, S. (2023). *ChatGPT y modelos fundacionales*. Editorial Reus, Madrid, 1.ª edición.

3 MUÑOZ GARCÍA, C., *Regulación de la inteligencia artificial en Europa. Incidencia en los regímenes jurídicos de protección de datos y de responsabilidad por productos,* Editorial Tirant lo Blanch, Valencia, 2023.

Finalmente, tras los trílogos celebrados en los últimos meses del 2023 entre los colegisladores europeos, el 8 de diciembre de 2023, se alcanzó el acuerdo político que matizó muchas de las obligaciones previstas para los denominados en las enmiendas del Parlamento Europeo "modelos fundacionales" y cuya denominación final es la de "modelos de IA de uso general". Ahora bien, dentro de estos habrá modelos más potentes, con capacidades que superan parámetros objetivos y que pueden crear riesgos sistémicos para las personas. Para estos últimos, veremos obligaciones adicionales impuestas al proveedor y mayores requisitos técnicos.

2. SISTEMAS DE IA DE RIESGO LIMITADO Y SISTEMAS DE IA DE RIESGO MÍNIMO

Recordemos que el RIA constituye todo un hito jurídico integral sobre esta tecnología, que impulsando la innovación segura, también para empresas emergentes y pymes, aborda los potenciales riesgos por el desarrollo, implementación y uso de la IA y su impacto para la salud, derechos fundamentales, la seguridad de las personas, la democracia, el Estado de Derecho, la sostenibilidad medioambiental, y también los valores y principios éticos.

Para que el marco regulatorio horizontal se expanda a todos los ámbitos y áreas de manera justa, equilibrada y eficiente, para que la inteligencia artificial sea fiable y segura, conviene recordar que, aplicándose el enfoque basado en los riesgos y diferenciando cuatro niveles, las normas imperativas del RIA serán proporcionales a las amenazas o peligros que representan los sistemas. Así, en función del riesgo que generan —el alcance e impacto negativo—, para todos los valores y derechos protegidos en el Derecho de la Unión Europea, los sistemas de IA, según su clasificación, determinarán el régimen aplicable, que en síntesis implica lo siguiente:

(i) Prohibir los sistemas que constituyen una amenaza para valores y derechos;

(ii) Definir obligaciones estrictas y requisitos técnicos rigurosos, conformidad *ex ante*, y control y seguimiento *ex post* para los sistemas de alto riesgo;

(iii) Exigir máxima transparencia e información respecto a los sistemas de riesgo medio o limitado (lo que incluye a los modelos de uso general), especialmente cuando el sistema interactúa con personas físicas o genere contenido sintético;

(iv) Mantener alertas sobre los sistemas de riesgo mínimo o nulo, una vez que el Reglamento permite el uso libre de estos mientras mantengan sus capacidades a raya (videojuegos o filtros de *spam*). Para estos últimos, no hay regulación imperativa específica en el texto.

3. EL PRINCIPIO DE TRANSPARENCIA PARA DETERMINADOS SISTEMAS DE IA ¿VINCULANTE, NORMA DISPOSITIVA O NORMA IMPERATIVA?

En todas las aportaciones realizadas por los colegisladores hasta la redacción final del texto del RIA se han ido produciendo importantes modificaciones y aportaciones en los distintos sistemas, en gobernanza y en sanciones, y, sin embargo, no ha disminuido ni un ápice la puesta en contexto de la obligación de transparencia del sistema o del modelo de IA cuando interactúan con seres humanos. Así se ha reflejado de manera sucesiva en todas las aportaciones y redacciones hechas al Reglamento, tanto para cualquier sistema de IA, como para los modelos de IA de uso general o los sistemas de IA que no supongan un alto riesgo.

Si bien, no todas las alusiones que se presentan a la transparencia a lo largo del RIA son de la misma naturaleza (dispositiva o imperativa). Por un lado, el considerando 27 del Reglamento pone en valor las Directrices éticas para una IA fiable de 2019 que, elaboradas por el Grupo independiente de expertos de alto nivel sobre IA creado por la Comisión Europea, determina como directrices no vinculantes —aunque sí para tener en cuenta—, entre otros principios[4], el de la transparencia. Y esta, en el sentido de que la herramienta se desarrolle y utilice de un modo que permita una trazabilidad y explicabilidad adecuadas, y que, al mismo tiempo, permita que las personas sepan que interactúan con un sistema de IA, con todo lo que ello conlleva.

Por otro lado, y a diferencia del principio de transparencia —no vinculante—, el artículo 50 del RIA, ubicado tras el capítulo II sobre prácticas de IA prohibidas y tras regular en el capítulo III los sistemas de IA de alto riesgo, en el capítulo IV sobre "Obligaciones de transparencia de los proveedores y responsables del despliegue de determinados sistemas de IA", impone —con carácter

---

4 El Grupo independiente de expertos de alto nivel sobre IA creado por la Comisión, desarrolló siete principios éticos para una IA fiable, segura y centrada en el ser humano. Los principios, no vinculantes, son: acción y supervisión humanas; solidez técnica y seguridad; gestión de la privacidad y de los datos; transparencia; diversidad, no discriminación y equidad; bienestar social y ambiental, y rendición de cuentas.

vinculante—, entre otros requisitos esenciales, el deber de transparencia para determinados sistemas de IA[5], y además, que este deberá garantizarse por los proveedores de la herramienta destinada a interactuar directamente con personas físicas.

Este único artículo, precedente de las regulación específica de los modelos de IA de uso general, pretende abordar las obligaciones de transparencia de los proveedores y responsables del despliegue de determinados sistemas de IA, principalmente cuando se trata de sistemas de IA destinados a interactuar con personas físicas o a generar contenidos, y que, por su propia naturaleza, pueden conllevar riesgos de suplantación o engaño, falsedad o manipulación, entre otros. El considerando 101 del RIA advierte que deben establecerse medidas de transparencia proporcionadas, lo que incluye elaborar documentación y mantenerla actualizada. De lo contrario, se diluye la protección de las personas que se pretende vía Reglamento.

II. SISTEMAS DE IA DE RIESGO LIMITADO Y LOS MODELOS DE IA DE USO GENERAL (GPAI)

1. DE BASE, LA TRANSPARENCIA

Teniendo en cuenta el potencial riesgo que conllevan determinados sistemas, se aplicarán, al menos, obligaciones de transparencia. Esta era la idea inicial para la Comisión Europea al tiempo de publicar la propuesta de Reglamento (abril 2021) en una clara pretensión de garantizar a los europeos la inmersión en una IA confiable y segura. De ahí que, finalmente, se fije con carácter obligatorio tanto para los sistemas de alto riesgo (art. 13 RIA) como para los sistemas de IA destinados a interactuar directamente con personas físicas (art. 50 RIA).

Ahora bien, aunque aquí se redobla el esfuerzo del legislador en exigirlo para ambos sistemas ampliamente regulados (incluido el modelo de IA de uso general que se encuadra en el de riesgo limitado o medio), no podemos negar que, teniendo en cuenta el propósito del RIA de salvaguardar los derechos fundamentales de las personas físicas ampliamente consolidados en la UE, subsiste, para cualquier sistema —o modelo—, el recurso, por la remisión misma del Reglamento, a los derechos de los consumidores. Entre estos, queda claro que es

---

5 También para los "sistemas de alto riesgo" se impone el deber de información y transparencia (art. 13 RIA).

fundamental salvaguardar el derecho y correlativo deber de transparencia que, ampliamente desarrollado y consolidado por el Tribunal de Justicia de la Unión Europea con ocasión, principalmente, de la reiterada interpretación y aplicación de la Directiva 93/13/CEE sobre cláusulas abusivas[6], se ha convertido en uno de los temas de mayor proyección jurídica en los tribunales nacionales y en el de Luxemburgo.

2. DIFERENTES MODELOS DE IA DE USO GENERAL. RELEVANCIA PARA FIJAR EL MARCO REGULATORIO. CONVERGENCIAS Y DIVERGENCIAS

2.1. ¿CUÁNDO ESTAMOS ANTE MODELOS DE IA DE USO GENERAL?

Los modelos de IA de uso general, por sí mismos, han adquirido entidad suficiente para ser tratados de manera independiente atendiendo al riesgo que representan. No considerados inicialmente en la propuesta de Reglamento impulsada por la Comisión Europea (abril 2021), surgen en el marco de los "sistemas de riesgo medio o limitado" cuyos riesgos se vinculaban, inicialmente, a la falta de transparencia. De ahí que este requisito, asociado desde entonces a estos sistemas, se haya consolidado en el texto definitivo del RIA.

En contraposición a un tratamiento unitario en el texto inicial de la Comisión Europea de los modelos de riesgo medio, y tras las enmiendas del Parlamento Europeo, aprobadas en junio de 2023 (tras la irrupción de ChatGPT a finales de 2022), que se ocupaba de los denominados "modelos fundacionales", los colegisladores europeos presentan una división categórica de los recién denominados "modelos de IA de uso general" (o GPAI, por su abreviatura en inglés). La realidad fáctica, los intereses empresariales y el apoyo de Alemania y Francia, principalmente, determinaron una regulación de estos modelos y su división en dos categorías diferentes, en función de su capacidad y de si produce riesgo sistémico. Lo que, por otro lado, ha determinado una diferenciación también en cuanto al régimen jurídico aplicable y una permanente supervisión de las capacidades del modelo.

[6] Directiva 93/13/CEE del Consejo, de 5 de abril de 1993, sobre las cláusulas abusivas en los contratos celebrados con consumidores. En esta, si el artículo 3 es relevante, en materia de transparencia, el artículo 4, apartado 2, adquiere si cabe una relevancia mayor en cuanto a la transparencia material, alcance y contenido para que el consumidor comprenda la repercusión de la cláusula en cualquier eventualidad.

En términos generales[7], ¿cuándo estamos ante un modelo de IA de uso general? De partida, del considerando 97 del RIA podemos extraer algunas ideas principales sobre los modelos de GPAI:

(i) No constituyen, por sí mismos, sistemas de IA;

(ii) Sus características funcionales son la generalidad y la capacidad para realizar una amplia gama de tareas diferenciadas;

(iii) Pueden introducirse en el mercado y comercializarse en diversas formas;

(iv) Pueden modificarse, perfeccionarse y transformarse en nuevos modelos.

De la definición dada en el artículo 3, apartado 63) del RIA, se deducen también las características antedichas en cuanto poseen un alto grado de generalidad y capacidad para realizar una gran variedad de tareas diferentes. Si bien, cuando el modelo de IA se utilice para actividades de investigación, desarrollo o creación de prototipos antes de su comercialización, esta herramienta aparece excluida de dicha denominación como modelo de IA uso general (artículo 3, apartado 63) del RIA).

¿Cuándo el modelo de IA lo es "con riesgo sistémico"? El artículo 51, apartado 1, letras a) y b) del RIA, determina que un GPAI se calificará como tal cuando el modelo de IA de uso general, más potente, reúne alguna de las siguientes condiciones:

(i) sus capacidades —según indicadores y parámetros fijados— son de gran impacto; o

(ii) su impacto supone riesgos considerables, en atención a una decisión de la Comisión, adoptada de oficio o tras alerta cualificada del grupo de expertos científicos que solicite la asistencia de la Oficina Europea de IA.

Para ayudar a clarificar si el modelo se inserta como de riesgo sistémico (por capacidades y efectos), es importante poner en relación lo antedicho con otras disposiciones y definiciones del texto.

Por un lado, el artículo 51, apartado 2 del RIA, determina que "*se presumirá que un modelo de IA de uso general tiene capacidades de gran impacto con arreglo*

7 MUÑOZ GARCÍA, C., "Artículo 55 del Reglamento Europeo de Inteligencia Artificial", en BARRIO ANDRÉS, M. (dir.), *Comentarios al Reglamento Europeo de Inteligencia Artificial*, Editorial La Ley, Madrid, 2024 (disponible en octubre de 2024).

al apartado 1, letra a), cuando la cantidad acumulada de cálculo utilizada para su entrenamiento, medida en operaciones de coma flotante, sea superior a 10^25". Y de ahí, de nuevo, a la remisión al artículo 3.67) del RIA que define este parámetro matemático de "operación de coma flotante".

Por otro, el artículo 3.65) del RIA determina que existe "riesgo sistémico" cuando media "*un riesgo específico de las capacidades de gran impacto de los modelos de IA de uso general, que tienen unas repercusiones considerables en el mercado de la Unión debido a su alcance, o a los efectos negativos reales o razonablemente previsibles en la salud pública, la seguridad, la seguridad pública, los derechos fundamentales o la sociedad en su conjunto, que puede propagarse a gran escala a lo largo de toda la cadena de valor*".

En definitiva, es preciso que se den capacidades de gran impacto, y que los efectos o impacto negativo del modelo genere grandes riesgos difíciles de prever y evaluar. Ahora bien, si sólo se da la primera de las condiciones, el proveedor podrá acreditar que este no genera un riesgo sistémico, y, en ese caso, a discreción de la Comisión, será calificado, o no, como tal modelo.

Por lo que será esencial abordar cuándo la aplicación no supera determinados umbrales, lo que derivará en su encaje como modelo de IA de uso general, sin más, o bien se clasifica en modelos "con riesgo sistémico". Para estos últimos, no hace falta mejor denominación que la dada en el Reglamento, para los primeros, y, a falta de una calificación, creo oportuno utilizar el término de modelos de GPAI "simples", y así los denominaré desde ahora. La oportuna denominación nos ayudará a que, una vez calificados, se fije el régimen aplicable propio.

Vaya por delante que abordar los riesgos de los modelos con gran capacidad exige obligaciones para el proveedor y requisitos técnicos más rigurosos (aunque menos de los inicialmente previstos por el Parlamento Europeo en las enmiendas propuestas en junio de 2023). Así las cosas, en atención a la capacidad y al riesgo que los modelos potentes representan, se corresponden obligaciones y requisitos preventivos del proveedor (art. 51.1.a) RIA), y se suman otras de seguimiento, cumplimiento y gobernanza, también del proveedor pero bajo supervisión y cumplimiento encomendadas a la Comisión Europea, en concreto, a la Oficina Europea de IA (arts. 88 y ss. RIA).

2.2. RÉGIMEN NORMATIVO

El capítulo V del RIA sobre "modelos de IA de uso general" contiene la regulación sustantiva principal acerca de estos modelos. A ellos les dedica seis artículos, pero su regulación no se agota aquí. Veamos cuál es, para el colegislador europeo, la sistemática utilizada para la previsión de obligaciones, requisitos técnicos y garantías para una óptima adecuación de los modelos de IA de uso general al Reglamento:

- Capítulo V, titulado "Modelos de IA de uso general" (arts. 51 a 56, el último de ellos dedicado a los códigos de buenas prácticas), contempla como cuestiones claves las siguientes:
  a) en el artículo 51 del RIA, las reglas de clasificación de los modelos de GPAI cómo modelos "con riesgo sistémico";
  b) en el artículo 52 del RIA, y en relación con lo anterior, el procedimiento para la recalificación de un modelo en otro;
  c) en el artículo 53 del RIA, las obligaciones comunes de los proveedores de cualquier modelo de IA de uso general, sin distinción;
  d) el artículo 54 del RIA se ocupa de los "representantes autorizados" de los proveedores de modelos de IA, cuando estos estén establecidos en terceros países y pretendan comercializar un sistema o modelo de IA en el mercado de la Unión;
  e) en el artículo 55 del RIA, las específicas obligaciones de los proveedores de modelos de GPAI "con riesgo sistémico"; y, finalmente,
  f) se contemplan en el artículo 56 del RIA los códigos de buenas prácticas que, curiosamente, se pretende que se constituyan en herramienta útil para el cumplimiento de las obligaciones previstas en el Reglamente (entre otras, las obligaciones mínimas de los arts. 53 y 55, según el modelo). En dicho artículo, también se reconoce la relevante labor que deberá adoptar en la elaboración, revisión y aplicación de los códigos la Oficina Europea de IA.
- En el capítulo IX sobre "Vigilancia poscomercialización, intercambio de información y vigilancia del mercado", la concreta sección 5 (arts. 88 a 94 RIA), se ocupa específicamente de lo antedicho (la "supervisión, investigación, cumplimiento y seguimiento respecto de proveedores de modelos de IA de uso general").
- Capítulo X, titulado "Códigos de conducta y directrices". Se admite que, la Oficina Europea de IA y los Estados miembros fomentarán y facilitaran la elaboración de códigos de conducta, con sus correspondientes mecanismos de gobernanza, para la aplicación voluntaria de requisitos específicos (art. 95 RIA). El propósito es claro: que aún cuando no este-

mos ante sistemas de alto riesgo, conviene que, voluntariamente, los proveedores de sistemas de IA de menor riesgo, incluidos los sistemas de IA de uso general —basado en un modelo de IA de uso general—, apliquen los requisitos del capítulo III, sección 2 (arts. 8 a 15), en aras de llevar a efecto las mejores prácticas del sector.

- Capítulo XII, titulado "Sanciones". Se atribuye a los Estados miembros el régimen de sanciones y otras medidas de ejecución, como advertencias o medidas no pecuniarias, aplicable a los operadores que infrinjan el RIA (artículo 99 de dicha norma). Ahora bien, los Estados miembros darán cuenta a la Comisión, a más tardar en la fecha de la aplicación de las sanciones (a los veinticuatro meses de la entrada en vigor del RIA), de sus normas internas referentes a las sanciones y otras medidas de ejecución mencionadas en el artículo 99 del RIA. Por otro lado, será el artículo 101 del texto el que se ocupe de las multas a proveedores de modelos de IA de uso general, que habrán de ser efectivas, proporcionadas y disuasorias. Lo singular es que, en este caso, corresponde a la Comisión Europea imponer las multas administrativas[8], cuando considere que el proveedor ha infringido el Reglamento de forma deliberada o negligente.
- Anexo XI, "Documentación técnica a que se refiere el artículo 53, apartado 1, letra a) - documentación técnica para proveedores de modelos de IA de uso general". Sobre esta documentación, cabe precisar dos aspectos: el primero, la exigencia general contenida en este anexo, concretamente lo contenido en la sección primera, que es aplicable a cualquier proveedor de estos modelos de GPAI, ya sean "simples" o "con riesgo sistémico". Y es así porque lo contenido en la sección segunda, con requisitos técnicos y exigencias adicionales, sólo es aplicable para los modelos "con riesgo sistémico"; el segundo, dicha documentación técnica, al igual que ocurre con la incluida en los siguientes anexos, debe estar a disposición de la Oficina Europea de IA y de las autoridades nacionales que tengan competencias en la materia.
- Anexo XII, "Información sobre transparencia a que se refiere el artículo 53, apartado 1, letra b) - documentación técnica de los proveedores de

8 El incumplimiento de las disposiciones del Reglamento por el proveedor puede dar lugar a multas administrativas de hasta el 3% de su volumen de negocios mundial total anual correspondiente al ejercicio financiero anterior o de 15.000.000 EUR, si esta cifra es superior, cuando la Comisión considere que, de forma deliberada o por negligencia, el proveedor del modelo infringió alguna de las obligaciones fijadas en el Reglamento (art. 101 RIA).

modelos de IA de uso general para los proveedores posteriores que integren el modelo en su sistema de IA", y que deberá albergar un mínimo de información (además de una descripción general del modelo, deberá contener una descripción más detallada de los elementos del modelo y de su proceso de desarrollo, incluidos otros requisitos). Esta documentación e información debe ser proporcionada por el "proveedor" inicial (art. 3.3) RIA) al "proveedor posterior" (art. 3.68) RIA).

- Anexo XIII, "Criterios para la clasificación de los modelos de IA de uso general con riesgo sistémico a que se refiere el artículo 51". Y es así con el propósito de determinar si un modelo tiene capacidades de gran impacto o un impacto equivalente a los fijados en el artículo 51, apartado 1, letra a), del RIA.

2.3. DE NUEVO, EL REQUISITO DE TRANSPARENCIA: PRINCIPIO Y NORMA IMPERATIVA

Teniendo en cuenta el principio de transparencia, es significativo que, para determinados supuestos, se proporcione el enfoque normativo con carácter imperativo. Así es en el artículo 13 del RIA para los "sistemas de alto riesgo", y en el artículo 50 del RIA para "determinados sistemas de IA".

Pues bien, es este último artículo, precedente del capítulo V dedicado a los modelos de IA de uso general, el que exige sin ambages, el requisito adicional de transparencia. ¿En qué casos? Cuando el sistema, incluido el sistema de IA de uso general —basado en un modelo de IA de uso general—, esté destinado a interactuar con personas físicas o genere contenido sintético, en cuyo caso, el proveedor:

(i) está obligado a aportar información de modo que las personas físicas estén informadas de que están interactuando con un sistema de IA, excepto cuando resulte evidente desde el punto de vista de una persona física razonablemente informada, atenta y perspicaz, teniendo en cuenta las circunstancias y el contexto de utilización (art. 50.1 RIA); y

(ii) cuando genere contenido sintético (audio, imagen, video o texto), velarán para que la información de salida está marcada como contenido generado de manera artificial (art. 50.2 RIA).

Así las cosas, con el fin de distinguir cuando el contenido es auténtico y ha sido generado por humanos, para diferenciar la información real de artificial o sintética, se exige que los proveedores de sistemas de IA —entre los que se incluyen las herramientas de IA de uso general—, integren en el sistema soluciones técnicas eficaces y fiables, que permitan identificar cuándo el contenido no ha sido creado por seres humanos.

A los efectos, y aunque cada vez es más frecuente la inserción de una marca de agua para identificar contenido creado o modificado por IA, parece que aún no son todo lo eficientes que cabe esperar de ellas, o son vulnerables a los ataques de terceros.

2.4. OBLIGACIONES DEL PROVEEDOR

Teniendo en cuenta la doble clasificación introducida por el Reglamento, tras determinar el artículo 51 del RIA en qué supuestos podemos pasar de un modelo de IA de uso general a uno "con riesgo sistémico", son los artículos 53 y 55 del RIA los que positivizan las obligaciones del proveedor.

Para uno y para otro, para todos ellos, independientemente de su clasificación, rigen reglas de información, transparencia, protección de datos, derechos de autor, y afines, o reglas sobre seguridad específica respecto del producto en cuestión. En relación con lo anterior, no es ocioso recordar el propósito inicial fijado por la Comisión Europea en la ambiciosa exposición de motivos del texto (abril de 2021): impulsar y propiciar la excelencia en innovación salvaguardando valores y derechos fundamentales europeos.

Dicho lo anterior, el RIA fija obligaciones específicas —para solventar o minimizar los riesgos—, y que son comunes para cualquiera de los dos modelos de IA de uso general (art. 53). Aparte, fija otras obligaciones adicionales para cuando el modelo lo es "con riesgo sistémico" (art. 55).

2.4.1. Obligaciones comunes para cualquier proveedor de modelos de IA de uso general

El denominador común, con independencia de la calificación del modelo se detallan en el artículo 53, apartado 1, del Reglamento para el modelo "simple", y también para el que lo es "con riesgo sistémico" (por remisión del artículo 55, apartado 1).

Se trata de obligaciones mínimas que debe cumplir el proveedor con carácter previo a la puesta en circulación del modelo, y que deben estar disponibles para la Oficina Europea de IA y otras autoridades nacionales competentes. Básicamente, engloban los deberes de información y documentación del modelo, y son las siguientes[9]:

a) Elaborar y mantener actualizada la documentación técnica del modelo, incluida la información relativa al proceso de entrenamiento y pruebas. Al menos, contendrá la información del anexo XI.

b) Elaborar y mantener actualizada la información y documentación, así como la puesta a disposición para el denominado "proveedor posterior" que pretenda integrar el modelo de IA en sus sistemas. Al menos, permitirá al proveedor comprender las capacidades y limitaciones del modelo, y contendrá, como mínimo, los elementos del anexo XII. Sin perjuicio de mantener los deberes de protección de derechos de propiedad intelectual e industrial, información empresarial confidencial o secretos comerciales conforme legislación de la Unión y nacional.

c) Establecer directrices para cumplir la legislación de la Unión en materia de derechos de autor y, derechos afines.

d) Elaborarán y pondrán a disposición del público un resumen suficientemente detallado del contenido utilizado para el entrenamiento del modelo, según modelo facilitado por la Oficina Europea de IA.

e) A todas las anteriores, aunque fuera del artículo 54 del RIA, es preceptivo incorporar un deber común más, que tiene el firme propósito de que cualquier operador que tenga su domicilio establecido fuera del territorio de la Unión y que pretenda introducir el producto en este mercado, tendrá que designar, mediante un mandato escrito, a un representante autorizado que se encuentre en la Unión que debe velar por el cumplimiento de las obligaciones y requisitos técnicos exigidos por el Reglamento en su conjunto. Además de servir de persona de contacto dentro de este mercado de la Unión.

Por otro lado, es oportuno poner en valor que los anteriores deberes presentan excepciones, aunque, como veremos, estas no operan cuando estamos ante modelos "con riesgo sistémico".

No es ocioso reiterar, tal y como hemos visto al hilo de los comentarios del artículo 51, también del artículo 53, que mientras que estemos ante herramien-

---

9 *Cfr.* artículo 53, apartado 1, del RIA, cuyas obligaciones están sistematizadas en MUÑOZ GARCÍA, C. "Artículo 53 del Reglamento Europeo de Inteligencia Artificial", en BARRIO ANDRÉS, M. (dir.), *Comentarios al Reglamento Europeo de Inteligencia Artificial*, Editorial La Ley, Madrid, 2024 (disponible en octubre de 2024).

tas que, por capacidades y riesgos que generan, se encuadran en un modelo de IA de uso general "simple", no siempre existe obligación de cumplir todos o algunos de los deberes fijados en el artículo 53, apartado 1. Veamos en qué supuestos y con qué alcance operan las excepciones y cómo la introducción en el mercado del producto o servicio es el punto de inflexión para exonerar de cumplir obligaciones y requisitos, aunque se propicie que también en estos supuestos se cumplan voluntariamente los requisitos

Así, se excepcionan de cumplir los deberes fijados en el artículo 53, apartado 1, del RIA a las herramientas que, por capacidades, y riesgos que generan, se encuadran en "modelos de IA de uso general simple", en los siguientes casos y con el siguiente alcance:

(i) Cuando el modelo de IA se utilice para actividades de investigación, desarrollo o creación de prototipos antes de su comercialización. Si bien, en este supuesto, como así lo hemos precisado con anterioridad, cabe negar la mayor, y es que esta herramienta aparece excepcionada de la denominación misma como modelo de IA uso general (art. 3.63) RIA);

(ii) Cuando se trate de modelos divulgados conforme a una licencia libre y de código abierto cuyos parámetros, incluidos los pesos, la información sobre la arquitectura del modelo y la información sobre el uso, se pongan a disposición del público, en cuanto a que se comparta abiertamente y se pueda acceder de manera libre. Aquí la excepción alcanza, únicamente, a exonerar de cumplir los deberes enunciados en las letras a) y b) del artículo 53, apartado 1, del RIA. Ahora bien, la exoneración prevista para estos modelos de IA libre y de código abierto cabe mientras no medie contraprestación alguna (cdo. 103), y claro está, mientras no se trate de un modelo con riesgo sistémico (art. 53.2 RIA);

(iii) Cuando se trate de un modelo propio que se utilice en procesos puramente internos que no sean esenciales para suministrar un producto o un servicio a un tercero, y, además, que los derechos de las personas físicas no se vean afectados (cdo. 97).

Los supuestos son tasados y no parece que quepa incluir otras excepciones que las anteriormente identificadas en el Reglamento. Ahora bien, conviene hacer dos precisiones:

- Aunque no existe obligación de cumplir todos o algunos de los deberes fijados en el artículo 53, apartado 1, del RIA, cabe el cumplimiento voluntario.

- Si la exención no cabe cuando el modelo lo sea "con riesgo sistémico" (epígrafe ii) por entender que, cuando se trata de modelos que por su capacidad y potencial impacto entrañan riesgos relevantes, deben estar siempre sujetos a las obligaciones imperativas fijadas en el Reglamento —como señala el considerando 97 del texto—. Sin embargo, mantengo mis dudas ¿puede darse el riesgo sistémico en los modelos incluidos en los epígrafes (i) y (iii)?[10]

2.4.2. Obligaciones adicionales que debe cumplir el proveedor del GPAI "con riesgo sistémico"

Los proveedores de modelos de IA de uso general "con riesgo sistémico" deben estar sujetos, además de a las obligaciones impuestas a cualquier proveedor de modelos de IA de uso general (arts. 53 y 54, por remisión del art. 55.1 RIA), a otras obligaciones adicionales que tienen la fundada pretensión de identificar riesgos y minimizarlos.

Sin duda, hay que hacer frente a estos riesgos por tener repercusiones considerables en el mercado interior *debido a su alcance, o a los efectos negativos reales o razonablemente previsibles en la salud pública, la seguridad, la seguridad pública, los derechos fundamentales o la sociedad en su conjunto* (art. 3.65) RIA). Los proveedores también deben garantizar un nivel adecuado de protección en materia de ciberseguridad (con independencia de si la herramienta se introduce en el mercado o comercializa como modelo independiente, o está integrado en un sistema de IA o en productos). Al fin y a la postre, el rigor en la documentación e información debe ser mucho más exhaustiva.

Dado su potencial riesgo para causar efectos negativos en las personas, en la economía o en la sociedad en su conjunto, se trata de abordar el impacto y evaluar y documentar de forma más rigurosa y detallada teniendo como punto de partida las obligaciones comunes para cualquier modelo de GPAI. De acuerdo con el artículo 55, apartado 1, del RIA, además de las obligaciones de los artículos 53 y 54 (denominador común), el proveedor deberá:

a) Realizar evaluaciones de los modelos conforme con protocolos y herramientas normalizados, en particular antes de introducirlos por primera

---

10 Tal y como lo hemos planteado en MUÑOZ GARCÍA, C., "Artículo 55 del Reglamento Europeo de Inteligencia Artificial", en BARRIO ANDRÉS, M. (dir.), *Comentarios al Reglamento Europeo de Inteligencia Artificial*, Editorial La Ley, Madrid, 2024 (disponible en octubre de 2024).

vez en el mercado, y que, por ejemplo, lleven a cabo y documenten pruebas de simulación de adversarios —internas o/y externas independientes—, con el propósito de detectar y mitigar riesgos sistémicos.

b) Además, debe evaluar y mitigar, continuamente, los posibles riesgos sistémicos que se presenten o prevean. Y así debe ser desde el diseño de la herramienta, la introducción en el mercado y durante el uso del modelo.

c) Teniendo en cuenta la importancia que cobra el deber de vigilar y estar alerta durante todo el ciclo de vida del modelo, también se tiene el deber de documentar y comunicar, a la Oficina Europea de IA y a las autoridades nacionales competentes, sin demora indebida, cualquier incidente grave junto a las posibles medidas correctoras para resolverlos.

d) También deberá garantizar un nivel adecuado de protección en materia de ciberseguridad (con independencia de si la herramienta se introduce en el mercado o comercializa como modelo independiente, o está integrado en un sistema de IA o en productos).

Teniendo en cuenta todo lo antedicho y cualquier posible evolución de esta tecnología, se trata de seguir políticas de cumplimiento normativo y gestión óptima de riesgos: en cuanto a cumplimiento de protocolos y herramientas normalizados, estar en condiciones de rendir cuentas, gobernanza, la puesta en práctica de vigilancia postintroducción o poscomercialización del modelo, y además, la adopción de medidas adecuadas durante todo el ciclo de vida del modelo, y, todo ello, en una continua labor de cooperación con los agentes competentes a lo largo de la cadena de valor de la IA.

2.5. REQUISITOS TÉCNICOS

Así las cosas, en síntesis, conviene hacer una mínima remisión a los anexos XI, XII y XIII del RIA a los que nos remiten de manera expresa los artículos 51, 53 y 55 del RIA. Estos anexos, los últimos del Reglamento, contienen los requisitos técnicos exigibles para los modelos de IA de uso general, unos comunes, aplicables a cualquier proveedor de esta herramienta, y otros, adicionales, exigibles a los modelos "con riesgo sistémico". A los efectos, transcribo lo sistematizado con ocasión de otra publicación al hilo de los requisitos exigibles en los tres últimos anexos del Reglamento[11]:

---

11 MUÑOZ GARCÍA, C. "Artículo 55 del Reglamento Europeo de Inteligencia Artificial", en BARRIO ANDRÉS, M, (dir.), *op. cit.*

1. Según el anexo XI, sección 1, en términos generales (por remisión de los artículos 53, apartado 1, letra a) y 55, apartado 1, del RIA), aplicable a todo proveedor de modelo de GPAI, este debe disponer, al menos, de la documentación técnica que contenga información clara y precisa con:
   1.1. Una descripción general del modelo que incluya: a) las tareas que el modelo vaya a realizar y el tipo y la naturaleza de los sistemas de IA en los que puede integrarse; b) las políticas de usos aceptables aplicables; c) la fecha de lanzamiento y los métodos de distribución; d) la arquitectura y el número de parámetros; e) la modalidad (por ejemplo, texto, imagen) y el formato de las entradas y salidas; y f) la licencia.
   1.2. Una descripción detallada de los elementos del modelo que incluya la información indicada en el apartado anterior, y que, al menos, incluya lo siguiente: a) medios técnicos como instrucciones de uso y herramientas para integrar el modelo en un sistema; b) las especificaciones de diseño del modelo y las técnicas de entrenamiento, incluido lo que según el diseño el modelo puede optimizar y los parámetros; c) información sobre los datos utilizados para el entrenamiento, las pruebas y la validación, cuando proceda; d) los recursos computacionales utilizados para entrenar el modelo; y e) el consumo de energía conocido o estimado del modelo.
2. Según el anexo XI, sección 2 del RIA, en términos específicos (por remisión del artículo 55, apartado 1, al artículo 53), aplicable al proveedor de modelos de GPAI con riesgo sistémico, este deberá además de disponer de la documentación precedente, de la siguiente información adicional:
   2.1. Una descripción detallada de estrategias de evaluación con los resultados de la misma sobre base de protocolos y herramientas de evaluación públicos disponibles.
   2.2. Cuando proceda, una descripción detallada de las medidas adoptadas para realizar pruebas adversarias internas o externas.
   2.3. Cuando proceda, una descripción detallada de la arquitectura del sistema.

De todo lo anterior resulta que, la información adicional a la que se refiere el anexo XI, sección 2, incluye la descripción detallada de estrategias de evaluación y resultados, y además, si fuere preciso, de las medidas adoptadas sobre pruebas desfavorables y de la arquitectura del sistema.

3. Según el anexo XII, también en términos generales para todos los modelos de GPAI (por remisión de los artículos 53, apartado 1, letra b), epígrafe i), y 55, apartado 1, del RIA), se trata de los requisitos técnicos a cumplir por el proveedor del modelo de GPAI que transfiere el modelo a un proveedor posterior para que lo integre en un sistema de IA. Para este concreto supuesto, se fija el deber de documentación e información transparente del proveedor inicial al proveedor posterior a efectos de cumplir con lo preceptuado en el artículo 53, apartado 1, letra b), del RIA. Al menos, deberá contener:
   3.1. Una descripción general del modelo que incluya: a) las tareas que el modelo vaya a realizar y el tipo y la naturaleza de los sistemas de IA en los que puede integrarse; b) las políticas de usos aceptables aplicables; c) la fecha de lanzamiento y los métodos de distribución; d) la manera en que el modelo interactúa o puede utilizarse para interactuar con el *hardware* o el *software* que no formen parte del propio modelo, cuando proceda; e) las versiones del *software* pertinente relacionadas con el uso del modelo de IA de uso general, cuando proceda; f) la arquitectura y el número de parámetros; g) la modalidad (por ejemplo, texto, imagen) y el formato de las entradas y salidas; y h) la licencia del modelo;
   3.2. Una descripción de los elementos del modelo y de su proceso de desarrollo, incluidos: a) medios técnicos como instrucciones de uso o herramientas para integrar el modelo en un sistema; b) modalidad (texto, video, etc.) y formato de *inputs* y de *outputs*, así como tamaño máximo; así como c) información sobre los datos utilizados para el entrenamiento, pruebas, procedencia y tipos de datos, e incluso, métodos de gestión.
4. Finalmente, el anexo XIII del RIA señala los criterios que habrán de ser tenidos en cuenta para la clasificación de los modelos de IA de uso general con riesgos sistémico, y a los que nos remite el artículo 51:
   a) El número de parámetros del modelo;
   b) La calidad o el tamaño del conjunto de datos, medidos, por ejemplo, a través de criptofichas;
   c) La cantidad de cálculo utilizada para entrenar el modelo, medida en operaciones de coma flotante o indicada con una combinación de otras variables, como el coste estimado del entrenamiento, el tiempo estimado necesario o el consumo de energía estimado para el mismo;

d) Las modalidades de entrada y salida del modelo, ya sea en igual modalidad o multimodal (por ejemplo, de texto a imagen) y los umbrales del estado de la técnica para determinar las capacidades de alto impacto para cada modalidad, y el tipo específico de entradas y salidas (por ejemplo, secuencias biológicas);
e) Los parámetros de referencia y las evaluaciones de las capacidades del modelo, también teniendo en cuenta el número de tareas sin entrenamiento adicional, la adaptabilidad para aprender tareas nuevas distintas, el nivel de autonomía y de capacidad de ampliación y las herramientas a las que tiene acceso;
f) Si las repercusiones en el mercado interior son relevantes atendiendo al alcance, tomando como parámetro que se haya puesto a disposición, al menos, de número de 10.000 usuarios profesionales registrados en la UE;
g) El número de usuarios finales registrados.

3. CÓDIGOS DE BUENAS PRÁCTICAS PARA HOMOGENEIZAR LAS OBLIGACIONES DEL PROVEEDOR DE MODELOS DE IA DE USO GENERAL

En el capítulo V ("modelos de IA de uso general"), en la sección 4 del artículo 56 del RIA y bajo el título "códigos de buenas prácticas", se introducen medidas para adoptar reglas que ayuden a implementar y cumplir las obligaciones previstas para los concretos modelos de IA que nos ocupan y que deben, como mínimo, incluir el cumplimiento de deberes fijados para los proveedores de estas herramientas.

Por otro lado, en el capítulo X del RIA ("códigos de conducta y directrices"), se establecen estos con el propósito de fomentar la aplicación voluntaria de requisitos específicos establecidos en el capítulo III, sección 2 para los "modelos de alto riesgo", a los sistemas que no lo sean. Para la elaboración de estos códigos de conducta que propician la aplicación voluntaria de algunos o de todos los requisitos del capítulo III, sección 2 a los sistemas que no sean de alto riesgo (artículo 95 del RIA), el texto prevé que se apliquen los principios éticos sobre IA que fueron elaborados por el Grupo independiente de expertos de alto nivel creado por la Comisión Europea.

Ahora bien, estos siete principios éticos que se publicaron como «Directrices éticas para una IA fiable» (abril de 2019), y que *deben servir de base para la elaboración de los códigos de conducta*, también deben tenerse en cuenta, *cuando sea posible, en el diseño y uso de modelos de IA* (cdo. 27 del RIA):

1. Acción y supervisión humanas;
2. Solidez técnica y seguridad;
3. Gestión de la privacidad y de los datos;
4. Transparencia;
5. Diversidad, no discriminación y equidad;
6. Bienestar social y ambiental, y
7. Rendición de cuentas

Así las cosas, el legislador europeo pretende que los proveedores participen en el proceso de creación de códigos de buenas prácticas y que se normativicen para los modelos de IA de uso general (art. 56). Por otro lado, también pretende que se fomente la creación de códigos de conducta para los sistemas de IA de no alto riesgo (art. 95), en la medida en la que la aplicación voluntaria se aproxime a los requisitos establecidos en el capítulo III, sección 2, del RIA ("requisitos de los sistemas de IA de alto riesgo").

De una manera u otra, la pretensión es completamente óptima para acercar las obligaciones a cualquier proveedor que conocerá, y podrá cumplir, a través de esta alternativa, las obligaciones exigidas por el Reglamento, y más, si tenemos en cuenta que estos códigos se aplicarán antes que otras normas del Reglamento (los códigos de conducta a los 6 meses de la entrada en vigor, los códigos de buenas prácticas a los 9 meses).

De base, para uno y otro caso, los principios éticos del grupo de expertos, y como máxima pretensión, el cumplimiento voluntario de la normativa del RIA desde el diseño de cualquier sistema o modelo de IA. Toda una declaración de intenciones que cobija el firme propósito de homogeneizar vía códigos el desarrollo y respeto de las obligaciones del Reglamento.

III. SISTEMAS DE IA DE RIESGO MÍNIMO

Para estos, no hay obligaciones imperativas, si bien el RIA propone que se fomente el uso de códigos de conducta y la transparencia para cualquier sistema. Ni ocupan ni preocupan al legislador europeo, por lo que, no estando regulados en el Reglamento, todo parece indicar que se puede hacer un uso conforme se considere.

Y ello, a mi juicio, sin perder de vista otros textos regulatorios como la Directiva 85/374/CEE del Consejo, de 25 de julio de 1985, relativa a la aproximación de las disposiciones legales, reglamentarias y administrativas de los Estados Miembros en materia de responsabilidad por los daños causados por productos defectuosos, actualmente en vías de modificación. Este marco normativo también establece obligaciones y corresponsabilidades cuando debe mediar un uso correcto del bien o servicio. Nada cambia con las nuevas Directivas surgidas con ocasión de la revisión de la precedente.

IV. REFLEXIONES FINALES

En aras de lograr la máxima eficiencia del Reglamento, potenciando la innovación y la protección de los derechos fundamentales de las personas, la regulación de los sistemas de inteligencia artificial presenta un enfoque basado en el riesgo e impone mayor número de obligaciones y requisitos técnicos conforme mayores sean los riesgos del sistema o del modelo.

El planteamiento inicial de la UE acerca de cuatro niveles de riesgo, derivó a su vez, en igual número de sistemas de IA: 1. "de riesgo inaceptable"; 2. "de alto riesgo"; 3. "de riesgo limitado o medio"; y 4. "de riesgo bajo o mínimo", pero no contempló los modelos de IA de uso general que surgieron con posterioridad a la propuesta regulatoria de la Comisión Europea. En su poco tiempo de implementación, con modelos de uso en proliferación (vía *ChatGPT, Copilot* o *Gemini*), de acceso libre y gratuito en muchos casos, de uso global, con capacidad para crear contenidos y responder a múltiples fines, estos modelos han mostrado que son el origen de cientos de incidencias. Vulneran derechos fundamentales y ponen en jaque el acervo de la Unión.

Si para estos modelos, incluidos en los sistemas "de riesgo limitado o medio", se preveía inicialmente que debían cumplir requisitos de transparencia, junto a respetar derechos de autor, y afines, protección de datos y poco más (en la exposición de motivos de la propuesta regulatoria se postula la pretensión de garantizar la coherencia del Reglamento con otros marcos normativos: la Carta de los Derechos Fundamentales de la UE y el Derecho derivado de la Unión en materia de protección de datos, protección de los consumidores, no discriminación e igualdad de género), la realidad nos ha mostrado otros aspectos relevantes. Veamos, los modelos de GPAI, además de integrarse en un sistema de IA de uso general (art. 3.66) del RIA), pueden, por esta vía, utilizarse como "sistema de IA de alto riesgo" (considerando 85 del RIA), o al menos, con un fin clasificado de alto riesgo, lo que puede entrañar importantes riesgos, equivalentes, en muchos casos, a los que generan los sistemas de IA de alto riesgo.

Con todo, los modelos de IA de uso general, incluidos los grandes modelos generativos de IA, no son sistemas pero se están convirtiendo en elemento esencial de estos, y muchos de ellos podrían, incluso, entrañar riesgos sistémicos para las personas, la economía o la sociedad. De ahí que el legislador no haya escatimado esfuerzos en incorporar obligaciones para el proveedor, requisitos técnicos necesarios y, además, códigos de buenas prácticas, y de conducta, para que el binomio "normas imperativas" y "códigos voluntarios" dispositivos sirvan para cumplir el objetivo principal del marco regulatorio en la materia, la máxima eficacia del Reglamento.

Capítulo IV

MEDIDAS DE APOYO A LA INNOVACIÓN Y ARQUITECTURA DE GOBERNANZA

VANESSA JIMÉNEZ SERRANÍA
Profesora Permanente Laboral de Derecho Mercantil de la Universidad de Salamanca[1]

I. VISIÓN GENERAL DE CIERTOS ASPECTOS CLAVE: DATOS, PROPIEDAD INTELECTUAL, GOBERNANZA E INNOVACIÓN

El RIA dedica sus capítulos VI y VII a las "medidas de apoyo a la innovación" y a la "gobernanza", respectivamente. Como veremos en este capítulo, aunque las medidas que se implementan son sustanciales, no comprenden, ni mucho menos, todas las cuestiones que estos dos grandes y complejos temas suscitan.

Podemos determinar como principales aspectos abordados por el RIA respecto a la innovación y a la gobernanza los siguientes: la necesidad de alfabetización en IA, la estandarización[2], la creación de espacios controlados de pruebas para la IA (también conocidos como *sandboxes* regulatorios para la IA) y la creación de varios órganos de gobernanza.

Iremos detallando las características y los puntos más importantes de cada uno de estos grandes aspectos a lo largo de este capítulo, pero, antes de comenzar, nos parece pertinente hacer algunas reflexiones iniciales sobre tres puntos

---

1 Este capítulo es resultado de los proyectos de investigación "Marco regulador de las plataformas en línea en la economía de digital: competencia y responsabilidad en el uso de datos y contenidos", PID2020-119002RB-I00 y del proyecto TED2021-131840B-I00, financiado por el MCIN/AEI/10.13039/ 501100011033 y por la Unión Europea "NextGeneration EU"/PRTR".

2 Aunque en la versión en castellano del RIA se utiliza la palabra "normalización", hemos preferido utilizar el anglicismo estandarización, tanto por mayor claridad como por su mayor proximidad al término inglés "*standardisation*" utilizado en la versión inglesa del RIA.

clave: la protección de los titulares de derechos de propiedad intelectual, la interoperabilidad y el tratamiento de los datos por el RIA.

1. LA PROPIEDAD INTELECTUAL Y EL RIA: UN PARCHE A FALTA DE SOLUCIONES CONCRETAS

En primer lugar, como no podía ser de otro modo, hemos de señalar la ausencia de provisiones claramente específicas en el articulado del RIA sobre la consideración como lícito o no del uso de obras protegidas por el derecho de autor en el entrenamiento de grandes modelos de IA generativa; aunque podríamos hablar, como veremos, de una escueta regulación indirecta.

Ciertamente encontramos menciones relativas a ciertas de las cuestiones actuales más acuciantes en los considerandos 104 a 108 del RIA. Así en el considerando 105 se indica expresamente que: "*El desarrollo y el entrenamiento de estos modelos requiere acceder a grandes cantidades de texto, imágenes, vídeos y otros datos. Las técnicas de prospección de textos y datos pueden utilizarse ampliamente en este contexto para la recuperación y el análisis de tales contenidos, que pueden estar protegidos por derechos de autor y derechos afines. Todo uso de contenidos protegidos por derechos de autor requiere la autorización del titular de los derechos de que se trate, salvo que se apliquen las excepciones y limitaciones pertinentes en materia de derechos de autor*".

Respecto a estas excepciones y limitaciones, el texto del RIA se centra concretamente en la excepción de minería de textos y datos introducida en los artículos 3 y 4 de la Directiva (UE) 2019/790 (la DDAMUD)[3] e indica, en todos

---

[3] Directiva (UE) 2019/790 del Parlamento Europeo y del Consejo, de 17 de abril de 2019, sobre los derechos de autor y derechos afines en el mercado único digital y por la que se modifican las Directivas 96/9/CE y 2001/29/CE. Es especialmente relevante para este tema el artículo 4 donde se prevé que los Estados miembros establezcan una excepción al derecho de autor con respecto a las reproducciones y extracciones (de bases de datos) "*de obras y otras prestaciones accesibles de forma legítima para fines de minería de textos y datos*" para fines distintos de la investigación científica (la excepción de minería de textos y datos para fines científicos aparece recogida en el artículo 3). No obstante, el apartado 3 del artículo 4 establece que la "*excepción o limitación establecida se aplicará a condición de que el uso de las obras y otras prestaciones a que se refiere dicho apartado no esté reservado expresamente por los titulares de derechos de manera adecuada, como medios de lectura mecánica en el caso del contenido puesto a la disposición del público en línea*". Sobre esta cuestión, ver MINERO ALEJANDRE, G., "El límite de la minería de textos y datos" en VV.AA. (dirs.), *Desafíos legales emergentes de las nuevas tecnologías*, Editorial Book Publishing, 2022, págs. 174-188; y GONZÁLEZ OTERO, B., "Las excepciones de minería de textos y datos más allá de

los considerandos a los que hemos hecho referencia, la necesidad de respetar las reservas de derechos expresadas por los titulares de derechos; debiendo, los proveedores de modelos de IA de uso general, en estos casos, obtener la autorización de los titulares de derechos para llevar a cabo una prospección de textos y datos con dichas obras[4].

De hecho, si vamos al artículo 53 del RIA, donde se establecen las obligaciones de los proveedores de modelos de IA de uso general, vemos que se indican dos deberes que están directa e indirectamente (respectivamente) vinculados con este aspecto:

a) En el apartado c) se determina que estos proveedores "*establecerán directrices para cumplir el Derecho de la Unión en materia de derechos de autor y derechos afines, y en particular, para detectar y cumplir, por ejemplo, a través de tecnologías punta, una reserva de derechos expresada de conformidad con el artículo 4, apartado 3, de la Directiva (UE) 2019/790*".

b) En el apartado d) se indica que los proveedores "*elaborarán y pondrán a disposición del público un resumen suficientemente detallado del contenido utilizado para el entrenamiento del modelo de IA de uso general, con arreglo al modelo facilitado por la Oficina de IA*".

Respecto al establecimiento de directrices, es importante indicar que las mismas se entienden aplicables "*a cualquier proveedor que introduzca un modelo de IA de uso general en el mercado de la Unión [...], independientemente de la jurisdicción en la que tengan lugar los actos pertinentes en materia de derechos de autor que sustentan el entrenamiento de dichos modelos de IA de uso general*"[5].

Por otro lado, se limita[6] el papel de la Oficina de IA a la propuesta de modelos para los resúmenes mencionados en el apartado d) y a la supervisión del cumplimiento de las obligaciones de los apartados c) y d) "*sin verificar ni proceder a una evaluación obra por obra de los datos de entrenamiento en cuanto al respeto de los derechos de autor*".

---

los derechos de autor: la ordenación privada contraatacada", en SAIZ GARCÍA, C. (dir.) y EVANGELIO LLORCA, R. (dir.), *Propiedad intelectual y mercado único digital europeo*, Editorial Tirant lo Blanch, 2019, págs. 73-105.

4 *Cfr.* Considerando 105 del RIA.

5 *Cfr.* Considerando 106 del RIA. Este aspecto nos parece que tendrá una implementación realmente compleja, debido a la diversidad existente en la protección y excepciones o limitaciones de los derechos de autor (especialmente, la excepción del "*fair use*" en el contexto americano).

6 *Cfr.* Considerando 108 del RIA.

Vemos, por tanto, que el RIA no ataca el centro neurálgico del conflicto existente entre los titulares de derechos y los proveedores de inteligencia artificial (objeto en la actualidad de una amplia actividad jurisprudencial y doctrinal), sino que se limita a contemplar el caso de la reserva de derechos reconocida en la DDAMUD respecto a la minería de textos y datos con fines distintos a los de la investigación y a establecer medidas en torno a esta cuestión (respeto y transparencia), siendo algunas de ellas altamente complejas de implementar. Es por esto, por lo que se continúa reclamando por parte de los titulares de derechos y de los creadores nuevos desarrollos y adaptaciones[7].

2. LA INTEROPERABILIDAD EN EL RIA

El segundo de los aspectos que nos parece conveniente resaltar es la ausencia de referencias relevantes en el RIA a uno de los faros (al menos en los últimos años) del desarrollo de la innovación: la interoperabilidad. Ciertamente, gran parte de la normativa reciente de la Unión Europea en distintos campos aborda este aspecto, pero es llamativo que el RIA no establece ninguna previsión respecto a la necesidad de que los sistemas de IA (al menos los generales) sea interoperables (bien entre ellos, bien con otro tipo de aplicaciones).

Solamente encontramos una mínima referencia, pero respecto a la interoperabilidad de datos, en el considerando 165 del RIA, cuando se indica que "*la Comisión podría formular iniciativas, también de carácter sectorial, encaminadas a facilitar la disminución de los obstáculos técnicos que dificultan el intercambio transfronterizo de datos para el desarrollo de la IA, también en relación con la infraestructura de acceso a los datos y la interoperabilidad semántica y técnica de distintos tipos de datos*".

7 De hecho, justo al día siguiente de la aprobación del texto del RIA por el Parlamento Europeo se emitió una Declaración conjunta de creadores y titulares de derechos europeos en la que se reclamaba que el resumen de información que los proveedores de modelos de IA de uso general deben poner a disposición permitiera el ejercicio y la aplicación efectivos de los derechos de autor y otros derechos fundamentales, y que los sectores creativos y los titulares de derechos participaran formal y directamente en su redacción. Disponible en https://www.ifpi.org/eu-ai-act/.

3. LOS DATOS Y EL RIA: ACCESO, GOBERNANZA Y PROTECCIÓN DE DATOS PERSONALES

Los datos se encuentran, como no podía ser de otro modo, en el centro de mira del RIA. Así, podemos identificar tres focos importantes: el acceso a datos de calidad, la gobernanza de datos y la protección de los datos personales y del derecho a la intimidad.

3.1. EL ACCESO A DATOS DE CALIDAD

El acceso a los datos es una necesidad básica en el contexto científico, tecnológico y económico actual, siendo reconocido como tal por las propias autoridades europeas[8]. Pero vemos que en este punto el RIA va más allá que el mero acceso a los datos; se busca el acceso a datos de calidad. Los datos de calidad son claves en el desarrollo óptimo de la IA, tanto en el aspecto técnico como en el ético e, incluso, en el jurídico.

El RIA señala, en su considerando 67 y en su artículo 10.3, lo que hemos de entender por datos de calidad: son datos pertinentes, lo suficientemente representativos y, en lo posible, deben estar libres de errores y ser completos en vista de la finalidad prevista del sistema. Por otro lado, para que estos datos sean de calidad se ha de prestar una especial atención a la mitigación de los posibles sesgos, especialmente en los casos en los que afecten a la seguridad o a la salud de las personas, que puedan repercusiones negativas en los derechos fundamentales o dar lugar a algún tipo de discriminación prohibida por el Derecho de la Unión Europea.

El acceso a estos datos, por tanto, es esencial para garantizar el correcto funcionamiento de muchos sistemas de IA, en especial cuando se emplean técnicas que implican el entrenamiento de modelos. Esta necesidad es más acuciante[9] en el caso del entrenamiento de sistemas de IA de alto riesgo. El acceso a estos datos

---

[8] El ejemplo paradigmático sería el Reglamento (UE) 2023/2854 del Parlamento Europeo y del Consejo, de 13 de diciembre de 2023, sobre normas armonizadas para un acceso justo a los datos y su utilización, y por el que se modifican el Reglamento (UE) 2017/2394 y la Directiva (UE) 2020/1828 (Reglamento de Datos). Este Reglamento busca establecer un marco armonizado que especifique quién tiene derecho a utilizar los datos del producto o los datos del servicio relacionado, en qué condiciones y sobre qué base. Por ello, se centra en cuatro aspectos: el acceso a los datos (en varios supuestos), la portabilidad, la seguridad; y la interoperabilidad.

[9] *Cfr.* art. 10 RIA.

de calidad no sesgados permitirá que el sistema funcione del modo previsto y en condiciones de seguridad y no se convierta en una fuente de algún tipo de discriminación prohibida. Por consiguiente, además de lo anterior, deberán tener en cuenta, en la medida necesaria para la finalidad prevista, las características o elementos particulares del entorno geográfico, contextual, conductual o funcional específico en el que está previsto que se utilice el sistema de IA de alto riesgo.

Dentro de estas medidas de acceso a los datos de calidad, el propio RIA indica una especie de obligación "extra" para las autoridades que proporcionan acceso a datos, que no es otro que el apoyo al suministro de datos de alta calidad con los que entrenar, validar y probar los sistemas de IA[10].

Desde luego, el acceso a estos datos de calidad no puede llevarse a cabo sin que se implemente debidamente el segundo aspecto que indicábamos anteriormente: la necesidad instaurar prácticas adecuadas de gestión y gobernanza de datos.

3.2. LA GOBERNANZA DE DATOS

Como sabemos, la gobernanza de datos, es uno de los pilares de la estrategia europea de datos[11]. Ya contamos, desde 2023, con un texto clave sobre esta cuestión (el Reglamento de Gobernanza de Datos)[12] y con el ya mencionado Reglamento de Datos. No obstante, el propio RIA determina ciertas normas específicas para la gobernanza de datos en los sistemas de alto riesgo, derivadas de los aspectos que hemos mencionado en el apartado anterior.

En el RIA se distingue entre sistemas de IA de alto riesgo que empleen técnicas que impliquen el entrenamiento de modelos de IA y los que no. En el caso

---

10 *Cfr.* cdo. 68 RIA.

11 Comunicación de la Comisión al Parlamento Europeo, al Consejo, al Comité Económico y Social Europeo y al Comité de las Regiones, Una Estrategia Europea de Datos, de 19 de febrero de 2020 (COM(2020) 66 final). En esta Comunicación se establece como objetivo de la estrategia el crear un mercado único de datos que garantice la competitividad mundial y la soberanía de los datos de Europa. Esto implica la creación de espacios comunes europeos de datos.

12 Reglamento (UE) 2022/868 del Parlamento Europeo y del Consejo, de 30 de mayo de 2022, relativo a la gobernanza europea de datos y por el que se modifica el Reglamento (UE) 2018/1724. Recordemos que este texto se focaliza en supervisar la reutilización de datos públicos o protegidos en varios sectores. Su objetivo es facilitar el intercambio de datos regulando nuevas entidades conocidas como intermediarios de datos y promoviendo el intercambio de datos.

de los primeros, las reglas de gobernanza establecidas en los apartados 2 a 5 del artículo 10 se aplican a los conjuntos de datos de entrenamiento[13], validación[14] y prueba[15] y, en el caso de los segundos, estas normas de gobernanza solo se aplican al conjunto de datos de prueba.

Respecto a estas reglas de gobernanza contenidas en los apartados mencionados, podemos indicar que se centran en: (i) el diseño del sistema de IA, (ii) el proceso de recogida de datos (tanto personales como no personales), (iii) los procesos de preparación de los datos; (iv) la formulación de supuestos, (v) la evaluación de la adecuación de los datos al sistema y (vi) el examen de sesgos y las medidas para detectarlos y mitigarlos.

Respecto a esta última cuestión, subrayaremos que en este examen se han de detectar los posibles sesgos que puedan afectar bien a la salud y la seguridad de las personas, bien a los derechos fundamentales, o bien dar lugar a algún tipo de discriminación prohibida, especialmente cuando las salidas de datos influyan en las informaciones de entrada de futuras operaciones. Este examen es esencial, por tanto, ya que permitirá no solo la detección de estos sesgos, sino que abre la posibilidad de prevenirlos y, si no es posible, mitigarlos.

El combate contra los sesgos en estos sistemas de alto riesgo de IA se considera tan esencial que, incluso, se llega a prever en el RIA la posibilidad de tratar categorías especiales de datos personales, siempre que se haga de manera excepcional (porque no existan otros datos que permitan la detección y corrección de sesgos) y se ofrezcan las garantías adecuadas[16] en relación con los derechos y las libertades fundamentales de las personas físicas (art. 10.5 RIA).

---

13 Por "datos de entrenamiento" hay que entender los datos usados para entrenar un sistema de IA mediante el ajuste de sus parámetros entrenables (art. 3.29) RIA).

14 Los "datos de validación" hacen referencia a los datos usados para proporcionar una evaluación del sistema de IA entrenado y adaptar sus parámetros no entrenables y su proceso de aprendizaje para, entre otras cosas, evitar el subajuste o el sobreajuste (art. 3.30) RIA).

15 Los "datos de prueba" son definidos por el RIA como "*los datos usados para proporcionar una evaluación independiente del sistema de IA, con el fin de confirmar el funcionamiento previsto de dicho sistema antes de su introducción en el mercado o su puesta en servicio*" (art. 3.32) RIA).

16 Entre estas garantías se indican la existencia de limitaciones técnicas relativas a la reutilización de los datos personales, medidas punteras en materia de seguridad y protección de la intimidad, controles estrictos y documentación del acceso o que se imposibilite la transmisión a terceros y que sean eliminados una vez se haya corregido el sesgo (o los datos personales hayan llegado al final de su período de conservación). *Cfr.* art. 10.5, letras b) a f), RIA.

Por último, nos parece interesante indicar que en el considerando 67 del RIA se indica que los requisitos relacionados con la gobernanza de datos pueden cumplirse recurriendo a terceros que ofrezcan servicios certificados de cumplimiento, incluida la verificación de la gobernanza de datos, la integridad del conjunto de datos y las prácticas de entrenamiento, validación y prueba de datos.

3.3. LA PROTECCIÓN AL DERECHO A LA INTIMIDAD Y DE LOS DATOS PERSONALES.

El RIA indica que el derecho a la intimidad y a la protección de datos personales debe garantizarse a lo largo de todo el ciclo de vida del sistema de IA, y gran parte de su articulado refleja la preocupación sobre el tratamiento de este tipo de datos.

Por consiguiente, además de los requisitos y excepciones en materia de gobernanza de datos que acabamos de señalar y de otros aspectos específicos que comentaremos en los siguientes epígrafes (así como en otros capítulos de este libro), son aplicables a los sistemas de IA los principios de minimización de datos y de protección de datos desde el diseño y por defecto, establecidos por el RGPD.

Para conseguirlo, los proveedores de sistemas de IA podrán no solo aplicar la anonimización y el cifrado, sino también el uso de una tecnología que permita llevar los algoritmos a los datos y el entrenamiento de los sistemas de IA sin que sea necesaria la transmisión entre las partes ni la copia de los datos brutos o estructurados[17].

II. EL RIA Y EL APOYO A LA INNOVACIÓN

El RIA tiene entre sus objetivos el brindar apoyo e impulso a la innovación[18], fomentando las medidas de innovación especialmente respecto a las pequeñas y medianas empresas y a las empresas emergentes[19].

Ciertamente, el pilar fundamental de este apoyo, como veremos en este epígrafe, es establecimiento de *sandboxes* regulatorios para la IA (o, como se denomina en el texto en español, espacios controlados de pruebas). No obstante,

---

[17] *Cfr.* considerando 69 del RIA.

[18] *Cfr.* considerandos 1 y 2 del RIA.

[19] *Cfr.* considerando 8 del RIA.

como veremos a continuación, no es esta la única medida que se indica en este texto vinculada al referido apoyo a la innovación.

1. LA ALFABETIZACIÓN EN MATERIA DE IA

Ciertamente este término se presta a confusión, ya que podría entender a pensar que estamos ante un propósito u obligación en el RIA sobre la necesidad del acercamiento entre la IA y los usuarios de estos sistemas (dicho de otra manera, una especie de educación tecnológica focalizada en la IA).

No obstante, no es con este propósito (al menos no de manera principal) con el que se contempla esta medida en el RIA, sino que su foco se centra en los propios proveedores de sistemas de IA. Así, la alfabetización es entendida por el RIA como "*las capacidades, los conocimientos y la comprensión que permiten a los proveedores, responsables del despliegue y demás personas afectadas, teniendo en cuenta sus respectivos derechos y obligaciones en el contexto del presente Reglamento, llevar a cabo un despliegue informado de los sistemas de IA y tomar conciencia de las oportunidades y los riesgos que plantea la IA, así como de los perjuicios que puede causar*"[20].

En consecuencia, en el artículo 4 del RIA se establece la obligación para los proveedores y responsables del despliegue de sistemas de IA de adoptar medidas para garantizar que, en la mayor medida posible, su personal y demás personas que se encarguen en su nombre del funcionamiento y la utilización de sistemas de IA tengan un nivel suficiente de alfabetización en materia de IA. Estas medidas se deberán implementar tomando en cuenta los conocimientos técnicos, la experiencia, la educación y la formación de las personas antes indicadas, así como el contexto previsto de uso de los sistemas de IA y las personas o los colectivos de personas en que se van a utilizar dichos sistemas.

No se especifican, sin embargo, en qué han de consistir estas medidas, y es ciertamente llamativo que no se establezcan ciertos requisitos más específicos relativos al perfil del personal de estos proveedores, ni siquiera en los casos de sistemas de alto riesgo.

De hecho, solamente se indica en el RIA que el Comité Europeo de IA[21] debe apoyar a la Comisión Europea para promover las herramientas de alfabetización en materia de IA y que tanto la Comisión como los Estados miembros y

---

20 Art. 3.56) RIA.

21 Sobre el Comité Europeo de IA, ver apartado III.2.

la Oficina de IA deben facilitar la elaboración de códigos de conducta voluntarios para promover la alfabetización en materia de IA entre las personas que se ocupan del desarrollo, el manejo y el uso de la IA[22].

Vemos, por tanto, que la manera de desarrollar esta alfabetización será a través de códigos de conducta voluntarios lo que, en nuestra opinión, no termina de resultar coherente con el objetivo pretendido. Ciertamente la alfabetización aparece recogida entre los denominados "requisitos adicionales" de carácter voluntario[23], pero, tanto de la redacción del artículo 4 como de ciertas menciones en el considerando 20 del RIA podemos entender que tal alfabetización es de índole necesaria, e incluso obligatoria. Concretamente en el considerando 20 encontramos que la alfabetización "*debe dotar IA debe dotar a los proveedores, responsables del despliegue y personas afectadas de los conceptos necesarios para tomar decisiones con conocimiento de causa en relación con los sistemas de IA*", y así "*garantizar el cumplimiento adecuado y la correcta ejecución*" especialmente respecto a la protección de "*los derechos fundamentales, la salud y la seguridad, y de posibilitar el control democrático*". Teniendo en cuenta el tenor de estas afirmaciones y la transcendencia de las mismas, nos parece más que razonable cuestionar el carácter de requisito adicional de carácter voluntario de la alfabetización.

2. EL RIA Y LAS LICENCIAS DE SOFTWARE LIBRE Y CÓDIGO ABIERTO

En primer lugar, es preciso señalar que el RIA, en su artículo 12, indica que no será aplicable a los sistemas de IA divulgados con arreglo a licencias libres y de código abierto, a menos que se introduzcan en el mercado o se pongan en servicio como sistemas de IA de alto riesgo o como sistemas de IA que contengan prácticas prohibidas o que se trate de sistemas que interactúen directamente con las personas (entre los que se incluyen los sistemas de IA de uso general, que generen o manipulen contenido sintético de audio, imagen, vídeo o texto)[24].

Por licencias libres y de código abierto, el RIA entiende aquellas que permitan a los usuarios ejecutar, copiar, distribuir, estudiar, modificar y mejorar el software y los datos, incluidos los modelos, a condición de que se cite al provee-

22 *Cfr.* considerando 20 y artículo 95 del RIA.

23 *Cfr.* considerando 165 RIA.

24 Estarían incluidos, por tanto, todos los sistemas que aparecen referenciados en el art. 50 RIA.

dor original del modelo, si se respetan unas condiciones de distribución idénticas o comparables[25].

Evidentemente estos sistemas no estarán sometidos a las obligaciones de elaboración documentación técnica del modelo, de su mantenimiento actualizado y de su puesta a disposición; siempre y cuando, claro está, se divulguen con arreglo a una licencia libre y de código abierto que permita el acceso, la utilización, la modificación y la distribución del modelo y cuyos parámetros, incluidos los pesos, la información sobre la arquitectura del modelo y la información sobre el uso del modelo, se pongan a disposición del público (art. 53 RIA).

No obstante, no podrán acogerse a estas excepciones (salvo que se trate de operaciones de microempresas) los componentes de IA (aunque aparezcan bajo la denominación de sistemas de código abierto) que se suministren a cambio de una contraprestación o que se moneticen de cualquier otro modo (por ejemplo, mediante la prestación de apoyo técnico u otros servicios en relación con el componente de IA, ya sea a través de una plataforma de software o por otros medios, o mediante el uso de datos personales con fines que no se refieran exclusivamente a la mejora de la seguridad, la compatibilidad o la interoperabilidad del software)[26].

Por otro lado, hemos de subrayar que, pese a que los sistemas de licencias de software libre y de código abierto (siempre que respeten las condiciones que hemos indicado) se encuentran exentos de las obligaciones de transparencia, existe una excepción, vinculada con los derechos de autor. Dado que la divulgación de modelos de IA de uso general con arreglo a una licencia libre y de código abierto no necesariamente revela información sustancial sobre el conjunto de datos utilizado para entrenar el modelo o realizar ajustes en relación con este, estos sistemas deberán presentar un resumen del contenido utilizado para el entrenamiento del modelo y estarán obligados a adoptar directrices para el cumplimiento del Derecho de la Unión en materia de derechos de autor (en particular a la identificación y respeto de la reserva por los titulares de derechos en el caso de la excepción de minería de textos y datos).

---

25 *Cfr.* considerando 102 RIA.

26 *Cfr.* considerando 103 del RIA.

3. LA ESTANDARIZACIÓN DE PROCEDIMIENTOS

La estandarización (o normalización) es uno de los elementos clave en el RIA tanto a la hora de abordar su propia implementación[27] como a la hora de potenciar la innovación[28]. Este apoyo a la estandarización, desde luego, no es novedoso, y viene siendo especialmente impulsado desde la promulgación del Reglamento nº 1025/2012[29]. Ya en este Reglamento se afirmaba que la estandarización ayuda a mejorar la competitividad de las empresas, facilitando, en particular, la libre circulación de bienes y servicios, la interoperabilidad de las redes, el funcionamiento de los medios de comunicación, el desarrollo tecnológico y la innovación.

El RIA vincula su correcto desarrollo e implementación precisamente al desarrollo de normas armonizadas de estandarización en el sentido de las contempladas en el Reglamento nº 1025/2012[30], debiendo estas normas ser el resultado de un proceso de elaboración en el que participen todas las partes interesadas pertinentes (en particular las pymes, las organizaciones de consumidores y las partes interesadas de los ámbitos social y medioambiental).

El proceso de estandarización deberá ser impulsado por la Comisión "sin demora indebida"[31] mediante peticiones de normas armonizadas de estandarización a las organizaciones europeas de estandarización. En estas peticiones, la Comisión deberá:

a) Especificar que las normas deben ser claras, coherentes y destinadas a garantizar que los sistemas de IA de alto riesgo o los modelos de IA de

---

27 *Cfr.* considerando 121 del RIA.

28 De hecho, se indica expresamente en el RIA que "*los participantes en el proceso de estandarización tratarán de promover la inversión y la innovación en IA, también incrementando la seguridad jurídica, así como la competitividad y el crecimiento del mercado de la Unión*" (art. 40.3).

29 Reglamento (UE) nº 1025/2012 del Parlamento Europeo y del Consejo, de 25 de octubre de 2012, sobre la normalización europea, por el que se modifican las Directivas 89/686/CEE y 93/15/CEE del Consejo y las Directivas 94/9/CE, 94/25/CE, 95/16/CE, 97/23/CE, 98/34/CE, 2004/22/CE, 2007/23/CE, 2009/23/CE y 2009/105/CE del Parlamento Europeo y del Consejo y por el que se deroga la Decisión 87/95/CEE del Consejo y la Decisión nº 1673/2006/CE del Parlamento Europeo y del Consejo.

30 Las normas armonizadas son definidas por el Reglamento nº 1025/2012 como "*norma(s) europea(s) adoptada(s) a raíz de una petición de la Comisión para la aplicación de la legislación de armonización de la Unión*" (art. 2.1.c) Reglamento nº 1025/2012).

31 *Cfr.* art. 40.2 RIA.

uso general introducidos en el mercado o puestos en servicio en la Unión cumplan los requisitos u obligaciones pertinentes establecidos en el RIA.

b) Incluir la solicitud de documentos sobre los procesos de presentación de información y documentación a fin de mejorar el funcionamiento de los de los sistemas de IA desde el punto de vista de los recursos, especialmente desde el punto de vista energético.

c) Solicitar a las organizaciones europeas de estandarización que aporten pruebas de que han hecho todo lo posible por cumplir los objetivos anteriores.

Por otro parte, a la hora de elaborar estas peticiones de normas armonizadas, la Comisión deberá consultar al foro consultivo[32] y al Comité Europeo de IA para recabar los conocimientos especializados oportunos.

No obstante, a falta de referencias pertinentes a las normas armonizadas, la Comisión podrá establecer, mediante actos de ejecución y previa consulta al foro consultivo, especificaciones comunes para determinados requisitos previstos en el RIA. No obstante, estas especificaciones se consideran soluciones alternativas excepcionales, que solo serán implementadas tanto en el caso, ya mencionado, de ausencia de normas armonizadas[33] como cuando se produzcan retrasos en la adopción de una norma armonizada adecuada. En estos casos, también será conveniente (y recomendable) que la Comisión coopere con los socios y los organismos internacionales de estandarización.

4. EL *SANDBOX* REGULATORIO PARA LA IA

La piedra angular dentro de las medidas de apoyo a la innovación que aparecen contempladas en el RIA es el impulso rotundo a la creación de espacios controlados de pruebas en todos los Estados miembros. Por *sandbox* regulatorio para la IA se ha de entender un "*entorno controlado que fomente la innovación y facilite el desarrollo, el entrenamiento, la prueba y la validación de sistemas innovadores de IA durante un período limitado antes de su introducción en el mercado o su puesta en servicio, con arreglo a un plan del espacio controlado de pruebas*

---

32 Sobre este foro, ver apartado III.3.

33 Dentro de esta categoría podemos encontramos que (i) ninguna de las organizaciones europeas de normalización haya aceptado la petición de normalización, que (ii) las normas armonizadas pertinentes respondan de forma insuficiente a las preocupaciones en materia de derechos fundamentales o que (iii) las normas armonizadas no cumplan la petición (considerando 121 RIA).

específico acordado entre los proveedores o proveedores potenciales y la autoridad competente"[34].

De hecho, se indica expresamente en el artículo 57 que cada Estado miembro deberá establecer "*al menos un espacio controlado de pruebas para la IA a nivel nacional*" en un máximo de 24 meses desde la entrada en vigor del RIA, pudiendo establecerse espacios adicionales a nivel regional o local.

Por su parte, también el Supervisor Europeo de Protección de Datos podrá establecer un espacio controlado de pruebas para la IA en este caso para las instituciones, órganos y organismos de la Unión Europea.

Recordemos que estos espacios de pruebas o *sandboxes* regulatorios son un recurso ya utilizado en otros ámbitos (como es el caso del mercado financiero)[35] en los que ha buscado incentivar de una manera controlada los avances tecnológicos disruptivos. Además, hemos de subrayar que, en España, contamos con el primer *sandbox* a nivel europeo[36] para la IA[37], impulsada por el Gobierno de España (a través de la Secretaría de Estado de Digitalización e Inteligencia Artificial, perteneciente al entonces Ministerio de Asuntos Económicos y Transformación Digital y actual Ministerio para la Transformación Digital y de la Función Pública) y la Comisión Europea en 2022[38] y regulado por el Real Decreto 817/2023, de 8 de noviembre[39].

---

34 *Cfr.* art. 57.5 RIA.

35 Tales son los casos de los *sandboxes* regulatorios en el sector financiero (implementado en el caso de España por la Ley 7/2020, de 13 de noviembre, para la transformación digital del sistema Financiero) o en el desarrollo de infraestructuras DLT (Reglamento (UE) 2022/858 del Parlamento Europeo y del Consejo, de 30 de mayo de 2022, sobre un régimen piloto de infraestructuras del mercado basadas en la tecnología de registro descentralizado).

36 https://digital-strategy.ec.europa.eu/en/news/first-regulatory-*sandbox*-artificial-intelligence-presented

37 https://portal.mineco.gob.es/es-es/digitalizacionIA/*sandbox*-IA/Paginas/*sandbox*-IA.aspx

38 https://portal.mineco.gob.es/es-es/comunicacion/Paginas/20220627-PR_AI_*Sandbox*.aspx

39 Real Decreto 817/2023, de 8 de noviembre, que establece un entorno controlado de pruebas para el ensayo del cumplimiento de la propuesta de Reglamento del Parlamento Europeo y del Consejo por el que se establecen normas armonizadas en materia de inteligencia artificial. Hemos de subrayar que en la disposición final segunda de este Real Decreto se indica que el mismo estará vigente durante un máximo treinta y seis meses desde su entrada en vigor o, en su caso, hasta que sea aplicable en el Reino de España el RIA.

El RIA, en los artículos 57 a 63, plantea un marco general amplio para el desarrollo de estos *sandboxes* para los proyectos sobre IA, en el que podemos identificar cuatro focos de atención esenciales: (i) las obligaciones y funciones de las autoridades competentes, (ii) las reglas básicas de funcionamiento de los *sandboxes*, (iii) la protección de los datos personales y (iv) la posibilidad de realizar pruebas de sistemas de alto riesgo fuera de los *sandboxes*.

4.1. LAS OBLIGACIONES Y FUNCIONES DE LAS AUTORIDADES COMPETENTES

En el RIA aparecen contempladas de manera dispersa en el artículo 57 las principales obligaciones de las autoridades competentes, que podemos sistematizar de la siguiente manera:

a) En primer lugar, de manera generalizada (y lógica), se establece que las autoridades competentes han de asignar recursos suficientes para poder implementar estos *sandboxes*, siendo también responsabilidad de los Estados que estas autoridades cuenten con estos recursos[40].

b) En segundo lugar, deberán informar a la Oficina de IA y al Comité del establecimiento de un espacio controlado de pruebas, pudiendo solicitarles apoyo y orientación[41].

c) Por otro lado, aunque tienen reconocida potestad discrecional a la hora de aplicar las disposiciones jurídicas en relación con un proyecto específico, deberán realizar estas actividades de supervisión y control siempre sujetas a los límites que les son atribuidas por el derecho aplicable[42].

d) Además, estas autoridades deberán implicar en el funcionamiento del *sandbox* a las autoridades competentes en el ámbito de la protección de datos personales o de otro tipo de datos a efectos de involucrarlas en la supervisión de los proyectos que se integren en el *sandbox*[43].

e) Por último, deberán presentar informes anuales sobre el progreso y los resultados de la puesta en marcha de los *sandboxes* a la Oficina de IA y al Comité, por primera vez un año después del establecimiento del espacio controlado de pruebas para la IA y, posteriormente, cada año hasta

40 *Cfr.* art. 57.4 RIA.

41 *Cfr.* art. 57.15 RIA.

42 *Cfr.* art. 57.11 RIA.

43 *Cfr.* art. 57. 10 RIA.

su terminación, así como un informe final. Deberán, además, poner a disposición del público en línea, bien estos informes anuales, bien resúmenes de los mismos[44].

Respecto a las funciones de estas autoridades, podemos dividirlas esencialmente en dos tipos:

a) Labores orientativas y de apoyo: concretamente, estas autoridades deberán proporcionar a los proveedores y proveedores potenciales que participen en el *sandbox* (i) orientaciones sobre las expectativas en materia de regulación y la manera de cumplir los requisitos y obligaciones establecidos en el RIA[45], así como (ii) asesoramiento a la hora de determinar los riesgos, en particular para los derechos fundamentales, la salud y la seguridad[46].
b) Labores de supervisión y control: las autoridades competentes, en el ejercicio de estas potestades públicas podrán determinar reducciones adecuadas en el caso de que se detecten riesgos considerables para la para la salud, la seguridad y los derechos fundamentales, e incluso podrán decretar la suspensión temporal o permanente del proceso de prueba, o la participación en el espacio controlado de pruebas si no es posible una reducción efectiva[47].

4.2. LAS REGLAS BÁSICAS DE FUNCIONAMIENTO DE LOS *SANDBOXES*

El RIA no contiene una regulación específica del funcionamiento de los *sandboxes*, sino ciertos lineamientos que deberán ser respetos a la hora de desarrollar de manera específica y detallada la regulación de estos *sandboxes*. En todo caso, este desarrollo normativo se atribuye a la Comisión Europea, mediante actos de ejecución, con el fin de crear una uniformidad en toda la UE.

Estos actos de ejecución contendrán las normas sobre (i) los criterios de admisibilidad y selección, (ii) los procedimientos para la solicitud, la participación,

---

44 *Cfr.* art. 57.16 RIA. Estos informes mencionados deberán reflejar tanto las prácticas implementadas, como los incidentes, las enseñanzas extraídas y las recomendaciones acerca de su configuración y, en su caso, acerca de la aplicación y posible revisión del Reglamento, incluidos sus actos delegados y de ejecución, y sobre la aplicación de otras disposiciones de Derecho de la UE.

45 *Cfr.* art. 57.7 RIA.

46 *Cfr.* art. 57.6 RIA.

47 *Cfr.* art. 57.11 RIA.

la supervisión, la salida y la terminación del espacio controlado de pruebas y (iii) las condiciones aplicables a los participantes.

No obstante, como decíamos, el RIA ofrece ciertos parámetros, en su artículo 58.2, que serán tenidos en cuenta por estos desarrollos futuros y que, como veremos a continuación, son similares a los establecidos para los *sandboxes* que encontramos en otros ámbitos y prácticamente idénticos a los reconocidos en la regulación del *sandbox* español de IA.

Podemos resumir estas indicaciones en los siguientes principios:

a) Principio de acceso abierto, amplio, transparente, equitativo, y, además, gratuito para las pymes y las empresas emergentes[48].

b) Principio de sencillez y celeridad administrativa (las autoridades nacionales competentes deberán informar a los solicitantes de su decisión en un plazo de tres meses a partir de la presentación de la solicitud).

c) Principio de flexibilidad en la gestión de los *sandboxes* por las autoridades competentes.

d) Principio de apoyo y asistencia a los proveedores para facilitarles el cumplimiento normativo, permitiéndoles participar en el *sandbox* el tiempo adecuado para el tipo de proyecto del que se trate.

e) Principio de colaboración con otros agentes del ecosistema de la IA (organismos de estandarización, agentes innovadores, investigadores, etc.) así como con otras las autoridades nacionales competentes (colaboración transfronteriza)[49].

f) Principio de mejora constante desarrollando herramientas e infraestructuras que permitan mejorar el aprendizaje normativo y la mitigación de riesgos.

Por último, nos parece importante señalar que en el RIA se contempla expresamente[50] el principio de responsabilidad por cualquier daño infligido a terceros como resultado de la experimentación realizada en el espacio controlado de pruebas por parte de los proveedores y proveedores potenciales. Estos serán

---

48 Respecto a las pymes y empresas emergentes se establece además en el artículo 62 del RIA una serie de medidas de apoyo que van desde el acceso prioritario a los *sandboxes* a la organización de actividades de sensibilización y formación adaptadas, fomentando su participación en los procesos de desarrollo de la estandarización.

49 *Cfr.* art. 57.4 RIA.

50 *Cfr.* art. 57.12 RIA.

responsables, salvo que demuestren que han respetado el plan específico y las condiciones de su participación y han seguido de buena fe las orientaciones proporcionadas por la autoridad nacional competentes.

4.3. CONDICIONES DE USO DE LOS DATOS PERSONALES EN EL *SANDBOX*

El RIA, en el marco de desarrollo de la actividad del *sandbox*, establece que los datos personales recabados lícitamente con otros fines podrán tratarse únicamente con el objetivo de desarrollar, entrenar y probar determinados sistemas de IA en el espacio controlado de pruebas.

No obstante, esta posibilidad se encuentra ampliamente limitada (como es lógico), debiendo concurrir de manera cumulativa una serie de elementos que podemos resumir de la siguiente manera:

a) En primer lugar, se ha de tratar de un sistema de IA que se desarrolle para que una autoridad pública u otra persona física o jurídica proteja un interés público esencial (salud pública, seguridad, protección del medio ambiente, sostenibilidad, movilidad, transporte, infraestructuras críticas o eficiencia de la administración pública).

b) En segundo lugar, que se trate de sistemas de IA de alto riesgo y que no puedan utilizarse otro tipo de datos para cumplir los requisitos establecidos respecto a dichos sistemas.

c) En tercer lugar, que hayan sido recabados de conformidad con el RGPD, teniendo que ser tratados en un entorno separado, aislado y protegido, debiendo preverse si pueden producirse riesgos para los derechos o libertades de los interesados; y que se conserven mientras dure la participación en el *sandbox*.

d) En cuarto lugar, que este tratamiento no de lugar a medidas o decisiones que afecten a los interesados ni afecte a la aplicación de sus derechos establecidos en el Derecho de la Unión en materia de protección de datos personales.

e) En quinto lugar, que se conserve una descripción completa y detallada del proceso y la lógica subyacentes al entrenamiento, la prueba y la validación del sistema de IA junto con los resultados del proceso de prueba, debiéndose publicar una breve síntesis del proyecto de IA desarrollado en el espacio controlado de pruebas, junto con sus objetivos y resultados previstos, en el sitio web de las autoridades competentes (sin que se incluyen datos operativos sensibles).

Por otro lado, se indica expresamente la posibilidad de que esta regulación que acabamos de indicar sea limitada tanto por el Derecho de la Unión Europea como por el derecho nacional[51].

4.4. LA POSIBILIDAD DE REALIZAR PRUEBAS DE SISTEMAS DE ALTO RIESGO FUERA DE LOS *SANDBOXES*

Esta especie de "excepción" dentro de los usos del *sandbox* aparece contemplada en los artículos 60 y 61 del RIA. Haremos una referencia de manera sucinta a la misma, señalando sus aspectos principales, ya que los detalles específicos de este tipo de procedimientos deberán ser desarrollados por la Comisión en un acto de ejecución.

Por el momento, el RIA contempla esta posibilidad para los sistemas de riesgo mencionados en su anexo III, pudiendo realizar estas pruebas en cualquier momento antes de su introducción en el mercado, siempre y cuando se respete un número importante de condiciones[52] entre las que destacamos las siguientes:

- (i) que los proveedores estén establecidos en la UE o tengan un representante legal en la UE;
- (ii) que el plan de la prueba haya sido aprobado por la autoridad de vigilancia del mercado del Estado miembro en que se vayan a realizar las pruebas;
- (iii) que la prueba sea registrada en la base de datos correspondiente de la UE;
- (iv) que las pruebas no duren más de seis meses (aunque podrán ser prorrogados por otros seis meses previa notificación a la autoridad de vigilancia del mercado; y
- (v) que los sujetos participantes cuenten con la protección adecuada y hayan dado su consentimiento informado.

En este caso, como no podía ser de otro modo, se atribuye la responsabilidad al proveedor o proveedor potencial del sistema de IA de alto riesgo de cualquier

---

51 *Cfr.* art. 59.3 RIA.

52 Las condiciones de este consentimiento informado se precisan en el artículo 61 del RIA, estableciéndose esencialmente que la información deberá ser concisa, clara, pertinente y comprensible, y comprender la naturaleza, objetivos, condiciones de realización, duración y derechos y garantías de su participación (entre ellas la de negarse a participar o poder abandonar la prueba).

daño causado en el transcurso de sus pruebas en condiciones reales, debiendo informar además de cualquier incidente grave detectado en el transcurso de las pruebas en condiciones reales a la autoridad nacional de vigilancia, tomando simultáneamente todas las medidas necesarias (bien reducción o bien suspensión de las pruebas).

III. EL RIA Y LA GOBERNANZA EUROPEA DE LA IA

El RIA busca establecer un marco de gobernanza que permita tanto coordinar y apoyar su aplicación a escala nacional, como desarrollar capacidades a escala de la Unión e integrar a las partes interesadas en el ámbito de la IA[53].

Este marco de gobernanza se estructura de manera orgánica mediante una serie de instituciones (cuyos aspectos principales veremos en el presente apartado) como son la Oficina de IA, el Comité Europeo de IA, el Foro Consultivo, el Grupo de Expertos Científicos Independientes y, claro está, las autoridades nacionales competentes.

Como es lógico, teniendo en cuenta que los desarrollos de la IA pueden afectar ámbitos regulados, habremos de estar a las normas y requisitos en materia de gobernanza establecidos sectorialmente[54].

1. LA OFICINA DE IA

La Oficina de IA se creó por Decisión de la Comisión, de 24 de enero de 2024, como parte de la estructura administrativa de la Dirección General de Redes de Comunicación, Contenido y Tecnologías de la Comisión Europea (DGCNECT), siendo el órgano clave en la implementación del sistema de gobernanza. Por otro lado, con la creación de esta oficina se busca reforzar el desarrollo y el uso de una IA fiable, fomentar de la cooperación internacional, así como la cooperación con instituciones, expertos y partes interesadas.

El RIA la reconoce como un órgano clave en la gobernanza de la IA y en la propia implementación del RIA. La Oficina de IA tiene atribuido un amplio abanico de funciones entre las que podemos destacar las siguientes:

---

53 *Cfr.* considerando 148 RIA.

54 Uno de los ejemplos paradigmáticos es el sistema financiero, debiéndose establecer una coordinación entre las autoridades competentes en este ámbito y las autoridades competentes de supervisar el cumplimiento del RIA.

a) El desarrollo de herramientas, metodologías e índices de referencia para evaluar las capacidades de los modelos de IA de uso general, en particular los modelos muy grandes con riesgos sistémicos.

b) La supervisión de la ejecución y la aplicación de las normas relativas a los modelos y sistemas de IA de uso general, en particular cuando el modelo y el sistema sean desarrollados por el mismo proveedor y de los riesgos imprevistos derivados de modelos de IA de uso general.

c) La investigación de posibles infracciones de las normas sobre modelos y sistemas de IA de uso general, la asistencia en la preparación de las decisiones de la Comisión y la realización de evaluaciones de conformidad con el RIA.

d) El apoyo de la aplicación de normas sobre prácticas de IA prohibidas y sistemas de IA de alto riesgo en coordinación con los organismos responsables en virtud de la legislación sectorial, en particular mediante la facilitación del intercambio de información y la colaboración entre las autoridades nacionales, la recopilación de notificaciones y la creación de plataformas y bases de datos de información, especialmente cuando un modelo o sistema de IA de uso general esté integrado en un sistema de IA de alto riesgo.

Además de las anteriores, son destacables, desde el punto de vista de cooperación, (i) la coordinación con otras autoridades que tengan capacidad sectorial de supervisión, (ii) la creación y coordinación de foros de cooperación tanto para los proveedores de sistemas como el desarrollo de la cooperación en el seno de la Comisión, entre otras instituciones y a nivel internacional.

Por otro lado, la Oficina de IA presta asistencia a la Comisión en la preparación de decisiones, en la elaboración de orientaciones y directrices para respaldar la aplicación práctica del RIA y el desarrollo de herramientas de apoyo, así como la preparación de peticiones de estandarización. Además debe fomentar y facilitar la elaboración de códigos de prácticas y códigos de conducta a escala de la Unión, realizando el seguimiento y evaluación de su aplicación.

Por último, es la secretaria del Comité Europeo de Inteligencia Artificial y de sus subgrupos, y debe prestar apoyo administrativo al foro consultivo y al grupo de expertos científico.

2. EL COMITÉ EUROPEO DE IA

El Comité se crea por el RIA con el objetivo prestar asesoramiento y asistencia a la Comisión y a los Estados miembros para facilitar la aplicación coherente y eficaz del RIA.

2.1. COMPOSICIÓN

Según lo establecido en el artículo 65 RIA, el Comité está compuesto por un representante por Estado miembro, estando presidido por uno de estos representantes y siendo la secretaria del Comité la Oficina Europea de IA (no pudiendo participar en las votaciones).

Los representantes serán designados por un período de tres años (renovable una vez), debiendo cada Estado miembro garantizar que tengan las capacidades adecuadas. Por otra parte, cada Estado miembro deberá asegurar que estos representantes tienen los poderes pertinentes en su Estado miembro para poder contribuir activamente al cumplimiento de las funciones.

Este Comité contará con dos subgrupos permanentes, uno de cooperación e intercambio entre las autoridades de vigilancia del mercado, y otro de notificación a las autoridades cuestiones relacionadas con la vigilancia del mercado y los organismos notificados (aunque puede establecer otros subgrupos de carácter permanente o temporal).

Su organización interna será determinada por su Reglamento interno, que deberá respetar los principios de objetividad e imparcialidad y será adoptado por los miembros del comité, necesitándose, para su aprobación, dos tercios de los mismos.

2.2. FUNCIONES

Fundamentalmente, el Comité tiene las funciones de asesoramiento y asistencia a la Comisión y a los Estados miembros. El RIA desarrolla estas funciones tan amplias en una larga lista no exhaustiva[55], entre las que destacaremos las siguientes:

(i) contribuir a la armonización de las prácticas administrativas en los Estados miembros;

---

[55] *Cfr.* art. 66 RIA.

(ii) emitir recomendaciones y dictámenes por escrito en relación con cualquier asunto pertinente relacionado con la ejecución del RIA y con su aplicación coherente y eficaz;

(iii) apoyar a la Comisión en la promoción de la alfabetización en materia de IA;

(iv) contribuir a la cooperación efectiva entre los distintos agentes y autoridades implicados;

(v) asistir a las autoridades nacionales competentes y a la Comisión en el desarrollo de los conocimientos técnicos y organizativos;

(vi) asistir a la Oficina Europea de IA en el apoyo a las autoridades nacionales competentes para el establecimiento y el desarrollo de los *sandboxes*; y

(vii) emitir dictámenes para la Comisión sobre las alertas cualificadas relativas a modelos de IA de uso general y recibir dictámenes de los Estados miembros sobre estas alertas y sobre las experiencias y prácticas nacionales en materia de supervisión y ejecución de los sistemas de IA.

3. EL FORO CONSULTIVO

El foro consultivo se crea por el RIA[56] para proporcionar conocimientos técnicos y asesorar al Comité y a la Comisión, y estará compuesto, por consiguiente, por miembros con conocimientos especializados reconocidos en el ámbito de la IA.

3.1. COMPOSICIÓN

El RIA indica que estará compuesto de una selección equilibrada de partes interesadas, incluidos la industria, las empresas emergentes, las pymes, la sociedad civil y el mundo académico, teniendo el mandato de los miembros del foro una duración de dos años (pudiéndose prorrogarse un máximo de cuatro años).

Por otro lado, señala que la composición del foro consultivo estará equilibrada en lo que respecta a los intereses comerciales y los no comerciales y, dentro de la categoría de los intereses comerciales, en lo que respecta a las pymes y otras empresas.

---

56 *Cfr.* art. 67 RIA.

Además, el RIA, determina como miembros permanentes del foro consultivo los siguientes: la Agencia de los Derechos Fundamentales de la Unión Europea, la Agencia de la Unión Europea para la Ciberseguridad (ENISA), el Comité Europeo de Normalización (CEN), el Comité Europeo de Normalización Electrotécnica (CENELEC) y el Instituto Europeo de Normas de Telecomunicaciones (ETSI).

El foro tendrá dos copresidentes con un mandato de dos años renovable una vez, se reunirá por lo menos dos veces al año y podrá crear subgrupos permanentes o temporales.

3.2. FUNCIONES

La principal función de este foro, como su propio nombre indica, es consultiva, y podrá elaborar dictámenes, recomendaciones y contribuciones por escrito a petición del Comité o de la Comisión[57].

Por otro lado, está obligado a realizar un informe de actividad anual que deberá poner a disposición del público[58].

4. EL GRUPO DE EXPERTOS CIENTÍFICOS INDEPENDIENTES

Este grupo aparece contemplado en el RIA[59] aunque su creación queda delegada a la Comisión, la cual deberá adoptar las disposiciones pertinentes mediante un acto de ejecución. El objetivo que se pretende con la creación de este grupo es el refuerzo científico en la consecución de las garantías contempladas en el RIA.

4.1. COMPOSICIÓN

Se indica que este grupo estará compuesto de un conjunto de expertos (sin precisar número) seleccionados por la Comisión sobre la base de conocimientos científicos o técnicos actualizados en el ámbito de la IA, debiendo demostrar estos expertos no solo estos conocimientos y competencias, sino también su independencia con cualquier proveedor de sistemas de IA o de modelos de IA de

57 *Cfr.* art. 67.8 RIA.

58 *Cfr.* art. 67.10 RIA.

59 *Cfr.* art. 68 RIA.

uso general y su capacidad para llevar a cabo actividades con diligencia, precisión y objetividad.

4.2. FUNCIONES

El RIA atribuye a este Grupo las funciones generales de asesoramiento y apoyo a la Oficina Europea de IA. No obstante, también se permite que los Estados miembros tengan recurso a expertos de este grupo para que apoyen sus actividades de garantía del cumplimiento del RIA[60].

Dentro de las funciones que el RIA indica de manera ejemplificativa, destacaremos las siguientes:

i) la alerta a la Oficina Europea de IA sobre los posibles riesgos sistémicos a escala de la Unión de modelos de IA de uso general;
ii) el desarrollo de herramientas y metodologías para evaluar las capacidades de los sistemas y modelos de IA de uso general;
iii) el asesoramiento sobre la clasificación de modelos de IA; y
iv) el apoyo a la labor de las autoridades de vigilancia del mercado y de la Oficina Europea de IA, a petición de estas.

Este Grupo deberá llevar a cabo sus funciones con imparcialidad y objetividad, garantizando la confidencialidad de la información y los datos obtenidos en el ejercicio de sus funciones y actividades.

5. LAS AUTORIDADES NACIONALES COMPETENTES

Las autoridades nacionales competentes[61] son el elemento clave a nivel de cada Estado miembro para la conformación de un sistema de gobernanza sólido.

El RIA determina que cada Estado miembro establecerá o designará al menos una autoridad notificante y al menos una autoridad de vigilancia del mercado como autoridades nacionales competentes a los efectos del presente Reglamento, debiendo comunicar su identidad a la Comisión y debiendo facilitar la información sobre la forma de contacto del público con las mismas antes de que transcurran doce meses de la entrada en vigor del RIA.

---

[60] *Cfr.* art. 69 RIA.

[61] *Cfr.* art. 70 RIA.

Estas autoridades deberán estar dotadas de suficientes recursos técnicos, financieros y humanos[62], y de infraestructuras adecuadas[63].

Por último se indica que estas autoridades deberán ejercer sus poderes de manera independiente, imparcial y sin sesgos, a fin de preservar la objetividad de sus actividades y funciones, y podrán proporcionar orientaciones y asesoramiento sobre la aplicación del presente Reglamento, en particular a las pymes —incluidas las empresas emergentes o *startups*—, teniendo en cuenta las orientaciones y el asesoramiento del Comité y de la Comisión.

6. REFERENCIA A LA AGENCIA ESPAÑOLA DE SUPERVISIÓN DE LA INTELIGENCIA ARTIFICIAL (AESIA)

En España, ya en el año 2019 el Ministerio de Ciencia, Innovación y Universidades aprobó la Estrategia Española de I+D+i en Inteligencia Artificial, alineada con la europea, que como hemos apuntado fue presentada el año anterior. En el año 2020, tras la aprobación del Libro Blanco sobre la Inteligencia Artificial por la Comisión Europea, el Ministerio de Asuntos Económicos y Transformación Digital incluyó, dentro de la Agenda España Digital 2025, la elaboración de una Estrategia Nacional de Inteligencia Artificial, que fue aprobada por el Consejo de Ministros el 1 de diciembre de 2020, y de la Carta de Derechos Digitales[64], que vio la luz el 14 de julio de 2021 y reconoce, sin carácter normativo, derechos de la ciudadanía en relación con la inteligencia artificial.

El Plan Nacional de Recuperación, Transformación y Resiliencia del año 2021 hizo suyas estas medidas en materia de inteligencia artificial en el marco de la política española de ciencia e innovación. Con posterioridad, el entonces Ministerio de Asuntos Económicos y Transformación Digital aprobó la Agenda España Digital 2026, que es una actualización de la Agenda España Digital

---

[62] Concretamente, el personal de estas autoridades deberá tener un conocimiento profundo de las tecnologías de IA, datos y computación de datos, protección de los datos personales, ciberseguridad, los riesgos para los derechos fundamentales, la salud y la seguridad, y conocimientos acerca de las normas y requisitos legales vigentes.

[63] El art. 70.6 RIA establece además que los Estados miembros deberán presentar periódicamente un informe a la Comisión sobre los estados de los recursos financieros y humanos de las autoridades nacionales competentes, incluyendo una evaluación de su idoneidad.

[64] Sobre ella, puede verse *in extenso* BARRIO ANDRÉS, M., *Los derechos digitales y su regulación en España, la Unión Europea e Iberoamérica*, Editorial Colex, A Coruña, 2023 y disponible en abierto en https://www.moisesbarrio.es/pdf/libro_derechos_digitales_regulacion.pdf

2025, en la que se contempla la creación de la Agencia Española de Supervisión de la Inteligencia Artificial, que "*se encargará de la promoción del desarrollo y uso responsable, sostenible y confiable de la inteligencia artificial, y, cuando el marco normativo así la habilite, de la supervisión del marco de aplicación para la puesta en marcha o comercialización de sistemas que incluyan inteligencia artificial y que puedan suponer riesgos significativos para la salud, seguridad y los derechos fundamentales*".

La creación de la Agencia Española de Supervisión de la Inteligencia Artificial, como organismo público vinculado o dependiente de la Administración General del Estado, debe realizarse "por Ley", tal y como dispone el artículo 91.1 de la Ley 40/2015, de 1 de octubre, de Régimen Jurídico del Sector Público (LRJSP).

En el caso de dicha Agencia, la disposición adicional centésimo trigésima de la Ley 22/2021, de 28 de diciembre, de Presupuestos Generales del Estado para el año 2022 autoriza al Gobierno a impulsar una ley para su creación "como Agencia Estatal".

La disposición adicional séptima de la Ley 28/2022, de 21 de diciembre, de fomento del ecosistema de las empresas emergentes, por su parte, dispone:

> *"Uno. De acuerdo con lo previsto en el artículo 91 de la Ley 40/2015, de 1 de octubre, de Régimen Jurídico del Sector Público, se autoriza la creación de la Agencia Española de Supervisión de Inteligencia Artificial, como organismo público con personalidad jurídica pública, patrimonio propio, plena capacidad de obrar y potestades administrativa, inspectora y sancionadora que se le atribuyan en aplicación de la normativa nacional y europea en relación con el uso seguro y confiable de los sistemas de inteligencia artificial.*
>
> *Dos. La actuación de la Agencia responderá a los siguientes fines:*
>
> *a) La concienciación, divulgación y promoción de la formación, y del desarrollo y uso responsable, sostenible y confiable de la inteligencia artificial.*
>
> *b) La definición de mecanismos de asesoramiento y atención a la sociedad y a otros actores relacionados con el desarrollo y uso de la inteligencia artificial.*
>
> *c) La colaboración y coordinación con otras autoridades, nacionales y supranacionales, de supervisión de inteligencia artificial.*
>
> *d) El fomento de entornos reales de prueba de los sistemas de inteligencia artificial, para reforzar la protección de los usuarios.*
>
> *e) La supervisión de la puesta en marcha, uso o comercialización de sistemas que incluyan inteligencia artificial y, especialmente, aquellos que puedan suponer riesgos significativos para la salud, seguridad y los derechos fundamentales.*
>
> *Tres. La Agencia estará adscrita a la Secretaría de Estado de Digitalización e Inteligencia Artificial del Ministerio de Asuntos Económicos y Transformación Digital. Se regirá por lo establecido en su estatuto orgánico y por lo dispuesto en la Ley 40/2015, de 1 de octubre, de Régimen Jurídico del Sector Público.*

Cuatro. La asistencia jurídica, consistente en el asesoramiento y la representación y defensa en juicio de la Agencia, corresponderá a los Abogados del Estado integrados en el Servicio Jurídico del Estado".

Por último, el régimen se completa con el Estatuto de la Agencia Española de Supervisión de la Inteligencia Artificial, que ha sido aprobado por Real Decreto 729/2023, de 22 de agosto.

Como establece el artículo 4 del Estatuto, corresponde a la Agencia llevar a cabo tareas de supervisión, el asesoramiento, la concienciación y la formación dirigidas a entidades de derecho público y privado para la adecuada implementación de toda la normativa nacional y europea en torno al adecuado uso y desarrollo de los sistemas de inteligencia artificial, más concretamente, de los algoritmos. Además, la AESIA ostenta la función de inspección, comprobación, sanción y demás que le atribuya la normativa europea que le resulte de aplicación y, en especial, en materia de inteligencia artificial.

La Agencia, dentro del ámbito de competencias correspondientes al Estado, tiene por objeto la minimización de los riesgos que puede suponer el uso de esta tecnología, el adecuado desarrollo y potenciación de los sistemas de inteligencia artificial. En el ámbito de la competencia estatal, ejercerá las funciones de autoridad responsable de la supervisión, y en su caso sanción, de los sistemas de inteligencia artificial con el objeto de eliminar o reducir los riesgos para la integridad, la intimidad, la igualdad de trato y la no discriminación y demás derechos fundamentales que pueden verse afectados por el mal uso de los sistemas.

Asimismo, la actuación de la Agencia responderá a los siguientes fines:

a) La concienciación, divulgación y promoción de la formación, y del desarrollo y uso responsable, sostenible y confiable de la inteligencia artificial.

b) La definición de mecanismos de asesoramiento y atención a la sociedad y a otros actores relacionados con el desarrollo y uso de la inteligencia artificial.

c) La colaboración y coordinación con otras autoridades supervisoras, nacionales y supranacionales.

d) El fomento de entornos reales de prueba de los sistemas de inteligencia artificial —el *sandbox*—, para reforzar la protección de los usuarios y evitar sesgos discriminatorios.

e) La supervisión de la puesta en marcha, uso o comercialización de sistemas que incluyan inteligencia artificial y, especialmente, aquellos que puedan suponer riesgos significativos para los derechos fundamentales.

Capítulo V
VIGILANCIA POSTCOMERCIALIZACIÓN, CÓDIGOS DE CONDUCTA Y DIRECTRICES

MARGARITA CASTILLA BAREA
Catedrática de Derecho Civil[1]

I. INTRODUCCIÓN

Las materias a que se refiere este capítulo del estudio del Reglamento Europeo de Inteligencia Artificial (en adelante, RIA, el Reglamento o Ley de Inteligencia Artificial) están reguladas en dos capítulos consecutivos que ocupan los ordinales noveno y décimo de los trece en que se estructura la norma europea y que se dividen en un total de veinticinco artículos. Así, serán objeto de nuestra atención en estas páginas:

a) el capítulo IX, sobre "*Vigilancia poscomercialización, intercambio de información y vigilancia del mercado*" (arts. 72 a 94 RIA); y
b) el capítulo X, dedicado a "*Códigos de conducta y directrices*" (arts. 95 y 96 RIA).

Para lograr los objetivos que invoca en su art. 1.1 RIA[2], tanto la estructura como el contenido de las disposiciones del RIA giran en torno a una idea capital:

---

1 Este trabajo es resultado del Proyecto de I+D+i PID2019-108669RB-I00/AEI/10.13039/501100011033 "Derecho e Inteligencia Artificial: nuevos horizontes jurídicos de la personalidad y la responsabilidad robóticas", del que soy investigadora principal.

2 Según el tenor literal del art. 1.1 RIA: "*El objetivo del presente Reglamento es mejorar el funcionamiento del mercado interior y promover la adopción de una inteligencia artificial (IA) centrada en el ser humano y fiable, garantizando al mismo tiempo un elevado nivel de protección de la salud, la seguridad y los derechos fundamentales consagrados en la Carta, incluidos la democracia, el Estado de Derecho y la protección del medio ambiente, frente a los efectos perjudiciales de los sistemas de IA (en lo sucesivo "sistemas de IA") en la Unión así como prestar apoyo a la innovación*". El precepto comienza refiriéndose en singular a un único objetivo para inmediatamente introducir cumulativamente hasta cuatro posibles finalidades a las que la norma dice servir y que se van encadenando sucesivamente mediante la adición

garantizar que, a partir de su entrada en vigor, todas las inteligencias artificiales[3] que puedan introducirse en el mercado de la Unión Europea cumplan con los requisitos que la propia norma establece para cada categoría de sistemas[4] o modelos de IA[5] pero no de modo puntual o a modo de foto fija en el momento de ingresar en el mercado, sino de forma permanente o continuada durante todo

---

de verbos en infinitivo unidos por la conjunción copulativa "y": mejorar el mercado interior, promover una IA antropocéntrica y fiable, garantizar un elevado nivel de protección de los derechos fundamentales y otros bienes jurídicos especialmente valiosos en sistemas democráticos como son los de los países que conforman la Unión Europea y prestar apoyo a la innovación.

Sin embargo, aunque la intención del legislador al usar esta fórmula haya sido la de poner en pie de igualdad la importancia de todos estos aspectos o no dar pie a minusvalorar la trascendencia de ninguno de ellos, parece obvio que la redacción de la norma no es muy afortunada. El objetivo puede unificarse, sí, para formularse en singular, con una redacción alternativa que, empleando prácticamente las mismas palabras elegidas por el legislador, podría ser esta: "El objetivo del presente Reglamento es mejorar el funcionamiento del mercado interior de sistemas de IA, estableciendo normas que permitan la promoción de una inteligencia artificial fiable y centrada en el ser humano, que garanticen al mismo tiempo un elevado nivel de protección en la Unión de la salud, la seguridad y los derechos fundamentales consagrados en la Carta, incluidos la democracia, el Estado de Derecho y la protección del medio ambiente frente a los efectos perjudiciales de los sistemas de IA y que presten apoyo a la innovación".

3 Hablamos de inteligencias artificiales con el fin de incluir en la expresión a cualesquiera sistemas y modelos de IA, términos estos que, como es sabido, aparecen dotados de un sentido propio en la versión aprobada del RIA y para los que también se particularizan ciertas reglas a lo largo del citado cuerpo normativo.

4 La definición de "sistema de IA" inaugura las contenidas en el art. 3 RIA: "*un sistema basado en una máquina que está diseñado para funcionar con distintos niveles de autonomía y que puede mostrar capacidad de adaptación tras el despliegue, y que, para objetivos explícitos o implícitos, infiere de la información de entrada que recibe la manera de generar resultados de salida, como predicciones, contenidos, recomendaciones o decisiones, que pueden influir en entornos físicos o virtuales*".

5 El art. 3.63) RIA emplea una definición tautológica cuando ofrece su concepto de "modelo de IA de uso general", ya que, sin haber previamente aclarado qué se entiende por modelo de IA en sentido amplio, señala que el primero es "*un modelo de IA, también uno entrenado con un gran volumen de datos utilizando autosupervisión a gran escala, que presenta un grado considerable de generalidad y es capaz de realizar de manera competente una gran variedad de tareas distintas, independientemente de la manera en que el modelo se introduzca en el mercado, y que puede integrarse en diversos sistemas o aplicaciones posteriores, excepto los modelos de IA que se utilizan para actividades de investigación, desarrollo o creación de prototipos antes de su introducción en el mercado*".

su ciclo de vida, particularmente, cuando se trate de inteligencias artificiales que comporten altos riesgos[6].

Estos requisitos están orientados a erradicar o minimizar los riesgos que cualquier sistema o modelo de IA —desde el menos capaz o sencillo, hasta el más potente y sofisticado— pueda llegar a suponer en algún momento de su vida útil para los derechos de las personas, en especial, para su vida y salud, su seguridad y sus derechos fundamentales. Para lograr este objetivo y aun siendo, obviamente, importantísimas, no basta con establecer normas para controlar *ex ante* que tales sistemas y modelos de IA resultan conformes con lo que se les requiere para ser introducidos o puestos en servicio en el mercado interior —que es a lo que propenden las reglas sobre clasificación, evaluación de la conformidad, obligaciones de transparencia y demás reglas establecidas esencialmente en los capítulos III a V del RIA—, sino que también es preciso implementar herramientas que, a través de la observación del comportamiento de estos sistemas durante toda su vida útil, permitan garantizar ese mismo nivel de cumplimiento o conformidad *ex post*, esto es, en cualquier momento ulterior al de su introducción o puesta en servicio en el mercado de la Unión.

Y aún más; con la vigilancia del mercado se pretende establecer un mecanismo que permita incluso ir adaptando los sistemas de IA ya introducidos en el mismo a las nuevas exigencias que plantee la identificación de riesgos que aún eran desconocidos o no se habían relacionado con alguno de estos sistemas en particular en el momento en que se declaró su conformidad y se les permitió ingresar al mercado. El capítulo IX del RIA se dedica, justamente, a establecer los mimbres y las reglas de funcionamiento de lo que, en términos generales, podemos denominar mecanismo de vigilancia del mercado, cuya función consiste en garantizar que los sistemas y modelos de IA mantengan su adecuación a las prescripciones legales aun después de haber sido introducidos o puestos en servicio en el mercado de la Unión y durante todo su ciclo de vida.

---

6 Las alusiones al "ciclo de vida" de las inteligencias artificiales, como referencia temporal durante la cual han de mantener los requisitos que, en cada caso, se les imponen, se efectúan en doce ocasiones en el RIA: a propósito de cualquier sistema de IA, en el considerando 69; respecto a los sistemas de IA de alto riesgo, en los considerandos 65, 73 y 74; en los arts. 9.2, 12.1, 15.1, 40.2 y en el punto 6 del anexo VI; finalmente, aparecen en los considerandos 101, 114, y 115 respecto de los modelos de IA de uso general.

En otro orden de ideas, la fuerza de la componente tecnológica de estos sistemas y la experiencia acumulada en amplios sectores de la industria y la economía previamente regulados y sujetos a importantes normas de armonización del Derecho de la Unión Europea, han puesto de relieve la importancia y la necesidad de que el legislador (ya sea europeo, nacional o incluso autonómico en el caso de España) comparta el protagonismo del proceso regulatorio, en cuanto concierne a la elaboración de las normas aplicables en sus respectivos ámbitos competenciales, con la mayor variedad posible de partes interesadas. Entre estas, lógicamente, destacan, por su conocimiento especializado, quienes de forma más directa participan en el diseño, perfeccionamiento, entrenamiento, fabricación, comercialización o puesta en servicio y mantenimiento —sea cual sea su personalidad, forma jurídica y tamaño— de los sistemas inteligentes sobre los que se centra el RIA, a quienes, *grosso modo* y prescindiendo en este momento de la puridad técnico-jurídica con que se emplean los términos en el texto europeo, podemos denominar como "proveedores" y "responsables del despliegue" de los sistemas y modelos de IA sobre los que versa el RIA.

Así, como en muchos otros sectores industriales y, en general, regulados, el RIA apuesta por un modelo de corregulación, en el que conviven normas imperativas y dispositivas pero de Derecho puro, con otras procedentes en distinto grado y medida de la autonomía de la voluntad de los sujetos privados que, teniendo en cuenta su propia realidad y necesidades, o bien elaboran normas que ulteriormente el poder público sancionará como obligatorias a pesar de su inicial origen (como es el caso de los códigos de buenas prácticas, por ejemplo), o bien incluso se autoimponen o aceptan voluntariamente por sus destinatarios (como es el caso de los códigos de conducta). Lo destacable en este contexto es que los conocimientos y la experiencia de legisladores y partes interesadas se ponen juntamente al servicio de la elaboración de una normativa más ajustada a los problemas cotidianos que esta trata de afrontar y con una eficacia previsiblemente mayor, dado que también suele serlo la adherencia de los destinatarios a las normas en cuya elaboración se les ha tenido en cuenta e involucrado activamente. El capítulo X dedica su atención a dos instrumentos normativos concretos que comparten protagonismo en el escenario descrito: los códigos de conducta y las directrices de la Comisión Europea.

II. ANÁLISIS DEL CAPÍTULO IX. VIGILANCIA POSCOMERCIALIZACIÓN, INTERCAMBIO DE INFORMACIÓN Y VIGILANCIA DEL MERCADO

El capítulo IX al que se dedica este epígrafe es el segundo capítulo más extenso en número de artículos de los trece en que se estructura el RIA[7]. Los veintitrés preceptos que lo conforman están organizados en cinco secciones de dispar extensión —la primera y la segunda comprenden un solo precepto cada una de ellas (arts. 72 y 73 RIA, respectivamente), la tercera alberga once artículos (arts. 74 a 84 RIA), la cuarta tres (arts. 85 a 87 RIA) y la quinta y última siete (arts. 88 a 94 RIA)—.

Antes de abordar su contenido, resulta oportuno destacar que el legislador europeo, a la hora de acometer la elaboración de este capítulo IX, ha tenido muy en cuenta el acervo comunitario acumulado en materia de vigilancia del mercado y ha tomado como punto de partida el Reglamento (UE) 2019/1020 del Parlamento Europeo y del Consejo, de 20 de junio de 2019, relativo a la vigilancia del mercado y la conformidad de los productos y por el que se modifican la Directiva 2004/42/CE y los Reglamentos (CE) nº 765/2008 y (UE) nº 305/2011 —en adelante, Reglamento (UE) 2019/1020 o RVM—. Como habrá ocasión de comprobar, hay múltiples remisiones explícitas al mismo en las disposiciones del RIA que debemos analizar aquí.

1. ¿A QUÉ SE REFIERE LA RÚBRICA DEL CAPÍTULO IX DEL RIA CUANDO ALUDE SEPARADAMENTE A VIGILANCIA POSCOMERCIALIZACIÓN, INTERCAMBIO DE INFORMACIÓN Y VIGILANCIA DEL MERCADO? SU CONTENIDO

El objetivo de garantizar que en el mercado interior de la UE circulen solo sistemas y modelos de IA que, de acuerdo con lo ya expuesto en la introducción, cumplan durante todo su ciclo de vida con cuantos requisitos establece el RIA en función de su clasificación y usos, exige involucrar en esta tarea a múltiples agentes de naturaleza diversa, tanto pública ("autoridades", en sentido amplio), como privada (proveedores, responsables del despliegue y cualesquiera otros operadores económicos, sociedad civil, etc.). Cuando la rúbrica del capítulo IX

---

[7] Solo por detrás del capítulo III, sistemas de IA de alto riesgo, que da cabida a un total de cuarenta y tres preceptos organizados también en cinco secciones (arts. 6 a 49 RIA).

del RIA efectúa una mención separada a estos tres elementos que, en resumidas cuentas, pueden considerarse como aspectos, facetas o perspectivas de lo que en su más amplio sentido podríamos denominar simplemente como "vigilancia del mercado"[8], parece querer distinguir, con tres denominaciones genéricas pero con algún matiz distintivo entre sí, a cada conjunto de obligaciones y potestades o facultades que se asignan respectivamente a cada uno de los agentes principales, públicos y privados, a los que el legislador necesariamente debe situar de forma conjunta y simultánea en un mismo escenario si quiere lograr de forma efectiva ese pregonado objetivo común de lograr un mercado interior de inteligencias artificiales asumibles por la ciudadanía y respetuosas con los valores esenciales de la Unión Europea. Sobre esta base y desde un punto de vista amplio, hablaremos de "mecanismo de vigilancia del mercado" para referirnos a la estructura que resulta de todo el capítulo IX en su conjunto y que incluye tanto la determinación de los distintos actores a los que el legislador europeo ha querido atribuir funciones o cometidos concretos en este contexto, como el conjunto de reglas y procedimientos establecidos para que cada uno de ellos, de acuerdo con su naturaleza y función, pero de forma sistematizada e interrelacionada, pueda llevarlos a cabo; reglas y procedimientos que atienden a una variedad de supuestos y situaciones que el legislador ha previsto que pueden presentarse en la práctica.

Desde nuestro punto de vista, la ya aludida triple distinción entre vigilancia poscomercialización, intercambio de información y vigilancia del mercado que sugiere la rúbrica del capítulo IX del RIA no resulta conveniente ni operativa y, más allá del afán de reflejar de forma aditiva pero abreviada los contenidos que aparecen parcelados *ad internum* del propio capítulo, merced a su división en secciones, tampoco es fácil justificarla. Incluso si es un mimetismo sincrético lo que está tras este rótulo, cabría señalar que el resultado es, en cierta medida, fallido, puesto que, al menos a primera vista, han quedado fuera de aquél los asuntos de que se ocupan las secciones 4 y 5. De ahí que, en nuestra opinión,

---

8 En ocasiones y para distinguir el todo de la parte con la que se puede confundir, podremos emplear para referirnos a la vigilancia del mercado en su más amplio sentido la expresión "mecanismo de vigilancia del mercado". Somos conscientes de que esta puede no ser del todo apropiada desde un punto de vista técnico, pero la empleamos con una declarada intención utilitaria y auxiliar de nuestra exposición. Habríamos preferido poder hablar de "sistema de vigilancia del mercado" para designar a eso que alternativamente llamamos "mecanismo", pero hemos debido huir conscientemente de esa expresión porque, como veremos enseguida, en el RIA se le atribuye un sentido propio y solo relacionado con uno de los agentes que participan en la vigilancia del mercado: los operadores económicos.

hubiera sido preferible optar por una rúbrica de corte más amplio, de perspectiva más omnicomprensiva y general. Sí afloran en la que se ha consolidado en la versión corregida del RIA las materias que abordan las tres primeras secciones del capítulo, cada una de las cuáles, a nuestro modo de ver, enfoca más de cerca el papel de unos determinados agentes o actores de eso que hemos dado en llamar "mecanismo de vigilancia del mercado". Ofrecemos, al respecto, algunas apreciaciones:

a) La mención que hace la rúbrica del capítulo IX a la vigilancia poscomercialización —y que se emplea asimismo para rotular, en solitario, la sección 1 del capítulo IX, integrada por el art. 72 RIA— debe relacionarse de manera más inmediata con los proveedores de determinados sistemas de IA a quienes, por su mayor cercanía con los mismos, se hace responsables directos de diseñar e implementar un "sistema de vigilancia poscomercialización" de los sistemas de IA que les conciernen y del que constituirá pieza clave el "plan de vigilancia poscomercialización".
b) La referencia específica que hace la rúbrica del capítulo IX al intercambio de información debe relacionarse específicamente con su sección 2 que, justamente, parte de esa expresión para presentar su contenido como el relativo al "intercambio de información sobre incidentes graves", y que está compuesta exclusivamente por el art. 73 RIA. Si el precepto anterior contemplaba únicamente a los proveedores de determinados sistemas de IA, desenvolviéndose en solitario en su ámbito interno de control, ahora hacen su aparición otros actores del mercado interior con los que aquellos deben necesariamente interactuar en múltiples ocasiones: las autoridades de vigilancia del mercado de los Estados miembros de la UE. El art. 73 RIA se refiere específicamente a un caso de intercambio de información obligada, el acaecimiento de incidentes graves, pero en realidad y como se comprobará a medida que avancemos en la exposición del contenido de las normas que integran el capítulo IX, hay muchos otros casos en que se contemplan situaciones de intercambio de información necesaria u obligatoria entre diversos agentes del mecanismo de vigilancia del mercado. Tratándose de incidentes graves, la información también debe llegar de inmediato a la Comisión Europea, de suerte que en este precepto en particular ya se sitúa en un mismo escenario a los operadores económicos, a las autoridades nacionales de vigilancia del mercado y a la propia Comisión.

c) En cuanto a la tercera y última componente de la rúbrica del capítulo IX, la vigilancia del mercado —que de modo genérico y omnicomprensivo de cuanto antecede podría haber servido sin más, en nuestra opinión, para introducir el meritado capítulo—, no se reproduce de forma literal en los rótulos que presiden ninguna de las otras tres secciones que lo conforman. Parece claro, sin embargo, que guarda una relación más directa con la sección 3 —de hecho, el art. 74 que la inaugura sí se refiere en su título a la vigilancia del mercado—. Las protagonistas indiscutibles de la sección 3 —de entre un conjunto plural y más diverso de actores que también entran en escena en supuestos y momentos concretos— son las ya mencionadas autoridades nacionales de vigilancia del mercado, a las que se les asigna en dicha sección el cometido de proporcionar la necesaria garantía del cumplimiento de cuantas exigencias impone el RIA (y demás legislación, en su caso, aplicable) a ciertas inteligencias artificiales para mantenerse en el mercado de la Unión.

De acuerdo con lo expuesto, como ya se apuntó más arriba, parecerían no tener un reflejo directo en la rúbrica del capítulo IX los contenidos de sus secciones 4 y 5, lo que también aboga por la necesidad de interpretar en sus más amplios sentidos posibles todos los elementos de la consabida rúbrica.

La sección 4, a pesar de referirse impropiamente en nuestra opinión a "*vías de recurso*", da entrada en el mecanismo de vigilancia del mercado a cualquier persona física o jurídica que desee evidenciar infracciones de la normativa aplicable por parte de cualquier operador, invocando además la protección jurídica que ya establece el Derecho de la Unión para las personas denunciantes. Además, en un orden de asuntos completamente distinto del anterior, se incluye en esta sección el reconocimiento, en ciertos casos, del derecho de aquellas personas a solicitar explicaciones sobre la toma de decisiones que les afecten individualmente y de las que haya sido determinante el uso de ciertas inteligencias artificiales.

Finalmente, la sección 5 está constituida por un conjunto de reglas especiales que determinan que la vigilancia del mercado se lleve a cabo de un modo diferente cuando se trata de los modelos de IA de uso general, con respecto al que se establece —sobre todo en la sección 3— para los sistemas de IA. Se reserva la competencia en este ámbito a la Comisión, en los términos que desarrollaremos en su momento, sin perjuicio de las que, con arreglo a los Tratados, correspondan a los Estados miembros. Lo destacable en este punto es que se ha querido someter a estos modelos de IA de uso general, con unas potencialidades tan disruptivas como las que actualmente se les reconocen, a una suerte de control cualificado, en el que la responsabilidad última de la vigilancia del mercado es asumida directamente por la Comisión que, no obstante, deberá contar e interactuar con los demás actores del mercado en los términos que establecen los arts. 88 a 94 RIA.

Expuestos en sus rasgos esenciales tanto la sistemática como el contenido del capítulo IX del RIA, procede ya escrutar con algo más de detalle sus disposiciones. Para no confundir al lector, seguiremos en nuestra exposición la senda que marcan sus cinco secciones sin perjuicio de que en el tratamiento concreto de algunas de ellas podamos organizar nuestro discurso con menor sujeción al orden secuencial en que aparecen los diversos preceptos que en ocasiones las conforman.

2. SECCIÓN 1: VIGILANCIA POSCOMERCIALIZACIÓN

El art. 72 RIA, sobre "*Vigilancia poscomercialización por parte de los proveedores y plan de vigilancia poscomercialización para sistemas de IA de alto riesgo*" integra en solitario la primera sección del capítulo IX del RIA[9]. Debe destacarse que su ámbito de aplicación se restringe a los proveedores de sistemas de IA de alto riesgo, por lo que quedan fuera del mismo cualesquiera otras inteligencias artificiales que no respondan a esta clasificación.

La norma se halla en íntima conexión con el art. 17.1.h) RIA que contempla el sistema de vigilancia del mercado como uno de los aspectos que necesariamente deben integrar el sistema de gestión de la calidad que los proveedores de sistemas de IA de alto riesgo deben establecer para garantizar el cumplimiento del Reglamento. Allí se contempla la obligación de estos sujetos de establecer, aplicar y mantener un sistema de vigilancia poscomercialización, que, por su parte, define además el art. 3.25) RIA como el conjunto de "*todas las actividades realizadas por los proveedores de sistemas de IA destinadas a recoger y examinar la experiencia obtenida con el uso de sistemas de IA que introducen en el mercado o ponen en servicio, con objeto de detectar la posible necesidad de aplicar inmediatamente cualquier tipo de medida correctora o preventiva que resulte necesaria*".

Pues bien, de acuerdo con el art. 72.1 RIA, este sistema debe ser adecuado tanto a la naturaleza de las tecnologías de IA, como a los riesgos que implican los sistemas de IA calificados como de alto riesgo y, además, debe documentarse. En

---

9 Al art. 72 RIA se remiten, a su vez, los arts. 9.2.c), 12.2.b), 17.1.h) y 26.5, el punto 9 del anexo IV y el punto 4 del anexo VI del RIA.

este sentido, precisa el art. 72.2 RIA que dicho sistema conlleva recopilar, documentar y analizar activamente la información (a la que el precepto se refiere con la expresión "datos pertinentes", concepto no técnico y jurídicamente indeterminado) relativa al funcionamiento del sistema durante toda su vida útil y que puedan haber proporcionado al proveedor tanto los responsables del despliegue como "otras fuentes" cualesquiera, que la norma no especifica. Se trata de que esta información permita al proveedor evaluar que se cumplen de forma constante o permanente todos los requisitos que en la sección 2 del capítulo III del RIA se exigen a los sistemas de IA de alto riesgo[10]. Además de lo anterior y cuando proceda, resultará exigible como parte del sistema de vigilancia un análisis de la interacción con otros sistemas de IA (no especifica la norma si cualquiera de ellos o solo con los de alto riesgo). En todo caso, se excluyen de esta obligación de documentación los datos operativos sensibles de los responsables del despliegue que sean autoridades garantes del cumplimiento del Derecho. Ejemplo de ellas en España podría ser la Audiencia Nacional, por sus competencias en materia de investigación y prevención de ciertos delitos que comportan importantes amenazas para la seguridad pública[11].

De acuerdo con el art. 72.3 RIA, el plan de vigilancia poscomercialización es la base necesaria sobre la que se edifica o que sustenta el sistema de vigilancia poscomercialización. La norma no concreta en qué consiste dicho plan, pero sí precisa que, una vez elaborado, deberá formar parte de la documentación técnica del sistema de IA de alto riesgo[12]. Además, en aras de su homogeneización, encomienda a la Comisión Europea la preparación de un modelo de plan de vigilancia que deberá ser objeto de un acto de ejecución adoptado de acuerdo con el procedimiento del art. 98.2 RIA en un plazo no superior a los 18 meses desde la fecha de entrada en vigor del propio Reglamento.

El cuarto y último apartado del art. 72 es una norma de coordinación entre el RIA y las normas incluidas en el listado de actos legislativos de armonización de la Unión que, en su concreto sector o ámbito de aplicación, ya vengan exigien-

---

10 Se trata del cumplimiento de los requisitos a que se refiere el art. 8 y que desarrollan ulteriormente los arts. 9 a 15 en materia de gestión de riegos, datos y gobernanza de datos, documentación técnica, conservación de registros, transparencia y comunicación de la información a los responsables del despliegue, supervisión humana, precisión, solidez y ciberseguridad.

11 Sobre el concepto de "autoridad garante del cumplimiento del Derecho", *cfr.* art. 3.45) RIA.

12 A ella se refieren el art. 11 RIA y el anexo IV que contiene su listado. Concretamente el punto 9 del citado anexo se refiere al plan de vigilancia del mercado.

do la implementación de un sistema de vigilancia del mercado y la elaboración de su correspondiente plan. Así, cuando el sistema de IA de alto riesgo venga regulado por alguna de esas normas, el proveedor podrá optar por integrar tanto el sistema como el plan específico a los que se refieren los tres primeros apartados del art. 72 RIA en los sistemas y planes que ya existan en virtud de aquella legislación, siempre que se alcance un nivel de protección equivalente. Precisa el art. 72.4 RIA que, en todo caso, habrá que utilizar el modelo de plan de vigilancia que elabore la Comisión. Esta opción de integración, como puntualiza el propio precepto, se ofrece para garantizar la coherencia, evitar duplicidades y reducir las cargas adicionales que se imponen al proveedor. El último inciso del art. 72.4 RIA la hace extensiva también a los sistemas de IA de alto riesgo a los que se refiere el anexo III, punto 5 del RIA —inscritos en el ámbito del acceso a servicios privados esenciales y a servicios y prestaciones públicos esenciales y el disfrute de tales servicios y prestaciones— introducidos en el mercado o puestos en servicio por entidades financieras sujetas a requisitos relativos a su gobernanza, sus sistemas o sus procesos internos en virtud del Derecho de la Unión en materia de servicios financieros.

3. SECCIÓN 2: INTERCAMBIO DE INFORMACIÓN SOBRE INCIDENTES GRAVES

Al igual que la anterior, la sección 2 del capítulo IX del RIA también está integrada por un único precepto, el art. 73 RIA. Se trata de una norma extensa, dividida en once apartados que aparecen, en nuestra opinión, con una secuenciación un tanto caprichosa o arbitraria y una sistemática muy mejorable, aspectos que hacen de ella una norma farragosa y que dificultan innecesariamente y sobremanera su pronta y mejor comprensión. En aras de esta última, en nuestra exposición nos desviaremos cuando resulte preciso del orden concreto en que aparecen los distintos apartados del precepto.

En este sentido, en nuestra opinión, las disposiciones del art. 73 RIA se pueden sistematizar mejor siguiendo una secuencia cronológica que facilite su comprensión y según tengan que ver con las siguientes cuestiones:

a) las obligaciones que se imponen al proveedor del sistema de IA de informar del acaecimiento de un incidente grave (aps. 1, 9 y 10);
b) la práctica de la notificación en tiempo y forma (aps. 2 a 5);
c) la obligación correlativa del proveedor de realizar una investigación al respecto (ap. 6); y, por último,

d) las actuaciones que deben emprender las autoridades competentes consecutivamente a la recepción de una notificación de incidente grave (aps. 7, 8 y 11).

A continuación veremos cada uno de estos órdenes de cuestiones de forma más detenida.

3.1. LA OBLIGACIÓN DE INFORMAR DEL INCIDENTE GRAVE. SUJETOS OBLIGADOS Y OBJETO DE LA NOTIFICACIÓN EN LOS DISTINTOS SUPUESTOS CONTEMPLADOS POR EL PRECEPTO

El art. 73 RIA establece la obligación de los proveedores de sistemas de IA de alto riesgo de notificar a las correspondientes autoridades de vigilancia del mercado cualquier incidente grave que guarde una posible relación de causalidad con el funcionamiento de dichos sistemas. Esta obligación se impone a través de una norma de alcance general (art. 73.1) y otras dos de carácter especial, que limitan esta obligación de información solo a cierto tipo de incidentes graves cuando se trata de determinados proveedores y sistemas (art. 73.9 y 10). La especialidad del segundo supuesto excepcionado de la regla general se manifiesta también en la designación de la autoridad nacional competente a la que debe dirigirse la notificación (art. 73.10).

La regla general que establece el art. 73.1 RIA consiste en decretar la obligación de los proveedores de sistemas de IA de alto riesgo introducidos en el mercado de la Unión de notificar cualquier "incidente grave" a las autoridades de vigilancia del mercado de los Estados miembros en los que el mismo se haya producido. Para determinar qué se considera un incidente grave, hay que recurrir al art. 3.49) RIA, que lo define como "*un incidente o defecto de funcionamiento de un sistema de IA que, directa o indirectamente, tenga alguna de las siguientes consecuencias: a) el fallecimiento de una persona o un perjuicio grave para su salud; b) una alteración grave e irreversible de la gestión o el funcionamiento de infraestructuras críticas; c) el incumplimiento de obligaciones en virtud del Derecho de la Unión destinadas a proteger los derechos fundamentales; d) daños graves a la propiedad o al medio ambiente*".

De acuerdo con lo antedicho, la regla general del art. 73.1 RIA consistirá entonces en que todo proveedor de un sistema de IA de alto riesgo cuyo funcionamiento guarde relación con la producción de cualquiera de estas consecuencias, está constreñido por la obligación de notificarlo a las autoridades de vigilancia del mercado de cada uno de los Estados miembros que se hayan podido ver afectados por el incidente grave en cuestión.

Por su parte, las reglas especiales consignadas en los apartados 9 y 10 del art. 73 RIA, limitan el alcance objetivo de esta obligación de información para los proveedores de ciertos sistemas, quienes solo tendrán que notificar los incidentes graves que involucren el incumplimiento de las obligaciones del Derecho de la Unión destinadas a la protección de los derechos fundamentales, esto es, al supuesto del art. 3.49. letra c) RIA. En concreto, los apartados 9 y 10, respectivamente, limitan la obligación de notificación del proveedor a este tipo concreto de incidente grave cuando esté relacionado con los sistemas de IA de alto riesgo siguientes:

- Los mencionados en el anexo III del RIA y que hayan sido introducidos en el mercado o puestos en servicio por proveedores sujetos a instrumentos legislativos de la Unión, por los que se establezcan obligaciones de información equivalentes a las establecidas en el presente Reglamento (art. 73.9 RIA).
- Los que sean componentes de seguridad de dispositivos o que en sí mismos sean dispositivos, regulados por los Reglamentos (UE) 2017/745[13] y (UE) 2017/746[14] (art. 73.10 RIA). En el caso de esta segunda regla especial y como se adelantó al inicio de este apartado, la notificación debe hacerse a la autoridad nacional competente elegida para tal fin por los Estados miembros en los que se haya producido el incidente.

La razón de estas reglas particulares puede buscarse, nuevamente, en las mismas razones de mejora de la técnica legislativa (coherencia y evitación de duplicidades entre distintas normas de la Unión) y reducción de cargas innecesarias para el proveedor que ya pudimos mencionar al hilo del art. 72.4 RIA.

---

13 Reglamento (UE) 2017/745 del Parlamento Europeo y del Consejo, de 5 de abril de 2017, sobre los productos sanitarios, por el que se modifican la Directiva 2001/83/CE, el Reglamento (CE) nº 178/2002 y el Reglamento (CE) nº 1223/2009 y por el que se derogan las Directivas 90/385/CEE y 93/42/CEE del Consejo.

14 Reglamento (UE) 2017/746 del Parlamento Europeo y del Consejo, de 5 de abril de 2017, sobre los productos sanitarios para diagnóstico in vitro y por el que se derogan la Directiva 98/79/CE y la Decisión 2010/227/UE de la Comisión.

3.2. LA PRÁCTICA DE LA NOTIFICACIÓN DEL INCIDENTE GRAVE EN TIEMPO Y FORMA. EL PAPEL DEL RESPONSABLE DEL DESPLIEGUE DEL SISTEMA DE IA

La cuestión principal que encaran los apartados 2 a 4 del art. 73 RIA es la determinación de los plazos inicial y final a los que debe sujetarse el proveedor del sistema de IA de alto riesgo involucrado en un incidente grave para cumplir con la obligación de notificación en torno a la cual pivota todo el precepto. Si bien el *dies a quo* es el mismo con independencia de la naturaleza y magnitud del incidente grave que se haya producido, en materia de *dies ad quem* también cabe distinguir entre una regla general y un par de reglas especiales, que toman en consideración distintas posibles consecuencias del incidente grave que se debe notificar. Veamos:

Respecto al *dies a quo* para practicar la notificación, hay que destacar que no se sitúa en la fecha de acaecimiento del incidente grave, que por lo general será más fácil de establecer con seguridad o certeza que la que se ha designado al efecto. El art. 73.2 RIA ordena al proveedor efectuar la notificación tan pronto como tenga *conocimiento del incidente* y establezca la probabilidad razonable de que exista un nexo causal entre el mismo y el funcionamiento de su sistema de IA. La norma no es un dechado de claridad y es la primera que introduce en la ecuación al responsable del despliegue, al tomar en consideración también alternativamente para la determinación del *dies a quo* el momento en que este haya tenido conocimiento del incidente grave[15].

Más adelante en este mismo apartado haremos alguna reflexión sobre el papel que se otorga en este asunto al responsable del despliegue pero, centrándonos ahora en los plazos, es evidente que el proveedor y el responsable del despliegue pueden conocer el incidente en momentos distintos (¿cuál se tomará como referencia en ese caso?) y que la norma no parece contentarse con dicho conocimiento, sino que tiene en cuenta además el hecho de que el proveedor establezca una probabilidad razonable o tenga la certeza de que existe un vínculo de causalidad entre el funcionamiento de su sistema de IA y el incidente grave acaecido, lo

---

15 La norma establece lo siguiente: a) inmediatamente después de que el proveedor haya establecido un vínculo causal entre el sistema de IA y el incidente grave; b) inmediatamente después de que haya establecido la probabilidad razonable de que exista dicho vínculo; c) como cláusula de cierre y en cualquier caso, a más tardar 15 días después de que el proveedor, o en su caso, el responsable del despliegue, tengan conocimiento del incidente grave. Añade el precepto que los plazos no concretados directamente por la norma (a y b) deben tener en cuenta la magnitud del incidente grave.

que en ocasiones podrá requerir la práctica de alguna pesquisa o indagatoria por parte del sujeto obligado a practicar la notificación.

Se trata, evidentemente, de períodos y fechas indeterminadas y que dependen además de la acreditación en positivo de circunstancias de difícil prueba: cuándo se ha tenido conocimiento efectivo del incidente grave, cuándo se ha verificado o asumido la probabilidad razonable de que esté relacionado con el funcionamiento del sistema (entendemos que la probabilidad razonable se advierte antes de que llegue la certeza absoluta y que, por tanto, bastará con establecer aquella para que el plazo comience a correr), etc. El segundo inciso del propio art. 73.2 RIA ordena, además, tomar en consideración para ajustar ese plazo indeterminado la magnitud del incidente grave, lo que, teniendo en cuenta los supuestos de los apartados 3 y 4, consideramos que deberá hacerse en el sentido de reducir los tiempos de respuesta del proveedor y no de alargarlos.

En cualquier caso, y quizá para acotar en la medida de lo posible la prolongación de esos tiempos que puede derivarse de los elementos de indeterminación que presenta el *dies a quo*, se establecen, ahora sí, períodos de duración máxima dentro de los cuáles se considerará tempestiva la notificación del proveedor. Entendemos que estos plazos establecen, pues, el *dies ad quem* para practicarla. Al respecto, el art. 73.1 RIA sienta una regla general que se ve desplazada por las reglas especiales de los apartados 3 y 4:

a) La regla general prescribe que el proveedor debe practicar la notificación tan pronto como tenga conocimiento del incidente grave razonablemente relacionado con el funcionamiento de su sistema de IA y, en todo caso, dentro de los quince días siguientes a haber tenido conocimiento del mismo o de que lo hubiera tenido, en su caso, el responsable del despliegue. En nuestra opinión y combinado con la previsión del art. 73.5 RIA, la norma parece apuntar a la conclusión de que si el conocimiento del responsable del despliegue se produjo antes que el del proveedor, aquel deberá avisar a este y podrá además notificar el incidente; pero, en tal caso, se tomará como *dies a quo* para el cómputo de este plazo de quince días la fecha en que el primero de estos sujetos tuvo conocimiento del incidente grave. Obviamente, no es la interpretación más favorable para el proveedor, aunque sí la que le impone mayor diligencia y prioriza el interés público por que la notificación del incidente grave llegue a conocimiento de las autoridades competentes lo antes posible, a fin de que puedan, en su caso, arbitrar las medidas correspondientes. Con todo, no es más que una interpretación que busca dar sentido a la norma, que merece en nuestra opinión, una crítica severa por suscitar estas consideraciones.

b) En cuanto a las reglas especiales, los plazos hábiles para practicar la notificación se acortan en tres supuestos en los que las consecuencias del incidente grave se consideran objetivamente más importantes que las que se pueden producir en otros casos, lo que aconseja acelerar el momento en que las autoridades competentes deben recibir noticia de aquel y, así:
   - Si se hubiera producido el fallecimiento de alguna persona, el proveedor deberá efectuar la notificación en un plazo máximo de diez días desde que tuvo conocimiento del incidente grave (art. 73.4 RIA).
   - En caso de afectación a infraestructuras críticas (art. 3.49).b) RIA), o de infracción generalizada de normas del Derecho de la Unión tuitivas de los intereses de las personas y que involucre al menos a tres Estados miembros (*ex* art. 3.61] RIA)[16], la notificación debe producirse en un plazo máximo de dos días desde que el proveedor hubiera tenido conocimiento del incidente.

En otro orden de ideas y por su parte, el art. 73.5 RIA arbitra una vía para facilitar que el proveedor pueda cumplir tempestivamente con su deber de notificación incluso si no cuenta aún con toda la información necesaria para ello.

La norma permite al proveedor o al responsable del despliegue presentar inicialmente una notificación incompleta y complementarla después, dentro de los plazos que resulten aplicables de acuerdo con cuanto se acaba de exponer. A la luz de este apartado, lo previsible es que el proveedor o, en su caso, el responsable del despliegue del sistema de IA de alto riesgo relacionado con el incidente grave informe del mismo a la autoridad competente mediante una notificación incompleta tan pronto como tenga conocimiento de su acaecimiento y ante la mínima sospecha de relación de causalidad entre el incidente y el funcionamien-

---

16 El art. 3.61 RIA entiende por "infracción generalizada" a "*todo acto u omisión contrario al Derecho de la Unión por el que se protegen los intereses de las personas y que: a) haya perjudicado o pueda perjudicar los intereses colectivos de personas que residen en al menos dos Estados miembros distintos de aquel en el que: i) se originó o tuvo lugar el acto u omisión, ii) esté ubicado o establecido el proveedor de que se trate o, en su caso, su representante autorizado, o iii) esté establecido el responsable del despliegue en el momento de cometer la infracción; b) haya perjudicado, perjudique o pueda perjudicar los intereses colectivos de las personas y tenga características comunes —incluidas la misma práctica ilícita o la vulneración del mismo interés— y sea cometido simultáneamente por el mismo operador en al menos tres Estados miembros*".

to del sistema de IA en cuestión. Más tarde, pero siempre dentro de cada uno de los plazos máximos previstos para cada caso, podrá presentarse una nueva notificación, ahora completa, que sustituya a la anterior.

Como última cuestión antes de comentar brevemente la otra obligación que compete al proveedor del sistema, la de investigar el incidente, parece oportuno —como se anticipó más arriba— consignar una breve reflexión sobre el papel que se asigna al responsable del despliegue en orden a la práctica de la notificación.

Si del tenor literal del art. 73.1 RIA se desprende que la obligación que venimos analizando constriñe sólo y exclusivamente al proveedor del sistema de IA de alto riesgo con el que quepa relacionar el incidente grave, las referencias al responsable del despliegue que se efectúan en los aps. 2 a 5 del art. 73 RIA y, sobre todo, el hecho de que este último contemple la posibilidad de que también él presente la notificación del incidente grave, permiten cuestionarse si se trata de un sujeto meramente facultado para practicar tal notificación o si puede considerársele, siquiera en algún caso, como sujeto obligado. Esto último podría tener sentido en algunos supuestos, si se tiene en cuenta su eventual capacidad para introducir modificaciones sustanciales en los sistemas de IA que utiliza o que el propio uso del sistema, en sí mismo, puede también comportar riesgos[17].

Con todo, y a falta de otros argumentos más seguros y convincentes[18], entendemos que la decisión debe decantarse hacia la interpretación más restrictiva respecto del establecimiento de obligaciones legales que no queden meridianamente impuestas a un sujeto en particular. En este sentido, el art. 20.2 RIA puede proporcionar un argumento adicional para considerar al responsable del despliegue como un colaborador especialmente valioso y cualificado del proveedor, incluso para la investigación del incidente, no solo en el supuesto concreto

---

17 En este orden de ideas, el considerando 93 del RIA advierte de que *"aunque los riesgos relacionados con los sistemas de IA pueden derivarse de su diseño, también pueden derivarse riesgos del uso que se hace de ellos"*. Por su parte, el considerando 84 del RIA manifiesta que: *"Para garantizar la seguridad jurídica, es necesario aclarar que, en determinadas condiciones específicas, debe considerarse proveedor de un sistema de IA de alto riesgo a cualquier distribuidor, importador, responsable del despliegue u otro tercero que, por tanto, debe asumir todas las obligaciones pertinentes"*. Y, finalmente, también el considerando 91 se refiere a la conveniencia de establecer responsabilidades específicas de los responsables del despliegue en orden a la vigilancia del funcionamiento de sistemas de IA en entornos reales.

18 Los arts. 16 y 26 RIA en los que se enuncian las obligaciones respectivas de estos operadores no ayudan a despejar esta duda, por cuanto guardan escrupuloso silencio respecto de cualquier aspecto relativo a la información sobre incidentes graves.

del art. 79.1 RIA al que se refiere el citado art. 20.2 RIA, sino también en el caso contemplado en el art. 73 RIA, lo que explicaría que en estos dos últimos preceptos aparezca además como sujeto facultado para dar tempranamente la voz de alarma si tiene conocimiento del acaecimiento de un incidente grave[19].

3.3. LA CORRELATIVA OBLIGACIÓN DEL PROVEEDOR DE REALIZAR UNA INVESTIGACIÓN RESPECTO AL INCIDENTE GRAVE

El art. 73.6 RIA impone al proveedor del sistema de IA de alto riesgo involucrado en el incidente grave reportado la obligación de emprender una investigación al respecto, consecutiva al cumplimiento de la obligación de notificación. Según el precepto, la investigación deberá realizarse sin demora y se referirá tanto al incidente grave como al sistema de IA afectado. La norma exige incluir como parte de la investigación una evaluación de riesgos del incidente y las medidas correctoras. Además, el proveedor debe cooperar con las autoridades competentes y, en su caso, con el organismo notificado afectado durante el curso de sus investigaciones.

Deberá, además, abstenerse de emprender acción alguna que suponga la modificación del sistema de IA concernido sin haber informado antes de dicha acción a las autoridades competentes. Se trata con estas reglas de impedir que la acción posterior del proveedor interfiera o repercuta en cualquier evaluación ulterior que las autoridades competentes puedan eventualmente acordar y practicar sobre las causas del incidente. Es decir, tales modificaciones del sistema de IA no quedan proscritas en todo caso; podrán realizarse (se entiende que excepcionalmente y si son necesarias), pero siempre y cuando se hubiese informado de la acción a las autoridades competentes antes de emprenderla.

3.4. ACTUACIONES DE LAS AUTORIDADES COMPETENTES SUBSIGUIENTES A LA RECEPCIÓN DE UNA NOTIFICACIÓN DE INCIDENTE GRAVE

Lógicamente, la notificación del incidente grave a que se refieren los primeros apartados del art. 73 RIA tiene la función de que las autoridades competentes tengan noticia de aquel en un tiempo razonablemente próximo a su acaeci-

---

19 El art. 20.2 RIA impone al proveedor, para el caso de que un sistema de IA presente un riesgo en el sentido del art. 79.1 RIA (al que nos referiremos más adelante), el deber de investigar inmediatamente las causas —de forma similar a lo que ordena el art. 73.6 RIA— *"en colaboración con el responsable del despliegue que lo haya notificado"*.

miento, a fin de permitirles la adopción de las medidas que puedan considerar oportunas. Conviene recordar que las destinatarias de la notificación serán las autoridades de vigilancia del mercado de cada uno de los Estados miembros de la Unión a los que haya podido afectar el incidente, salvo en el caso específico del art. 73.10 RIA en el que, como ya se apuntó anteriormente, la autoridad competente es la que se haya elegido para tal fin en cada Estado miembro en que se haya producido el incidente[20]. Las acciones o actuaciones que, según los apartados 7, 8 y 11 del art. 73 RIA, corresponden a las autoridades competentes receptoras de la notificación pueden glosarse como sigue, yendo de lo general a lo particular:

1ª.- Adoptarán las medidas adecuadas en el plazo máximo de siete días desde que hubieran recibido la notificación del incidente (art. 73.8 RIA). Para determinar cuáles sean, la norma se remite expresamente al art. 19 del Reglamento (UE) 2019/1020, así como a los procedimientos de notificación previstos en él.

2ª.- Informarán de inmediato (sin plazo concreto) a la Comisión de todo incidente grave (art. 73.11 RIA), independientemente de que hayan adoptado o no medidas al respecto, de acuerdo con lo previsto en el art. 20 del Reglamento (UE) 2019/1020 que también deviene aplicable por remisión expresa.

3ª.- Sólo en el caso concreto y específico de que el incidente haya producido como consecuencia el incumplimiento de obligaciones en virtud del Derecho de la Unión destinadas a proteger los derechos fundamentales (art. 3.49), letra c) RIA), se establece la obligación de que las autoridades de vigilancia del mercado correspondientes informen a su vez del incidente a las autoridades nacionales competentes en materia de protección de derechos fundamentales (art. 73.7, inciso primero, RIA).

Por su parte, el inciso segundo del art. 73.7 RIA encomienda a la Comisión la tarea de elaborar "*orientaciones específicas para facilitar el cumplimiento de la obligación de notificación del apartado 1*", que deberán publicarse en un plazo no superior a los doce meses desde la fecha de entrada en vigor del Reglamento, y habrán de ser evaluadas periódicamente.

La ubicación de esta previsión dificulta su comprensión porque, si las orientaciones de la Comisión que aquí se reclaman se dirigen a facilitar la obligación

---

20 Recuérdese que el precepto se refiere a los casos en que los sistemas de IA de alto riesgo relacionados con el incidente sean componentes de seguridad de dispositivos o sean, en sí mismos, dispositivos, sujetos al Reglamento (UE) 2017/745 y (UE) 2017/746.

de notificación del apartado 1 —que es la que compete al proveedor del sistema de IA—, no se entiende muy bien que se haga este llamamiento en el seno de un precepto que se refiere a una obligación de información cruzada entre autoridades públicas y que, además, establece solo para un caso concreto —que el incidente grave provoque el incumplimiento de las normas del Derecho de la Unión que tutelan los derechos fundamentales—. Si lo que se ha querido, en cambio, es circunscribir tales orientaciones de la Comisión al supuesto del inciso primero del art. 73.7 RIA, ello podría perseguir la homogeneización en todo el territorio de la Unión del modo de cumplimiento de esta obligación que vincula a distintas autoridades públicas entre sí. En nuestra opinión, sería muy deseable que la Comisión interpretase la invocación que se le hace en el primero de los sentidos expuestos, tomando la ubicación sistemática de esta previsión dentro de un apartado concreto del art. 73 RIA como un mero lapsus no corregido a tiempo por el legislador.

4. SECCIÓN 3: GARANTÍA DEL CUMPLIMIENTO

Se trata de la sección más extensa de las cinco en que se divide el capítulo IX del RIA, sus once preceptos suponen casi la mitad del total de veintitrés artículos que lo componen. A la vista de su contenido y teniendo en cuenta también el que presentan las demás secciones —sobre todo, por delante, la sección 2 y, por detrás, la sección 5— debe insistirse en la dificultad de identificar el hilo conductor, las razones que han movido al legislador europeo a adoptar el orden concreto con que las materias se suceden dentro del capítulo IX en general y, por lo que aquí interesa específicamente ahora, también dentro de la sección 3 en particular.

Así, por ejemplo, resulta difícil comprender por qué razón la remisión *in toto* que se efectúa al Reglamento (UE) 2019/1020 no inaugura el capítulo IX en vez de postergarse hasta el tercero de sus preceptos y la tercera de sus secciones, cuando parece evidente que tanto el art. 72, como el 73 RIA, resultan también fácilmente inscribibles en la órbita de la norma citada, sin perjuicio de la oportunidad de las adaptaciones de algunas reglas y algunas previsiones específicas para el ámbito de la inteligencia artificial como son las que hemos podido explicar en los apartados precedentes. Justo esto, como enseguida se expondrá, es lo que se hace a lo largo de los arts. 74 a 84 RIA: sobre el fondo de una remisión general al meritado Reglamento (UE) 2019/1020, se insertan para ciertos casos y cuestiones algunas previsiones específicas.

Nuevamente, a la hora de exponer los contenidos de esta sección 3, podremos apartarnos del orden sucesivo en que aparecen los preceptos o, en su caso, los distintos apartados en que los artículos se dividen, cuando lo estimemos conveniente para favorecer la comprensión de la regulación europea.

4.1. EL MARCO NORMATIVO DE LA VIGILANCIA DEL MERCADO A TENOR DEL ART. 74 RIA: LA REMISIÓN GENERAL AL REGLAMENTO (UE) 2019/2010 Y ALGUNAS REGLAS ESPECIALES

De acuerdo con la remisión normativa en bloque que dispone el primer inciso del art. 74.1 RIA, el Reglamento (UE) 2019/1020 —al que en adelante nos referiremos también como RVM— resulta aplicable a los sistemas de IA regulados por el RIA. No hay en esta previsión matices ni excepciones. Sin embargo, esta remisión general no impide que a lo largo de todo el capítulo IX se contengan hasta otras dieciséis remisiones a normas concretas o materias reguladas en aquel[21].

Para eliminar los problemas que pudiera ocasionar la falta de absoluta identidad conceptual entre algunos términos que se emplean en ambas normas, el propio art. 74.1 RIA se ocupa de precisar que todos los sujetos a los que declara sometidos a su ámbito de aplicación el art. 2.1 RIA tendrán la consideración de "operadores económicos"[22] a los efectos de la aplicación del Reglamento (UE) 2019/1020 y que, con el mismo fin, todos los sistemas de IA deben considerarse productos.

Tras esta remisión, en los apartados 2 a 14 del art. 74 RIA se suceden sin orden definido reglas concernientes a otros aspectos que hemos sistematizado en los subapartados que siguen, de acuerdo con nuestro propio criterio y tratando de favorecer su mejor comprensión.

A) Las autoridades de vigilancia del mercado a efectos del RIA y su designación en supuestos concretos (art. 74, aps. 3 y 6 a 10 RIA).

---

21 Contando con las tres referencias del art. 74.1 RIA, el Reglamento (UE) 2019/1020 se invoca expresamente en diecinueve ocasiones a lo largo del capítulo IX, en los arts. 73, 75, 78, 79, 80, 84, 85 y 94 RIA.

22 Se trata, resumidamente, de los proveedores que introduzcan en el mercado o pongan en servicio sistemas y modelos de IA de uso general, determinados responsables del despliegue, importadores y distribuidores de sistemas de IA, fabricantes de productos que incorporen sistemas de IA, representantes autorizados de los proveedores y personas afectadas ubicadas en la Unión.

Para comprender el juego de los apartados que el art. 74 RIA dedica a esta cuestión, es preciso aclarar de inicio los matices distintivos entre las nociones de "autoridad nacional competente" y "autoridad de vigilancia del mercado".

Así, comenzando por esta última, la autoridad de vigilancia del mercado (en adelante, AVM) es la designada por un Estado miembro para efectuar la vigilancia del mercado en su propio territorio, función para la que podrá llevar a cabo las actividades y adoptar las medidas previstas en el Reglamento (UE) 2019/1020 (arg. *ex* arts. 3.26) RIA y 3.4) RVM). Por lo que respecta a España y tratándose de sistemas de IA, estas funciones se han encomendado a la Agencia Española de Supervisión de la Inteligencia Artificial (AESIA)[23].

Las AVM forman parte del más amplio grupo de autoridades competentes —por lo general, pero no siempre, nacionales— a las que en el ámbito del RIA se les otorgan competencias relacionadas con la vigilancia del mercado, a pesar de que ese no sea su cometido esencial o hayan nacido al calor de otras normas previas y ejerzan esas funciones juntamente con otras o en exclusiva, pero en un concreto ámbito sectorial. La noción común de ser una "autoridad nacional competente" aparece en el art. 3.48) RIA, que incluye entre ellas no solo a las AVM propiamente nacionales, sino también al Supervisor Europeo de Protección de Datos. Parte de ese conjunto de autoridades nacionales a las que se reservan espacios específicos de competencia para la vigilancia del mercado de sistemas de IA en sus respectivos ámbitos son también las "autoridades garantes del cumplimiento" a que se refiere el art. 3.45) RIA y las "autoridades encargadas de proteger los derechos fundamentales" a las que se refiere el art. 77 RIA. Dicho esto, las reglas especiales de designación de estas autoridades que establece el art. 74 RIA tienen en cuenta determinadas características de los sistemas de IA y, así:

1ª.- Para los sistemas de IA de alto riesgo asociados a productos ya regulados por los actos legislativos de armonización del anexo I, sección A del RIA, será autoridad de vigilancia del mercado la ya designada en virtud de dichos actos (art. 74.3 RIA). Para estos sistemas, además, se añade también como especialidad su exclusión del ámbito de aplicación de los procedimientos regulados en los arts. 79 a 83 RIA cuando sus normas

23 Creada al amparo de la disposición adicional séptima de la Ley 28/2022, de 21 de diciembre, de fomento del ecosistema de las empresas emergentes, y cuyas normas reguladoras establece el Real Decreto 729/2023, de 22 de agosto, por el que se aprueba el Estatuto de la Agencia Española de Supervisión de Inteligencia Artificial.

sectoriales ya prevean procedimientos que garanticen un nivel equivalente de protección y con el mismo objetivo (art. 74.4 RIA).

2ª.- Para los sistemas de IA de alto riesgo de las entidades financieras reguladas en materia de servicios financieros, ejercerá como autoridad de vigilancia del mercado la autoridad nacional pertinente de su supervisión con arreglo al Derecho de la Unión, siempre que la utilización del sistema de IA esté directamente relacionada con la prestación de dichos servicios financieros (art. 74.6).

No obstante, en cualquiera de estos supuestos se permite a los Estados miembros, como excepción y en circunstancias adecuadas, designar otra autoridad distinta para la vigilancia del mercado, siempre y cuando se garantice la coordinación con las autoridades sectoriales de vigilancia del mercado pertinentes (arts. 74.3.II y 74.7.I RIA).

Por su parte, el art. 74.7.II RIA establece, además, la obligación de que las autoridades nacionales de vigilancia del mercado que supervisen entidades de crédito de acuerdo con la Directiva 2013/36/UE y que participen en el Mecanismo Único de Supervisión del Reglamento (UE) nº 1024/2013 comuniquen sin demora al Banco Central Europeo toda información obtenida en sus actividades de vigilancia del mercado que pueda ser de interés para las funciones de supervisión prudencial del Banco Central Europeo especificadas en dicho Reglamento.

3ª.- Para los sistemas de IA de alto riesgo del anexo III, punto 1 del RIA, cuando se usen para los fines de garantía del cumplimiento del Derecho, gestión de fronteras, justicia y democracia, así como para los sistemas de IA de alto riesgo del anexo III, puntos 6, 7 y 8 del RIA, los Estados miembros designarán como autoridades de vigilancia del mercado o bien a las autoridades de control encargadas de la protección de datos que sean competentes de acuerdo con el RGPD o la Directiva (UE) 2016/680[24], o bien a cualquiera otra autoridad designada con arreglo a los arts. 41 a 44 de esta última. Se indica que la vigilancia del mercado no debe afectar en modo alguno a la independencia de las autoridades

24 Directiva (UE) 2016/680 del Parlamento Europeo y del Consejo, de 27 de abril de 2016, relativa a la protección de las personas físicas en lo que respecta al tratamiento de datos personales por parte de las autoridades competentes para fines de prevención, investigación, detección o enjuiciamiento de infracciones penales o de ejecución de sanciones penales, y a la libre circulación de dichos datos y por la que se deroga la Decisión Marco 2008/977/JAI del Consejo.

judiciales, ni interferir de otro modo en sus actividades en el ejercicio de su función judicial (art. 74.8 RIA).

4ª.- El Supervisor Europeo de Protección de Datos queda directamente designado por el legislador europeo como autoridad de vigilancia del mercado cuando se trate de instituciones, órganos y organismos de la Unión que entren en el ámbito de aplicación del RIA, excepto si se trata del TJUE actuando en el ejercicio de su función judicial (art. 74.9 RIA).

Por su parte, el art. 74.10 RIA atiende a la necesaria coordinación entre las distintas autoridades de vigilancia del mercado que pueden concurrir de acuerdo con las reglas precedentes y, a tal fin, encomienda a los Estados miembros la función de facilitar dicha coordinación.

B) Facultades o poderes genéricos que se les confieren a las autoridades de vigilancia del mercado (art. 74, aps. 5 y 11 a 13 RIA).

Aparte de cuantos cabe extraer de la remisión normativa al Reglamento (UE) 2019/1020 efectuada en el primer inciso del art. 74.1 RIA, otros apartados del precepto contienen previsiones concretas respecto a los poderes o facultades que asisten a las autoridades de vigilancia del mercado. Son los siguientes:

- El art. 74.5 RIA extiende expresamente a las autoridades de vigilancia del mercado que operen en el ámbito del RIA cuantos poderes les reconoce el art. 14 del Reglamento (UE) 2019/1020, añadiendo que, además, puedan ejercer a distancia los previstos en el art. 14.4, letras d) —realizar inspecciones *in situ* sin previo aviso y comprobaciones físicas de los sistemas— y j) —adquirir muestras de los sistemas, también bajo una entidad encubierta, para inspeccionarlas y someterlas a ingeniería inversa a fin de detectar incumplimientos y obtener pruebas—, según proceda.
- El art. 74.11 RIA les reconoce la facultad de proponer actividades conjuntas con la Comisión, incluidas investigaciones conjuntas para cumplir con los fines que les son propios, remitiéndose al art. 9 RVM. La norma encomienda a la Oficina Europea de IA la misión de prestar apoyo de coordinación a las investigaciones conjuntas.
- El art. 74.12 RIA les concede, sin perjuicio de cuantos poderes les otorga el Reglamento (UE) 2019/1020, una serie de facultades que se supeditan a que sea procedente recurrir a ellas y se limiten a lo necesario para el desempeño de las funciones de las autoridades de vigilancia del mercado. Se trata, en concreto, de obtener pleno acceso a la documentación, conjuntos de datos de entrenamiento, validación y prueba utilizados para el desarrollo de los sistemas de IA de alto riesgo. Podrán ejercerse cuando

proceda, con sujeción a garantías de seguridad, a través de interfaces de programación de aplicaciones (API) o de otras herramientas y medios técnicos pertinentes que permitan el acceso a distancia.

- Por último, el art. 74.13 RIA les legitima también específicamente para acceder al código fuente, pero solo si se acumulan dos condiciones y previa solicitud motivada: a) si ello es necesario para evaluar la conformidad de un sistema de IA de alto riesgo con los requisitos establecidos en el capítulo III, sección 2 del RIA; y b) si previamente se agotaron los procedimientos de prueba o auditoría y comprobaciones basadas en los datos e información del proveedor o han resultado insuficientes.

C) Las obligaciones a cargo de las autoridades de vigilancia del mercado (art. 74, aps. 2 y 14 RIA).

Como último conjunto de materias que se abordan en el precepto, estos dos apartados del art. 74 RIA enuncian obligaciones que se ponen a cargo de las autoridades de vigilancia del mercado que operen en el ámbito del RIA.

En virtud del art. 74.2 RIA se ordena expresamente a las autoridades de vigilancia del mercado presentar anualmente tanto a la Comisión, como a las autoridades nacionales de competencia pertinentes, la información que se detalla en el art. 34.4 RVM y, en general, cualquier información recabada en el transcurso de las actividades de vigilancia del mercado que pueda ser de interés potencial para la aplicación del Derecho de la Unión en materia de competencia. Además de ello, también informarán anualmente a la Comisión sobre el recurso a prácticas prohibidas que se hayan producido durante ese año y sobre las medidas adoptadas.

Por su parte, el art. 74.14 RIA somete a la obligación de confidencialidad que se desarrolla en el art. 78 RIA a cualquier información o documentación que hayan obtenido las autoridades de vigilancia del mercado.

4.2. LAS POTESTADES DE LAS AUTORIDADES DE VIGILANCIA DEL MERCADO EN CASOS ESPECÍFICOS: CONTROL DE LOS SISTEMAS DE IA DE USO GENERAL Y SUPERVISIÓN DE LAS PRUEBAS EN CONDICIONES REALES

Aunque ninguna norma previa lo explicita expresamente, la competencia de las autoridades de vigilancia del mercado (las que resulten competentes en cada caso, ex art. 74 RIA y según lo ya indicado) se ejerce sobre los sistemas y modelos de IA, pero con una importante excepción: los modelos de IA de uso general quedan fuera de su ámbito de actuación, ya que la competencia "exclusiva" para su control y supervisión en el mercado lo ostenta la Oficina Europea de IA, de acuerdo con el art. 88.1 RIA.

Dado que los llamados sistemas de IA de uso general son sistemas de IA que se basan en un modelo de IA de uso general (*ex* art. 3.66) RIA), el art. 75 RIA se dirige a establecer los necesarios mecanismos de asistencia mutua para evitar las dudas sobre eventuales conflictos de competencia entre la Oficina Europea de IA y las demás autoridades de vigilancia del mercado y asegurar la mejor colaboración entre ellas. De acuerdo, pues, con lo expuesto, la norma debe ponerse también en relación con el art. 88 RIA, cuyo apartado 2 se remite además al art. 75.3 RIA.

Pues bien, el art. 75 RIA contiene las siguientes previsiones:

1ª.- Extiende la competencia de la Oficina Europea de IA, si bien con carácter potestativo, para controlar y supervisar aquellos sistemas de IA de uso general que estén basados en modelos de IA de uso general desarrollados por el mismo proveedor. En tal caso, para vigilar y supervisar el cumplimiento por parte de dicho sistema de IA de los requisitos que le son exigibles en virtud del RIA, se le confieren también a la Oficina Europea de IA todos los poderes de previstos en esta sección 3 del capítulo IX del RIA y en el Reglamento (UE) 2019/1020 (art. 75.1 RIA).

2ª.- Establece las bases de cooperación entre las autoridades de vigilancia del mercado pertinentes y la Oficina Europea de IA. Ante la sospecha de que un sistema de IA de uso general puede ser usado por un responsable del despliegue para una finalidad de alto riesgo sin cumplir con los requisitos que se les exigen a estos sistemas, deberán cooperar aquellas para llevar a cabo evaluaciones del cumplimiento e informar al Comité y a las demás autoridades de vigilancia del mercado (art. 75.2 RIA).

3ª.- Permite a las autoridades de vigilancia del mercado recurrir a la Oficina Europea de IA para que les asista en la obtención de información relativa al modelo de IA de uso general cuando no puedan por sí mismas concluir una investigación sobre un sistema de IA de alto riesgo debido a la imposibilidad de acceder a determinada información del modelo de IA de uso general, pese a haber realizado todos los esfuerzos para ello. Se arbitra un procedimiento que se inicia mediante solicitud motivada para que la Oficina Europea de IA imponga el acceso a dicha información. La Oficina Europea de IA facilitará por su parte, sin demora y en un plazo máximo de treinta días, la información pertinente para determinar si el sistema de IA de alto riesgo es conforme o no. La información recibida por las autoridades de vigilancia del mercado se someterá al deber de confidencialidad ex art. 78 y además el procedimiento para esta colaboración será el previsto en el capítulo VI del Reglamento (UE) 2019/1020.

Por su parte, el art. 76 RIA se refiere a la supervisión de las pruebas en condiciones reales por las autoridades de vigilancia del mercado, tanto si se realizan dentro de los entornos controlados de pruebas, como si se practican fuera de ellos. Al respecto, contiene las siguientes disposiciones:

1ª.- Con carácter general, reconoce a las autoridades de vigilancia del mercado las competencias y poderes necesarios para garantizar que las pruebas en condiciones reales se ajusten al RIA (art. 76.1 RIA).

2ª.- Para el caso de que se trate de la supervisión de pruebas realizadas en condiciones reales pero en los entornos controlados de pruebas a que se refiere el art. 58 RIA, las autoridades de vigilancia del mercado deberán verificar el cumplimiento del art. 60 como parte de su función de supervisión en el entorno controlado. También les corresponde a ellas autorizar al proveedor o proveedor potencial que lleve a cabo pruebas en condiciones reales como excepción a las condiciones establecidas en el artículo 60, apartado 4, letras f) y g), del RIA. (art. 76.2 RIA).

3ª.- Se faculta a las autoridades de vigilancia del mercado para adoptar medidas sustanciales en dos casos concretos: cuando reciben notificación de un incidente grave o tienen otros motivos para pensar que no se cumplen las condiciones establecidas en los arts. 60 y 61 RIA para la realización de las pruebas fuera de un entorno controlado. Las medidas que las autoridades de vigilancia del mercado pueden adoptar en el ámbito de su territorio son las siguientes: a) suspender o poner fin a las pruebas en condiciones reales; b) exigir modificaciones en cualquier aspecto de las pruebas en condiciones reales (art. 76.3 RIA).

4ª.- Cualquiera de estas medidas, así como el eventual rechazo de la autoridad de vigilancia del mercado a que se realicen las pruebas, de acuerdo con el art. 60.4.b) RIA deberán estar debidamente motivadas e indicarán al proveedor o proveedor potencial las vías para impugnar la decisión o la objeción (art. 76.4 RIA).

5ª.- Por último, el art. 76.5 RIA contempla una obligación de compartición de información. La autoridad de vigilancia del mercado que haya adoptado alguna de estas medidas debe comunicar los motivos de su decisión a las autoridades de vigilancia del mercado de los demás Estados miembros en los que se haya probado el sistema de IA de acuerdo con el plan de la prueba.

4.3. PODERES OTORGADOS A LAS AUTORIDADES ENCARGADAS DE PROTEGER LOS DERECHOS FUNDAMENTALES

A esta cuestión se refiere el art. 77 RIA. Nuevamente en este caso estamos ante una norma que establece cauces de colaboración entre distintas autoridades. La tutela de los derechos fundamentales, a cuyo servicio debe estar lógicamente orientada también la vigilancia de los sistemas de IA en el mercado, justifica que se articulen estos mecanismos para que las autoridades encargadas de protegerlos puedan obtener información relevante sobre los sistemas de inteligencia artificial.

Aunque esta posibilidad está prevista en el apartado 2 del propio art. 77 RIA, la premisa sobre la que se asienta el reconocimiento de facultades es la previa designación por los Estados miembros de estas autoridades u organismos públicos garantes de los derechos fundamentales, que deberán consignarse en una lista que deberá ponerse a disposición del público y de la Comisión y mantenerse actualizada. Al efecto, el art. 77.2 RIA concede a los Estados miembros un plazo de tres meses desde su entrada en vigor.

Una vez designados, se les faculta para solicitar cualquier documentación creada o conservada con arreglo al RIA sobre sistemas de IA de alto riesgo del anexo III. Se les deberá proporcionar en lenguaje y formato accesibles cuando ello sea preciso para el cumplimiento efectivo de sus mandatos y dentro de los límites de su jurisdicción. La autoridad u organismo público facultado por la norma deberá informar sobre cualquier solicitud de este tipo que haya cursado a la autoridad de vigilancia del mercado del Estado miembro que corresponda (art. 77.1 RIA).

Con todo, si la información requerida de acuerdo con lo anterior no resultase suficiente para determinar si ha habido incumplimiento de los derechos fundamentales, la autoridad encargada de protegerlos puede presentar solicitud motivada a la autoridad de vigilancia del mercado para organizar pruebas del sistema de IA de alto riesgo a través de medios técnicos. La correspondiente autoridad de vigilancia del mercado organizará las pruebas en colaboración con la solicitante en un plazo razonable desde la solicitud (art. 77.3 RIA).

Por último, se extiende a estas autoridades encargadas de proteger los derechos fundamentales el deber de confidencialidad de la información o documentación que hubieran podido obtener, de acuerdo con lo dispuesto en el art. 78 RIA (art. 77.4 RIA).

4.4. LA CONFIDENCIALIDAD DE LA INFORMACIÓN

Si el deber de sigilo o reserva respecto de la información de la que se tiene conocimiento en el seno de un procedimiento es siempre muy importante, no solo para el respeto de los derechos de los administrados sino para la propia confianza en el sistema público, en el ámbito del RIA no cabe duda de que está justificado el interés del legislador europeo por elevar al máximo nivel normativo el respeto de la confidencialidad a que se refiere el art. 78 RIA. La amplia información de todo tipo a la que, de acuerdo con cuanto ya se ha expuesto hasta aquí, pueden tener acceso sobre todo las autoridades competentes pero también otros distintos sujetos (por ejemplo, en ciertos casos los expertos científicos a los que se refieren los arts. 68, 69 y 92 RIA), requiere esa garantía de confidencialidad para no dañar los múltiples intereses que hay en juego.

De acuerdo con ello, el art. 78.1 RIA extiende el deber de guardar la confidencialidad de la información y los datos obtenidos en el ejercicio de sus respectivas funciones y actividades a todos y cada uno de los sujetos que tengan acceso a ellos en virtud de su necesaria participación en la aplicación del RIA y, así, menciona expresamente a la Comisión Europea, las autoridades de vigilancia del mercado, los organismos notificados y cualquier otra persona física o jurídica que pueda considerarse concernida por la norma.

En cuanto a los intereses que se pretende tutelar, el propio art. 78.1 RIA contiene una enumeración no taxativa de algunos derechos especialmente sensibles a la filtración de información y datos que puedan estar relacionados con el funcionamiento de sistemas de IA. Se trata, concretamente, de proteger en particular los derechos de propiedad intelectual e industrial, la información empresarial confidencial y los secretos comerciales, la aplicación eficaz del propio Reglamento, los intereses de seguridad pública y nacional, la integridad de los procedimientos penales y administrativos y la integridad de la información clasificada.

Con el fin de evitar en cuanto resulte posible el flujo innecesario de información que pueda comprometer estos y otros bienes jurídicamente protegibles, el art. 78.2 RIA establece un principio de minimización de la solicitud de los datos por parte de las autoridades involucradas en el control del cumplimiento de las obligaciones que emanan del Reglamento. El precepto las conmina a solicitar solo los datos estrictamente necesarios para la evaluación del riesgo que presentan los sistemas de IA y para el ejercicio de sus competencias de acuerdo con el RIA y con el Reglamento (UE) 2019/1020. Además, les ordena establecer medidas de ciberseguridad adecuadas para proteger la seguridad y confidencialidad de los datos y la información, así como suprimir todo lo recopilado tan pronto como deje de ser necesario para los fines con que se hubiere recabado, de acuerdo con el Derecho de la Unión y nacional aplicable.

El alcance del deber de confidencialidad se particulariza para el caso concreto de que los sistemas de IA de alto riesgo del anexo III, puntos 1, 6 y 7 se usen con fines de cumplimiento del Derecho, control de fronteras, inmigración y asilo y la divulgación de la información recopilada a través de los mismos pudiera comprometer los intereses de la seguridad pública y nacional. En tal caso, deberá consultarse a la autoridad nacional de origen de la información y al responsable del despliegue de esos sistemas con tales fines, antes de revelar la información. Esta norma se aplica a la información cruzada entre autoridades nacionales competentes y entre estas y la Comisión. En todo caso, se excluyen del intercambio de información los datos sensibles relativos a las autoridades garantes de esas actividades (art. 78.3.I RIA).

Cuando estas autoridades garantes sean proveedoras de los sistemas de IA de alto riesgo aludidos, la documentación técnica del anexo IV permanecerá en sus instalaciones. Responderán a las solicitudes de las autoridades de vigilancia del mercado a que se refieren los apartados 8 y 9 del art. 74 RIA de modo que estas puedan acceder de forma inmediata a la documentación u obtener una copia de ella. Con todo, a estos efectos, la autoridad de vigilancia del mercado deberá designar personal con habilitación de seguridad de nivel adecuado al que se le pueda proporcionar la información o documentación solicitadas (art. 78.3.II RIA).

La obligación de confidencialidad, tal como se configura en los tres primeros apartados del art. 78, no afectará a los derechos u obligaciones de la Comisión, los Estados miembros y sus autoridades pertinentes en el contexto de la cooperación transfronteriza, ni a la obligación de facilitar información que incumba a las partes interesadas en virtud del Derecho penal de los Estados miembros; tampoco afectará a los derechos y obligaciones de intercambio de información y difusión de advertencias de los organismos notificados (art. 78.4 RIA).

El precepto finaliza abriendo la puerta a que la Comisión y los Estados miembros puedan intercambiar información confidencial con autoridades reguladoras de terceros países cuando sea preciso y esté amparado por las disposiciones de los acuerdos internacionales y comerciales pertinentes y con las que hayan celebrado acuerdos bilaterales o multilaterales de confidencialidad que garanticen un nivel de protección de la información adecuado (art. 78.5 RIA).

4.5. LOS PROCEDIMIENTOS APLICABLES A LOS SISTEMAS DE IA QUE PRESENTEN RIESGOS TENIENDO EN CUENTA SU CALIFICACIÓN Y EL ALCANCE DE LOS RIESGOS QUE PRESENTAN

Aunque por sus respectivas rúbricas pudiera parecer que los arts. 79 a 82 RIA establecen procedimientos totalmente distintos e independientes unos de otros partiendo de supuestos de hecho claramente disímiles, lo cierto es que estos cuatro preceptos están estrechamente enlazados entre sí, de suerte que la evaluación del sistema de IA que necesariamente debe realizarse cuando una autoridad nacional de vigilancia del mercado tenga motivos fundados para considerar que dicho sistema presenta un riesgo para la salud, la seguridad o los derechos fundamentales de las personas de acuerdo con el art. 79 RIA, los preceptos subsiguientes, o algunas de sus disposiciones en concreto, pueden entrar en liza o no en función de cuál haya sido el resultado que arroje aquella evaluación del sistema de IA y las eventuales reacciones que la misma pueda suscitar tanto por parte de otras autoridades nacionales de vigilancia del mercado de otros Estados miembros, como por parte de la propia Comisión. Esa diversidad de posibles resultados y de reacciones de diferente signo que pueden producirse a partir de la evaluación del sistema de IA que presenta un riesgo en el sentido del art. 79 RIA sí que puede dar lugar a actuaciones procedimentales concretas para cada caso, y de ahí su cierto reflejo en los títulos que encabezan cada precepto en particular.

Pues bien, el planteamiento descrito marcará el orden en el que vamos a recorrer el contenido de estos preceptos, con el fin de favorecer en la medida de lo posible la comprensión del mecanismo que resulta de ellos. Nos desprenderemos, pues, en cierto grado y medida, del corsé que marca la sucesión concreta de sus ordinales dentro de esta sección 3.

A) El punto de partida: la autoridad de vigilancia del mercado de un Estado miembro detecta un posible riesgo para la salud, la seguridad o los derechos fundamentales de las personas en un sistema de IA.

Para precisar la noción del riesgo capaz de activar el mecanismo de control que se conforma en los arts. 79 a 82 RIA, el art. 79.1 se remite a la noción de producto que presenta un riesgo del art. 3.19 RVM[25] que, aplicada resumidamente al caso que aquí nos ocupa, viene a significar que el sistema de IA en cuestión pueda comportar un riesgo para la salud, la seguridad o los derechos fundamentales de las personas.

Pues bien, cuando la autoridad de vigilancia del mercado de un Estado miembro tenga motivos fundados para considerar que un sistema de IA en concreto comporta un riesgo de este tipo, debe proceder a evaluarlo, con el fin de verificar que cumple con todos los requisitos que le sean exigibles según el RIA y que se ha cumplido con todas las obligaciones pertinentes.

A este respecto, el art. 79.2.I RIA apunta a la autoridad de vigilancia del mercado la necesidad de prestar especial atención a los riesgos que afecten a colectivos vulnerables. Además, en caso de que la autoridad de vigilancia del mercado detecte riesgos para los derechos fundamentales[26], deberá informar a las autoridades y organismos que sean competentes para su protección de acuerdo con el art. 77 RIA, con las que deberá cooperar. Los proveedores pertinentes, por su parte, deberán también cooperar con todas estas autoridades.

Llegados a este punto, adquieren ya protagonismo los resultados concretos que haya arrojado la evaluación efectuada así como el alcance, limitado o no, del riesgo detectado al ámbito nacional de la autoridad de vigilancia del mercado que inició el procedimiento. Las distintas conclusiones a que puede conducir la evaluación marcan el signo de las actuaciones y/o procedimientos ulteriores; de

---

25 El art. 3.19) RVM define a sus efectos qué se entiende por "producto que presenta un riesgo": un "*producto que puede afectar negativamente a la salud y la seguridad de las personas en general, a la salud y la seguridad en el trabajo, a la protección de los consumidores, al medio ambiente, a la seguridad pública o a otros intereses públicos protegidos por la legislación de armonización de la Unión aplicable, en un grado que vaya más allá de lo que se considere razonable y aceptable en relación con su finalidad prevista o en las condiciones de uso normales o razonablemente previsibles del producto en cuestión, incluida la duración de su utilización y, en su caso, los requisitos de su puesta en servicio, instalación y mantenimiento*".

26 Desde la perspectiva interna española al menos, puede resultar difícil tomar la salud y la seguridad como bienes jurídicos tutelados al margen de los derechos fundamentales, siquiera cuando la salud pueda considerarse como parte de la integridad física a que se refiere el art. 15 CE y la seguridad de las personas se inscriba en el ámbito de libertad y seguridad del art. 17.1 CE. Quiere ello decir que, en principio, la necesidad de informar a las autoridades del art. 77 RIA puede ser la regla general. No obstante, cuando la salud y la seguridad deban entenderse en otros sentidos (por ejemplo, el sistema de IA decide quién tiene acceso o no a una determinada prestación médica pública y eso se reputa un riesgo para la salud) la autoridad nacional de vigilancia del mercado deberá actuar.

ahí que las tomemos como guía para articular los siguientes puntos de la exposición.

B) Primer resultado posible: la evaluación del sistema de IA concluye que este presenta algún tipo de no conformidad. Particular referencia al procedimiento de salvaguardia de la Unión del art. 81 RIA.

Cuando la evaluación constata que existe un incumplimiento de los requisitos u obligaciones que impone el RIA para el sistema de IA evaluado, la autoridad nacional competente deberá exigir sin demora indebida al operador pertinente que adopte las medidas correctoras oportunas para que el sistema de IA resulte plenamente conforme, o bien para que lo retire o lo recupere del mercado, para lo cual deberá concederle un plazo (en principio indeterminado) que no podrá exceder de quince días hábiles o del plazo que en su caso determinen los actos legislativos de armonización de la Unión que resulten aplicables. Adicionalmente, la autoridad de vigilancia del mercado deberá informar al correspondiente organismo notificado (art. 79.2.II RIA). Además, si la autoridad nacional de vigilancia del mercado considera que el incumplimiento detectado no se limita a su propio territorio, deberá informar sin demora indebida a la Comisión y a los demás Estados miembros tanto de los resultados de su evaluación, como de las medidas que haya instado al operador a adoptar (art. 79.3 RIA).

A partir de aquí, el operador debe asegurarse de adoptar todas las medidas correctoras adecuadas en relación con los sistemas de IA afectados que se hayan comercializado en la Unión (art. 79.4 RIA). Si no lo hiciere, corresponderá a la autoridad competente adoptar las medidas provisionales que resulten necesarias a la vista de lo que el proveedor no haya atendido, debiendo notificar estas medidas sin demora indebida a la Comisión y a los demás Estados miembros (art. 79.5 RIA), adaptando el contenido de esa notificación a lo exigido en el art. 79.6 RIA que particularmente obliga a identificar el tipo de no conformidad que presenta el sistema de IA evaluado.

Recibida la notificación por parte de las autoridades de vigilancia del mercado de los demás Estados miembros, cada una de ellas deberá comunicar sin demora a las demás y a la Comisión cualquier información adicional que posean sobre la no conformidad detectada en el sistema de que se trate, así como las objeciones que, en su caso, puedan tener contra las medidas nacionales que se le hubieran notificado (art. 79.7 RIA). Las autoridades nacionales y la propia Comisión cuentan con ciertos plazos —treinta días hábiles si se notificó una práctica prohibida por el art. 5 RIA y tres meses en el resto de los casos— para formular, si lo estiman pertinente, tales objeciones a las medidas adoptadas. Si no se formulan, la medida se considerará justificada (art. 79.8 RIA). Si se presentase alguna objeción, se abrirá la vía del procedimiento de salvaguardia a que se refiere el art. 81 RIA.

Este comienza con un proceso de consultas que la Comisión debe entablar con los operadores concernidos y con la autoridad nacional de vigilancia del mercado que haya adoptado las correspondientes medidas provisionales a fin de evaluarlas, a la vista de toda la información disponible y teniendo en cuenta las objeciones que hayan podido presentar las autoridades competentes de otros Estados miembros o sus propias reservas respecto al grado de adecuación de dichas medidas al Derecho de la Unión. El plazo con que cuenta la Comisión para este trámite es de sesenta días desde que se le notificó que la no conformidad del sistema de IA estaba relacionada con alguna práctica prohibida por el art. 5 RIA, o de seis meses desde la misma notificación de cualquiera otra no conformidad. Pasado ese tiempo, la Comisión debe notificar su decisión a la autoridad nacional concernida e informar de la misma a las demás autoridades de vigilancia del mercado de los demás Estados miembros (art. 81.1 RIA).

Obviamente, esta decisión solo puede tener dos sentidos contrapuestos:

- Si considera que las medidas adoptadas estaban justificadas, todos los Estados miembros habrán de asegurarse de adoptar sin demora indebida las medidas restrictivas adecuadas con respecto al sistema de IA de que se trate en su correspondiente mercado interior e informarán de lo actuado a la Comisión (inciso primero del art. 81.2 RIA). Además, en el caso particular de que la medida se haya considerado adecuada y la no conformidad del sistema de IA se atribuya a deficiencias de las normas armonizadas o las especificaciones comunes a que se refieren los arts. 40 y 41 RIA, se aplicará el procedimiento correspondiente para su modificación, de acuerdo con lo establecido en el art. 11 del Reglamento (UE) nº 1025/2012, sobre normalización europea[27] (art. 81.3 RIA).
- Si, por el contrario, se decide que las medidas nacionales no estaban justificadas, el Estado que las adoptó deberá retirarlas e informar también de lo actuado a la Comisión (segundo inciso del art. 81.2 RIA).

[27] Reglamento (UE) nº 1025/2012 del Parlamento Europeo y del Consejo, de 25 de octubre de 2012, sobre la normalización europea, por el que se modifican las Directivas 89/686/CEE y 93/15/CEE del Consejo y las Directivas 94/9/CE, 94/25/CE, 95/16/CE, 97/23/CE, 98/34/CE, 2004/22/CE, 2007/23/CE, 2009/23/CE y 2009/105/CE del Parlamento Europeo y del Consejo y por el que se deroga la Decisión 87/95/CEE del Consejo y la Decisión nº 1673/2006/CE del Parlamento Europeo y del Consejo.

C) Segundo resultado posible: la evaluación del sistema de IA concluye que está incorrectamente calificado como de no alto riesgo. El procedimiento aplicable al caso a tenor del art. 80 RIA.

Aunque el art. 80 RIA se presente en apariencia como un procedimiento del todo independiente de la evaluación a que se refiere su inmediato predecesor, es evidente que dicha evaluación puede también evidenciar que el sistema de IA que el proveedor tiene calificado como de no alto riesgo está incorrectamente situado en esa categoría, y debería exigírsele el cumplimiento de los requisitos y obligaciones que se imponen a los sistemas de IA de alto riesgo. Por supuesto, nada impide que a esta misma conclusión llegue una autoridad de vigilancia del mercado no merced a la sospecha de riesgo para la salud, la seguridad o los derechos fundamentales de las personas que activa necesariamente la evaluación del art. 79 RIA, sino a través de cualquiera otra actividad de vigilancia del mercado de las que le compete emprender. Lo importante es que cuando una autoridad de vigilancia del mercado tiene motivos fundados para entender que un sistema de IA debe clasificarse como de alto riesgo por su proveedor y este no lo ha hecho, deberán seguirse los trámites del art. 80 RIA, que comienzan con una evaluación a los efectos de determinar si le corresponde de veras esta clasificación teniendo en cuenta lo dispuesto en el art. 6.3 RIA y las directrices de la Comisión.

Nuevamente en este caso las disposiciones normativas dependen del resultado que arroje esta evaluación y siguen un esquema similar al que ya hemos expuesto para el art. 79 RIA: si la evaluación confirma que el sistema es de alto riesgo, deberá señalarse un plazo para que el proveedor adopte las medidas necesarias para que cumpla con los requisitos y obligaciones propios de estos sistemas (art. 80.2 RIA). Igualmente, si la autoridad considera que la utilización del sistema no se circunscribe a su territorio, informará oportunamente a la Comisión y a los demás Estados miembros del resultado de su investigación y de las medidas que hubiere exigido al proveedor (art. 80.3 RIA) que, por su parte, deberá asegurarse de acatarlas para todos los sistemas de IA afectados que haya comercializado en toda la Unión (art. 80.5 RIA). Como novedad con respecto al art. 79.5, el art. 80.4 RIA prevé la imposición de multas al proveedor que no implemente en plazo las medidas que se le hubieren requerido. En este supuesto, además, compete a la autoridad nacional de vigilancia del mercado adoptar las medidas provisionales que considere oportunas siguiéndose a partir de este punto las disposiciones de los apartados 5 a 9 del art. 79 RIA que ya se han explicado más arriba (art. 80.6 RIA).

Como disposiciones específicas para este supuesto, añade el art. 80.6 RIA que si la clasificación indebida se efectuó a posta por el proveedor para eludir la aplicación de los requisitos establecidos en el capítulo III, sección 2 del RIA se le multará por ello (art. 80.7 RIA), y que las autoridades de vigilancia del mercado podrán realizar los controles pertinentes para verificar el cumplimiento de la aplicación de este precepto contando para ello con las potestades que les otorga el art. 11 RVM y con la información que le proporciona la base de datos de la UE sobre sistemas de IA de alto riesgo prevista en el art. 71 RIA.

D) Tercer resultado posible: la evaluación del sistema de IA concluye que el sistema de IA de alto riesgo está correctamente calificado, cumple con cuantos requisitos y obligaciones impone el RIA para estos sistemas pero, pese a todo, presenta un riesgo relevante.

A diferencia de las hipótesis que contemplan los tres preceptos previos, en la del art. 82 RIA el sistema de IA no presenta ninguna no conformidad con las exigencias que la norma impone para los sistemas de IA de alto riesgo (por lo que no procede aplicar lo dispuesto en los arts. 79 y 81 RIA); obviamente, también está correctamente catalogado como de alto riesgo (no opera, tampoco el art. 80 RIA), pero el legislador no puede dejar sin respuesta el hecho de que la autoridad de vigilancia del mercado ha apreciado que el sistema presenta un riesgo para la salud, la seguridad, los derechos fundamentales de las personas u otros intereses públicos dignos de protección.

Así, cuando eso suceda, la autoridad competente deberá pedir al operador interesado que adopte las medidas adecuadas para erradicar el riesgo detectado en el sistema, concediéndole un plazo para ello (art. 82.1 RIA) y, asimismo, deberá informar del asunto a la Comisión y a los demás Estados miembros, proporcionando todos los detalles precisos para detectar el sistema de IA afectado y, en su caso, las medidas nacionales adoptadas teniendo en cuenta la naturaleza del riesgo (art. 82.3 RIA). El proveedor, por su parte, deberá asegurarse de que en el plazo concedido se adoptan medidas correctoras para todos los sistemas de IA afectados que hubiera comercializado en el mercado de la Unión (art. 82.2 RIA).

Tras la correspondiente consulta con los Estados miembros afectados y los operadores pertinentes, la Comisión decidirá si las medidas que se hubieren adoptado están justificadas o no, debiendo por su parte adoptar, en su caso, las que considere precisas. Su decisión será inmediatamente comunicada a los Estados miembros afectados y a los operadores concernidos, y se informará también de ella a los demás Estados miembros.

Para finalizar con este apartado y aunque no hay previsión específica al respecto en los arts. 79 a 82 RIA, cabe también la posibilidad de que la evaluación practicada sobre cualquier sistema de IA sea superada por este sin mayor incidencia, constatándose que todo está en orden y que no procede adoptar medida alguna, en cuyo caso, la correspondiente autoridad nacional de vigilancia del mercado deberá, sin más, poner fin a las actuaciones.

4.6. EL INCUMPLIMIENTO DE OBLIGACIONES FORMALES

El art. 83 RIA contempla distintos supuestos (cumplimiento parcial, defectuoso o erróneo, omisiones) en los que el proveedor de un sistema de IA no ha cumplido debidamente con las obligaciones que se le imponen en aspectos que no afectan en sí mismos a los requisitos exigibles a los distintos sistemas de IA según su tipo o calificación, sino a obligaciones complementarias de forma o documentación que, sin afectar directamente a su funcionamiento, son importantes para el seguimiento del sistema en el mercado. Se trata, además, de defectos o incumplimientos que, en general, se considera que los proveedores han de estar en condiciones de subsanar fácilmente.

Así, los supuestos que contempla la norma son los siguientes:

a) se ha colocado el marcado CE contraviniendo el artículo 48;

b) no se ha colocado el marcado CE;

c) no se ha elaborado la declaración UE de conformidad con el artículo 47;

d) no se ha elaborado correctamente la declaración UE de conformidad con el artículo 47;

e) no se ha efectuado el registro en la base de datos de la UE de conformidad con el artículo 47;

f) cuando proceda, no se ha designado a un representante autorizado;

g) no se dispone de documentación técnica.

Detectada cualquiera de estas carencias por parte de la autoridad de vigilancia del mercado competente, esta deberá conminar al proveedor a subsanar el defecto apreciado dentro de un plazo que deberá señalarse. Si finalizado este, el proveedor no ha atendido el requerimiento de subsanación o lo ha hecho de forma insatisfactoria, pues el problema persiste, la autoridad de vigilancia del mercado habrá de adoptar las medidas adecuadas y proporcionadas al caso y que le permitan restringir o prohibir la comercialización del sistema de IA de alto riesgo de que se trate, o asegurarse de que se recupera o retira del mercado sin demora (art. 83.2 RIA).

4.7. LAS ESTRUCTURAS DE APOYO A LOS ENSAYOS DE IA DE LA UNIÓN

El art. 84 RIA ordena a la Comisión designar una o varias estructuras de apoyo a los ensayos de IA de la Unión, sin precisar —como tampoco se hace en ningún otro lugar del Reglamento— a qué quiere referirse con dichas "estructuras"[28].

El art. 21 del Reglamento (UE) 2019/1020 al que el propio art. 84.1 RIA se remite para determinar qué actividades pueden desarrollarse en ellas, se refiere, por su parte, a las "*Instalaciones de ensayo de la Unión*", las cuales tienen como objetivo contribuir al aumento de la capacidad de los laboratorios, así como garantizar la fiabilidad y coherencia de los ensayos a los efectos de la vigilancia del mercado en la Unión (art. 21.1 RVM).

Tomado a la letra, la remisión del art. 84.1 RIA debe entenderse hecha específicamente al apartado 6 del art. 21 del Reglamento (UE) 2019/1020, que es el que determina las actividades que se pueden realizar en tales estructuras o instalaciones: efectuar ensayos de productos que, a los efectos que aquí interesan, deben referirse a sistemas y modelos de IA (arg. *ex* art. 74.1.b) RIA), facilitar asesoramiento técnico o científico independiente y desarrollar nuevas técnicas y métodos de análisis.

A tenor del art. 84.2 RIA, además, las estructuras de apoyo deberán proporcionar asesoramiento técnico o científico independiente a solicitud del Comité, la Comisión o las autoridades de vigilancia del mercado. En este sentido, debe también tenerse en cuenta que el art. 69.3 RIA encomienda a la Comisión la misión de garantizar una adecuada coordinación entre las actividades de las estructuras de apoyo a los ensayos de IA de la Unión y las aportaciones que puedan provenir del grupo de expertos científicos independientes del art. 68 RIA.

Quizá habría sido interesante que el legislador europeo se hubiese planteado las reglas de coordinación, en su caso, de estas estructuras con las destinadas a

---

[28] La parquedad de la información al respecto de estas estructuras se manifiesta también en la breve referencia que a ellas se contiene en el considerando 152: *"A fin de apoyar una ejecución adecuada en lo que respecta a los sistemas de IA y reforzar las capacidades de los Estados miembros, deben crearse y ponerse a disposición de los Estados miembros estructuras de apoyo a los ensayos de IA de la Unión"*.

constituir espacios controlados de pruebas, a las que dedica una mucho mayor atención el capítulo VI del RIA.

5. SECCIÓN 4: VÍAS DE RECURSO

Como pudimos anticipar al describir de modo general el contenido del capítulo IX del RIA[29], tampoco la rúbrica que intitula esta sección parece muy acertada, pues la expresión "*vías de recurso*" evoca de inmediato, en primer lugar, el procedimiento administrativo en el que la palabra "recurso" señala la impugnación por el interesado de un acto administrativo ante la autoridad que lo dictó u otra competente —también, en su caso, la impugnación de una norma administrativa— de acuerdo con un procedimiento preestablecido; y, en segundo lugar, al ámbito procesal, en el que los recursos designan también los procedimientos concretos por medio de los cuales los justiciables tratan de que se modifiquen, queden sin efecto o sustituyan resoluciones judiciales previas de un concreto órgano jurisdiccional.

Sin embargo, en los arts. 85 a 87 RIA no hay vestigio alguno de recurso en ninguno de estos sentidos, porque tampoco a través de estas normas se impugna nada. Lo que hacen, más bien, es poner a disposición de ciertos sujetos determinados *recursos* en el sentido más coloquial y amplio del término —medios o elementos que permiten satisfacer necesidades o lograr fines concretos—. Los arts. 85 y 86 reconocen cada uno de ellos una cierta facultad o derecho —vocablo que sí preside sus rúbricas respectivas—, a determinados sujetos (no necesariamente coincidentes entre sí) en dos contextos distintos. El art. 87 RIA sitúa el ejercicio del primero de ellos en un marco jurídico de protección que trata de evitar que se les pueda represaliar por ejercitarlo. Veamos qué establece cada uno de estos preceptos.

5.1. EL DERECHO A PRESENTAR UNA RECLAMACIÓN ANTE UNA AUTORIDAD DE VIGILANCIA DEL MERCADO

El art. 85 RIA, en su párrafo primero, abre la posibilidad de presentar una "reclamación" con base en la infracción de disposiciones del Reglamento a cualquier persona física o jurídica que tenga motivos para pensar que se haya come-

---

[29] *Cfr. supra,* II.1. ¿A qué se refiere la rúbrica del capítulo IX del RIA cuando alude separadamente a vigilancia poscomercialización, intercambio de información y vigilancia del mercado? Su contenido.

tido alguna. Aunque esta norma recuerda al mecanismo arbitrado en el art. 77 RGPD, lo cierto es que en este último la posibilidad de dirigirse directamente a la autoridad de control competente en la materia (la Agencia Española de Protección de Datos, por lo que respecta a nuestro país) se le reconoce al interesado, lo que permite a este incoar por esta vía un auténtico procedimiento administrativo[30].

En cambio, el art. 85.I RIA no exige al sujeto legitimado verse directamente afectado o concernido por ello, a pesar de que el término reclamación invite a pensar en este sentido. Así, en nuestra opinión, el reclamante puede ser tanto un sujeto que se haya sentido directamente perjudicado por la infracción que denuncia, como alguien que actúe movido por cualquier otro interés legítimo, como podría ser el caso, por ejemplo, de una asociación de consumidores, profesional, persona experta del ámbito académico, etc.

Obviamente, precisa además el párrafo primero del art. 85 RIA que esta legitimación es independiente de la que pudiera corresponder a esas mismas personas físicas o jurídicas en cualquier otro ámbito administrativo o judicial, lo que, lógicamente sí apunta en la dirección de que el reclamante pueda ser un sujeto directamente concernido por la infracción que pone de manifiesto mediante la susodicha reclamación.

Por su parte, la remisión que efectúa el párrafo segundo al Reglamento (UE) 2019/1020 para establecer el efecto de tales reclamaciones y el procedimiento por el que habrán de tramitarse, conduce: de un lado, al art. 11.3.d) RVM de la norma de remisión, que llama a las autoridades de vigilancia del mercado a tomar en cuenta, a la hora de decidir qué comprobaciones realizar, "*las reclamaciones de los consumidores y otra información recibida de otras autoridades, operadores económicos, medios de comunicación y otras fuentes que puedan indicar incumplimiento*"; y, de otro, al art. 11.7.a) RVM que encomienda a las autoridades de vigilancia del mercado el establecimiento de los procedimientos para

30 El tenor literal de la norma reza así: "Artículo 77. Derecho a presentar una reclamación ante una autoridad de control. *1. Sin perjuicio de cualquier otro recurso administrativo o acción judicial, todo interesado tendrá derecho a presentar una reclamación ante una autoridad de control, en particular en el Estado miembro en el que tenga su residencia habitual, lugar de trabajo o lugar de la supuesta infracción, si considera que el tratamiento de datos personales que le conciernen infringe el presente Reglamento. 2. La autoridad de control ante la que se haya presentado la reclamación informará al reclamante sobre el curso y el resultado de la reclamación, inclusive sobre la posibilidad de acceder a la tutela judicial en virtud del artículo 78*".

el seguimiento de las reclamaciones o informes sobre cuestiones relativas a incumplimientos. Por tanto, compete a las autoridades nacionales competentes en cada caso establecer tales procedimientos.

5.2. EL DERECHO A EXPLICACIÓN DE DECISIONES TOMADAS INDIVIDUALMENTE

A diferencia de cuanto se acaba de razonar para el precepto inmediatamente anterior, el derecho reconocido en el art. 86 RIA sí se restringe a aquellas personas que se hayan visto afectadas o perjudicadas por la decisión acerca de la cual se le permite pedir explicaciones. En nuestra opinión, el sujeto legitimado ha de ser, además, una persona física lo que, a pesar del silencio de la norma al respecto, se infiere de la referencia a su salud, seguridad o derechos fundamentales. Los elementos cuya concurrencia exige la norma para que dicha persona pueda ejercer el derecho que en ella se le reconoce, son los siguientes:

1º.- Que el responsable del despliegue de un sistema de IA de alto riesgo que figure en el anexo III, con la excepción de los mencionados en su punto 2 —que son los que se relacionan con las infraestructuras críticas[31]—, haya tomado una decisión basándose en los resultados de salida de uno de estos sistemas.

2º.- Que dicha decisión produzca efectos jurídicos para la persona afectada "o le afecte considerablemente del mismo modo" en un sentido negativo o perjudicial para su salud, seguridad o derechos fundamentales. Entendemos que con la expresión entrecomillada ha querido el legislador referirse a aquellas decisiones que, proviniendo de responsables del despliegue que son sujetos privados, no producen en puridad efectos jurídicos sobre las personas afectadas por ellas, pero tienen una enorme trascendencia en su vida, como puede ser el caso, por ejemplo, de los sistemas que, de acuerdo con el anexo III, punto 5, letra c) del RIA pueden determinar que se conceda o no un seguro de salud a una persona o se le exija para ello una prima exorbitada. El art. 86 RIA recuerda en este

[31] El punto 2 del anexo III se refiere a "infraestructuras críticas: sistemas de IA destinados a ser utilizados como componentes de seguridad en la gestión y el funcionamiento de las infraestructuras digitales críticas, del tráfico rodado o del suministro de agua, gas, calefacción o electricidad".

punto al art. 22.1 RGPD[32], texto que, por cierto, también asiste en ciertos casos, modo y medida al interesado para conocer la lógica aplicada en la toma de decisiones automatizadas que le afecten (arts. 14.2.g) y 15.1.h) RGPD).

3º.- Por último, es preciso que el ejercicio de este derecho no esté exceptuado o restringido por otras normas del Derecho de la Unión o nacionales conformes con aquel, respecto de determinados sistemas de IA (art. 86.2 RIA).

La consecuencia es que dicha persona afectada pueda solicitar del responsable del despliegue explicaciones claras y significativas sobre el papel que el sistema de IA ha tenido en el proceso de toma de decisiones y los principales elementos de la decisión adoptada[33].

Con todo, debe tenerse en cuenta que el derecho consignado en el art. 86 RIA tiene carácter subsidiario de cualquier otra norma europea que reconozca un derecho similar en el contexto que le sea propio, como se desprende de su apartado 3 que condiciona su aplicación a "*que el derecho a que se refiere el apartado 1 no esté previsto de otro modo en el Derecho de la Unión*".

5.3. DENUNCIA DE INFRACCIONES Y PROTECCIÓN DE LOS DENUNCIANTES

El brevísimo art. 87 RIA dispone la aplicación directa de la Directiva (UE) 2019/1937[34] a la denuncia de infracciones del propio Reglamento y a la protección de las personas denunciantes.

Por esta vía y por cuanto aquí interesa, la aplicación de la citada Directiva asistirá desde luego a los sujetos reclamantes del art. 85 RIA, porque no parece que aquellos "reclamantes" sean distintos de estos "denunciantes", pero también a los proveedores posteriores del art. 89 RIA, que comentaremos enseguida.

---

32 Dispone el art. 22.1 RGPD que: "*1. Todo interesado tendrá derecho a no ser objeto de una decisión basada únicamente en el tratamiento automatizado, incluida la elaboración de perfiles, que produzca efectos jurídicos en él o le afecte significativamente de modo similar*".

33 En opinión de HERNÁNDEZ PEÑA, J. C., *El marco jurídico de la inteligencia artificial. Principios, procedimientos y gobernanza*, Editorial Thomson Reuters Aranzadi, Cizur Menor, 2022, pág. 87, el derecho a la explicación debiera generalizarse.

34 Directiva (UE) 2019/1937 del Parlamento Europeo y del Consejo, de 23 de octubre de 2019, relativa a la protección de las personas que informen sobre infracciones del Derecho de la Unión.

6. SECCIÓN 5: SUPERVISIÓN, INVESTIGACIÓN, CUMPLIMIENTO Y SEGUIMIENTO RESPECTO DE LOS PROVEEDORES DE LOS MODELOS DE IA DE USO GENERAL

Como ya hemos podido adelantar, en esta quinta y última sección del capítulo IX del RIA se establece un conjunto de disposiciones especiales que rigen la vigilancia del mercado cuando se trata de supervisar el cumplimiento de los requisitos y obligaciones que se establecen en el capítulo V del RIA para los modelos de IA de uso general.

La especialidad más destacada es el desplazamiento de las competencias para la vigilancia del mercado poscomercialización que, tratándose de estos modelos de IA de uso general, no se residencian de forma directa en las autoridades nacionales de vigilancia del mercado como hemos visto que sucede con los sistemas de IA, sino que se atribuyen directamente a la Comisión, sin perjuicio del reparto de competencias entre los Estados miembros y la Unión en virtud de los Tratados.

Para facilitar su ejercicio, el segundo inciso del art. 88.1 RIA particulariza dos facetas o aspectos de estas "competencias exclusivas": mientras que la Comisión retiene su organización, su ejecución se hace descansar en la Oficina Europea de IA que, en palabras del art. 3.47) RIA, no es sino una función de la propia Comisión[35]. Por lo que aquí interesa, la Oficina Europea de IA puede considerarse como el brazo ejecutor de la Comisión en lo atinente a la vigilancia y supervisión del mercado de modelos de IA de uso general y está dotada del estatuto propio que le brinda su norma de creación[36]. Investida de cuantos poderes o facultades se le reconocen en los arts. 89 a 93 RIA, las autoridades nacionales de vigilancia del mercado podrán recurrir a ella solicitando que los ejerza siempre que resulte necesario y proporcionado para que ellas mismas puedan, a su vez, cumplir con las suyas (art. 88.2 RIA)[37]. En este sentido y como

[35] En efecto, el art. 3.47) RIA define a la Oficina Europea de IA como "*la función de la Comisión consistente en contribuir a la implantación, el seguimiento y la supervisión de los sistemas de IA y modelos de IA de uso general, y a la gobernanza de la IA prevista por la Decisión de la Comisión de 24 de enero de 2024; las referencias hechas en el presente Reglamento a la Oficina Europea de IA se entenderán hechas a la Comisión*".

[36] Decisión de la Comisión, de 24 de enero de 2024, por la que se crea la Oficina Europea de Inteligencia Artificial (C/2024/1459). DOUE 14.2.2024.

[37] *Cfr. supra*, apartado 4.2. Las potestades de las autoridades de vigilancia del mercado en casos específicos: control de los sistemas de IA de uso general y la supervisión de las pruebas en condiciones reales.

pudimos explicar en un apartado anterior, el hecho de que las autoridades nacionales ostenten la competencia para la vigilancia de los sistemas de IA, incluidos los de uso general, y la Oficina Europea de IA la tenga para los modelos de IA de uso general en que estos se basan, obliga a arbitrar mecanismos de coordinación como el que se establece en el art. 75 y, en particular, en su apartado 3, al que se refiere el art. 88.2 RIA.

Sentado lo anterior, los arts. 89 a 93 RIA contemplan diversas actuaciones que puede emprender y llevar a cabo la Oficina Europea de IA para cerciorarse de que los proveedores de modelos de IA de uso general cumplen con todos los requisitos y obligaciones que les impone tanto el propio RIA en sus disposiciones, como los que resulten de los códigos de buenas prácticas que, de acuerdo con lo previsto en el art. 56, se hayan podido aprobar en el momento en que se realizan las funciones propias de la supervisión del mercado (art. 89.1 RIA).

En cuanto a las diversas actuaciones que se contemplan en esta sección 5, hay que destacar que la Oficina Europea de IA siempre puede actuar por propia iniciativa aunque, como veremos enseguida, aquí se establecen cauces idóneos para que también pueda hacerlo movida por la reclamación de un proveedor posterior (art. 89.2 RIA), por la alerta cualificada de los expertos independientes del grupo a que se refiere el art. 68 RIA (art. 90 RIA) o a su solicitud (arg. ex art. 91.3 RIA). Además de para adoptar cualquier otra medida que pueda considerar necesaria para cumplir con sus funciones (art. 89.1 RIA), en concreto se faculta a la Oficina Europea de IA para solicitar documentación e información a los proveedores de los modelos de IA de uso general (art. 91 RIA), para realizar evaluaciones de estos (art. 92 RIA) y para conminar a los proveedores a que adopten medidas en relación con sus modelos de IA de uso general (art. 93 RIA). Cualquiera que sea la medida que se adopte, habrán de garantizarse en todo momento las garantías procesales oportunas a los operadores concernidos (*ex* arts. 88.1 y 94 RIA).

6.1. BREVE REFERENCIA A LAS RECLAMACIONES DE LOS PROVEEDORES POSTERIORES

Este precepto otorga legitimación a los llamados "proveedores posteriores" para presentar reclamaciones ante la Oficina Europea de IA poniendo en su conocimiento la posible comisión de infracciones del Reglamento por parte de los proveedores previos de los modelos de IA de uso general[38]. La noción de proveedor posterior la proporciona el art. 3.68) RIA, que lo define como "*un proveedor de un sistema de IA, también de un sistema de IA de uso general, que integra un modelo de IA, con independencia de que el modelo de IA lo proporcione él mismo y esté integrado verticalmente o lo proporcione otra entidad en virtud de relaciones contractuales*".

De este modo, el art. 89.2 RIA permite extender la supervisión y el control de cumplimiento dentro de la propia cadena de producción y/o comercialización de sistemas y modelos de IA, con la colaboración de los propios agentes del mercado, ya que los reclamantes son también proveedores. En este sentido, parece claro que los proveedores posteriores usarán del recurso del art. 89.2 RIA únicamente en los casos en que el modelo de IA de uso general integrado en su propio sistema de IA le haya sido proporcionado por un proveedor distinto, que sería el posible infractor de las obligaciones correspondientes (recuérdese que un mismo sujeto puede reunir ambas cualidades, ser proveedor tanto del modelo de IA de uso general, como del sistema basado en aquel o que lo integra como, por ejemplo, prevé el art. 75.1 RIA). Así se extrae de los datos que el art. 89.2 RIA exige consignar en la reclamación interpuesta por los proveedores posteriores.

En cuanto al sentido que debe atribuirse al término "reclamación", consideramos que debe entenderse como una solicitud, petición o interpelación dirigida a la Oficina Europea de IA para que actúe y que puede igualmente interpretarse como el vehículo apto para la presentación de una queja. En este sentido, como ya adelantamos al glosar el art. 87 RIA, consideramos que el proveedor posterior podría invocar en su beneficio lo dispuesto en este último precepto. Lógicamente, la reclamación puede tener como resultado final (entre otros), si hubiera lugar a ello tras la oportuna investigación y sustanciación del correspondiente procedimiento sancionador con todas las garantías que les son propias, la imposición de alguna sanción al proveedor del modelo de IA de uso general, de acuerdo con lo establecido en el art. 101.1.a) RIA. Hay que excluir, sin embargo, que por medio de dicha reclamación pueda el proveedor posterior ejercer pretensión alguna de puesta en conformidad del modelo de IA de uso general respecto del que se haya producido el incumplimiento obligacional denunciado, ni tampoco ningu-

---

[38] La norma se alinea con la previsión del art. 11.3.e) del Reglamento (UE) 2019/1020, que también contempla la posibilidad de que las autoridades de vigilancia del mercado —como lo es en el caso que venimos comentando la Oficina Europea de IA— efectúen comprobaciones como consecuencia de "*reclamaciones de* [...] *operadores económicos* [...] *que puedan indicar incumplimiento*".

na suerte de indemnización, palabra que, por cierto, está plenamente ausente del RIA, tanto en singular, como en plural. Estas pretensiones, en su caso, deberán seguir otros procedimientos legales.

Por lo demás, a esta solicitud o reclamación de los proveedores posteriores se les impone un contenido mínimo:

a) el punto de contacto del proveedor del modelo de IA de uso general a que se refiera la reclamación (para su localización);
b) una descripción de los hechos y motivos que la han propiciado, así como la indicación de las disposiciones que se consideran infringidas; y
c) cualquier otra información que el proveedor posterior que presente la reclamación considere pertinente, como, por ejemplo, en su caso, información que haya recopilado por iniciativa propia.

6.2. LAS ALERTAS DEL GRUPO DE EXPERTOS CIENTÍFICOS SOBRE RIESGOS SISTÉMICOS

Sin definir su concepto, el art. 90.1 RIA prevé la posibilidad de que los miembros del grupo de expertos científicos independientes a que se refiere el art. 68 puedan dirigir a la Oficina Europea de IA "alertas cualificadas" que permitan a esta emprender acciones cuando aquellos sospechen motivadamente que un modelo de IA de uso general plantea un riesgo concreto reconocible a escala de la Unión; o que reúne las características que exige el art. 51 RIA para ser clasificado como de riesgo sistémico.

Las alertas del grupo de expertos científicos son comunicaciones que se califican de "cualificadas" por la experticia de las personas de las que proceden, lo que debe mover a la Comisión a tenerlas en especial consideración.

En cuanto al contenido de estas alertas, cabe indicar lo siguiente:

- El art. 90.1.a) RIA se refiere a la posibilidad de que el grupo de expertos científicos concrete el peligro específico que, a su criterio, puede suponer un modelo de IA de uso general a escala de la Unión[39]. El rasgo distintivo de este supuesto parece ser, justamente, ese elemento de concreción que

[39] A esta posible descripción particularizada de un "riesgo específico" (expresión que aflora en el art. 3.65 RIA) se refiere el texto con expresiones muy similares pero no idénticas en otras dos ocasiones: mientras el considerando 163 se refiere a *"un riesgo concreto e identificable a escala de la Unión"*, el art. 90.1.a) RIA, como se ha visto, prefiere aludir a *"un riesgo concreto reconocible a escala de la Unión"*.

tienen los riesgos identificados que pueden constituir objeto de la alerta cualificada *ex* art. 90.1.a) RIA.

- Por su parte, el supuesto contemplado en el art. 90.1.b) RIA se refiere a la posibilidad de que el grupo de expertos científicos sospeche o se haya percatado de que algún modelo de IA de uso general ya introducido en el mercado presenta las características que justificarían su clasificación como de riesgo sistémico sin que tal calificación se haya producido aún. Es decir, mediante esta alerta, los expertos científicos advierten a la Oficina Europea de IA de que, en su opinión, un modelo de IA de uso general tiene o puede tener, intrínsecamente y por sus propias características, capacidades de gran impacto como refiere el art. 51 RIA, por lo que es procedente la intervención de la Comisión a fin de clasificarlo, en su caso, como de riesgo sistémico, de acuerdo con lo previsto en el art. 51.1.b) RIA.

La recepción de una de estas alertas cualificadas permite a la Oficina Europea de IA, informando previamente al Comité, ejercer cualesquiera facultades de entre las que se le conceden en esta sección, a fin de evaluar convenientemente la cuestión que se le ha planteado. Su deber de informar al Comité se extiende al detalle de las medidas que adopte de acuerdo con los arts. 91 a 93 (art. 90.2 RIA)[40].

Por último, el art. 90.3 RIA establece cuál debe ser el contenido mínimo que debe presentar la notificación de una alerta cualificada, además de su imprescindible motivación, reproduciendo *mutatis mutandis* el mismo contenido que el art. 89.2 RIA requiere para las reclamaciones de los proveedores posteriores, esto es:

a) el punto de contacto del proveedor del modelo de IA de uso general con riesgo sistémico de que se trate;

b) una descripción de los hechos y los motivos por los que el grupo de expertos científicos proporciona la alerta; y

c) cualquier otra información que el grupo de expertos científicos considere pertinente, como, por ejemplo, en su caso, información que haya recopilado por iniciativa propia.

40 En nuestra opinión, es errónea la referencia a los arts. 91 a 94, ya que este último no contiene medida alguna. La remisión, rectamente, habría de hacerse, en su caso, a los arts. 91 a 93 RIA.

6.3. LOS PODERES DE LA COMISIÓN PARA SOLICITAR DOCUMENTACIÓN E INFORMACIÓN

La potestad de requerir y obtener de los proveedores de modelos de IA de uso general la información y la documentación que en cada caso puedan resultar pertinentes y necesarias tiene una importancia capital en sí misma considerada y una función instrumental respecto de las demás medidas que se contemplan en esta sección y particularmente en los preceptos subsiguientes, ya que a partir de esta información la Oficina Europea de IA no solo puede contrastar y formarse un criterio propio acerca de las situaciones que haya conocido a través de las reclamaciones de proveedores posteriores (art. 89.2 RIA) o de las alertas cualificadas del grupo de expertos científicos independientes (art. 90 RIA) sino que, además, puede tomar decisiones respecto a la pertinencia de practicar o no evaluaciones del propio modelo de IA de uso general (art. 92 RIA) y preparar la concreción de las medidas para cuya adopción puede conminar a los proveedores de dichos modelos (art. 93 RIA).

Así, el punto de partida del art. 91 RIA es otorgar amplias facultades a la Comisión para solicitar al proveedor del modelo de IA de uso general interesado la documentación preparada de acuerdo con los arts. 53 y 55 RIA y cuanta información adicional pueda ser precisa para evaluar el cumplimiento del RIA por su parte. Los preceptos citados son los que expresan la obligación de los proveedores de modelos de IA de uso general con y sin riesgo sistémico de elaborar, actualizar y mantener a disposición de quien corresponda la documentación técnica del modelo y otra información relevante.

Como antes se indicó, la Oficina Europea de IA puede cursar esta solicitud por propia iniciativa. Sin embargo, el art. 90.3 RIA contempla específicamente la posibilidad de que lo haga a petición del grupo de expertos científicos del art. 68 RIA quienes, para cumplir con las funciones que tienen encomendadas (art. 68.3 RIA) pueden necesitar en ocasiones acceder a información y/o documentación del proveedor del modelo de IA de uso general. Siempre que ello resulte necesario y proporcionado, podrá dirigir una solicitud a la Comisión debidamente motivada para que esta, a su vez, se la solicite al proveedor del modelo de IA interesado.

Por otra parte y aunque no está obligada a hacerlo, la Oficina Europea de IA puede decidir entablar un diálogo estructurado con el proveedor interesado antes de enviarle la correspondiente solicitud formal de información o documentación de acuerdo con lo antes indicado (art. 91.2 RIA). Por diálogo estructurado debe entenderse una o varias entrevistas o comunicaciones desarrolladas sobre la base de un elenco concreto de temas y con una planificación temporal adecuada.

En cualquier caso, el art. 91.4 RIA detalla el contenido mínimo que debe reunir por su parte la solicitud de información y/o documentación que la Oficina Europea de IA decida dirigir al proveedor: la indicación de la base jurídica y finalidad de la solicitud, la información que se requiere, el plazo señalado al proveedor para que la facilite y la indicación de las multas que se le pueden imponer, de acuerdo con el art. 101 RIA, si facilita información incorrecta, incompleta o engañosa.

Por último, el art. 91.5 RIA identifica el sujeto pasivo que queda constreñido por esta obligación de proporcionar información y/o documentación, así como a las personas que pueden en su nombre o interés proporcionarla, señalando: al proveedor del modelo de IA de uso general interesado o, en su caso, su representante y los abogados debidamente habilitados para este fin. Especifica la norma que si el proveedor es persona jurídica, el mandato se dirige a los representantes legales o estatutarios de las mismas. En cualquier caso y como es obvio, precisa el art. 91.5 RIA que en todos los supuestos son los representados que ostenten verdaderamente la cualidad de proveedores del modelo de IA los responsables últimos del cumplimiento de esta obligación y los que, por consiguiente, habrán de arrostrar las consecuencias negativas de su eventual incumplimiento consistente en proporcionar información incompleta, incorrecta o engañosa[41].

6.4. LOS PODERES PARA REALIZAR EVALUACIONES

En virtud de este precepto la Oficina Europea de IA está también facultada para realizar evaluaciones de modelos de IA de uso general, si bien en este caso se establece como cautela la previa consulta al Comité. Dichas evaluaciones procederán si tienen alguna de estas finalidades:

---

41 Desde el punto de vista del Derecho interno la norma contenida en el art. 91.5 RIA es muy mejorable técnicamente. En primer lugar, no se entiende la referencia al caso en que el proveedor carezca de personalidad jurídica pues si es persona física, ya la tiene, a pesar de que pueda no tener suficiente capacidad jurídica y deban prestársele apoyos para ejercitar válidamente derechos y obligaciones. Y si es persona jurídica, esa misma condición implica ya la personalidad jurídica. No parece que la norma haya querido referirse, por ejemplo, a las sociedades de hecho. Tampoco la referencia a la empresa parece muy acertada. En nuestra opinión, habría bastado con remitirse a las reglas generales de la actuación válida en Derecho, ya sea por los propios sujetos interesados o por sus representantes legales y voluntarios según los casos.

a) Evaluar si el proveedor cumple las obligaciones que le impone el RIA, cuando la información recabada con arreglo al artículo 91 resulte insuficiente. Parece claro, dada la redacción de la norma, el carácter subsidiario y dependiente de la facultad de realizar evaluaciones con respecto a la de solicitar documentación o información, porque en este supuesto se hace depender la meritada evaluación de la insuficiencia de la información obtenida mediante el recurso a la solicitud de información y documentación al proveedor por la Comisión a la que se refiere el art. 91 RIA anterior (art. 92.1.letra a) RIA).

b) Investigar riesgos sistémicos a escala de la Unión de modelos de IA de uso general con riesgo sistémico, en particular a raíz de una alerta cualificada del grupo de expertos científicos de conformidad con el artículo 90.1.a) RIA. Como puede apreciarse, la Oficina Europea de IA no depende de ninguna advertencia previa para poner en marcha una evaluación del modelo de IA con riesgo sistémico, si bien es lógico que la prosiga (y que la actuación esté particularmente justificada) cuando hubiera recibido una alerta cualificada del grupo de expertos científicos independientes en ese sentido (art. 92.1.letra b) RIA). No se indica para este supuesto si, con carácter previo al acuerdo de realización de la evaluación pertinente, deberá la Oficina Europea de IA haber agotado el recurso de solicitud de información y documentación del art. 91 RIA como sí se indica en el supuesto de la letra a) del precepto, inmediatamente anterior. Sin embargo, la lógica del procedimiento parece favorable a mantener también en este caso la misma indicación, sobre todo, porque si con esa actuación fuera suficiente, se ahorraría la Oficina Europea de IA poner en marcha actuaciones más costosas y dilatadas en el tiempo y, probablemente también, más invasivas para el proveedor del sistema de IA afectado.

Por otra parte y comoquiera que la Oficina Europea de IA puede necesitar encomendar la evaluación a personas expertas, el art. 92.2 RIA se ocupa de precisar que la Comisión podrá recurrir para este cometido al grupo de expertos científicos del independientes del art. 68 o bien a otros expertos que, en su caso, deberán reunir los mismos requisitos que a los primeros les impone el art. 68.2 RIA.

En cuanto a la solicitud de acceso al modelo de IA de uso general que resultará preciso para llevar a cabo la evaluación, deben tomarse en cuenta las reglas siguientes:

1ª.- También en este caso antes de cursar la solicitud de acceso de que se trate, podrá la Oficina Europea de IA entablar un diálogo estructurado con el proveedor con el que tratará de recabar más información sobre los ensayos internos del modelo, las salvaguardias internas para prevenir los riesgos sistémicos y otros procedimientos y medidas internas que el proveedor haya adoptado para mitigar tales riesgos (art. 92.7 RIA).

2ª.- Cuando se decida que procede solicitar el acceso al modelo, la Comisión podrá pedir hacerlo a través de herramientas y medios técnicos adecuados como pueden ser interfaces de programación de aplicaciones (API) o el código fuente (art. 92.3 RIA).

3ª.- En cuanto al contenido que debe reunir la solicitud que curse la Oficina Europea de IA y a las personas obligadas a proporcionar el acceso, cuestiones a las que se refieren los apartados 4 y 5 del art. 92 RIA, cabe reproducir las mismas consideraciones ya hechas con respecto a los mismos asuntos a propósito del art. 91.4 y 5 RIA, ya que el contenido de estas normas es esencialmente el mismo, si bien cambiando la obligación de proporcionar la correspondiente información y/o documentación, por la de proporcionar el acceso al modelo de IA de uso general de que se trate. En nuestra opinión, y aunque en el art. 92.5 no se ha incluido la precisión (como sí se hacía en el art. 91.5 RIA) de que en todo caso serán los representados que ostenten verdaderamente la cualidad de proveedores del modelo de IA los responsables últimos del cumplimiento de esta obligación y quienes, por consiguiente, habrán de arrostrar las consecuencias negativas de su eventual incumplimiento, consistente en no proporcionar el acceso al modelo que se les solicita, esta consecuencia cae por el peso de las reglas generales en materia de representación legal y voluntaria.

Por último, debe tenerse en cuenta que la Comisión está llamada a adoptar actos de ejecución para establecer disposiciones detalladas sobre las modalidades y las condiciones de las evaluaciones, así como sobre la participación de expertos independientes y su proceso de selección (art. 92.6 RIA). Estos actos de ejecución deberán adoptarse siguiendo el procedimiento previsto en el art. 98.2 RIA.

6.5. LOS PODERES PARA SOLICITAR A LOS PROVEEDORES QUE ADOPTEN MEDIDAS

Como resultado de cualquiera de las actuaciones posibles que contemplan los artículos precedentes, la Comisión puede concluir la necesidad de que los proveedores de los modelos de IA interesados adopten determinadas medidas y el art. 93 RIA la faculta para conminarles a ello. En particular, puede requerirles para:

a) adoptar las medidas oportunas para cumplir las obligaciones establecidas en los arts. 53 y 54; y

b) aplicar medidas de reducción de riesgos cuando, tras una evaluación efectuada de acuerdo con lo previsto en el art. 92 RIA anterior, se haya apreciado que existen motivos serios y fundados de preocupación por la existencia de un riesgo sistémico a escala de la Unión;

c) restringir la comercialización del modelo, retirarlo del mercado o recuperarlo.

Como ya sucediera en los arts. 91.2 en materia de solicitud de información y/o documentación y 92.7 con respecto a la solicitud de acceso al modelo a efectos de evaluación, también el art. 93.2 RIA establece la facultad de la Oficina Europea de IA de entablar con los proveedores interesados un diálogo estructurado previo al requerimiento para que adopten medidas. En esta ocasión, la eficacia de ese proceso de diálogo puede ser decisiva ya que si, durante el mismo, el proveedor del modelo de IA de uso general se compromete a adoptar medidas de mitigación del riesgo sistémico detectado a escala de la Unión, la Comisión puede emitir su decisión en el sentido de hacer vinculantes los compromisos asumidos por el proveedor y declarar que no hay ya motivos para actuar (art. 93.3 RIA).

Obviamente, esto no empece para que la Comisión, a partir de ese momento, pueda efectuar el seguimiento y supervisión del cumplimiento de dichos compromisos y su efectiva repercusión en el funcionamiento del modelo de IA de uso general de que se trate, en los mismos términos y condiciones que si se tratase de cualquier otro modelo sujeto a sus competencias de vigilancia del mercado.

6.6. LAS GARANTÍAS PROCESALES

Para finalizar este apartado y, con él, el tratamiento dispensado aquí al capítulo IX del RIA, hemos de referirnos brevemente a las garantías procesales que asisten a los operadores económicos del modelo de IA de uso general, a tenor del art. 94 RIA. Se trata de una norma de remisión a las garantías previstas en el art. 18 del Reglamento (UE) 2019/1020 que habrán de aplicarse aquí con las adaptaciones que requiera la especialidad de la materia regulada y sin perjuicio de otras garantías procesales más específicas que puedan haberse arbitrado en el propio RIA.

Se extienden así a los proveedores de sistemas de IA de uso general los derechos procedimentales que allí se reconocen a los operadores económicos y que, básicamente, consisten en lo siguiente:

a) la necesidad de motivación exacta de toda medida, decisión u orden que adopten las autoridades de vigilancia del mercado;
b) la necesidad de comunicación inmediata o sin demora de la medida, decisión u orden adoptada, con indicación de las vías de recurso disponibles y del plazo para su interposición; y
c) la concesión de un trámite de audiencia en un plazo no inferior a diez días hábiles, salvo causa justificada. En este último caso, de no haber dispuesto el proveedor de esta prerrogativa, deberá ser oído tan pronto como sea posible y la autoridad de vigilancia del mercado deberá revisar la medida, decisión u orden correspondiente sin demora.

III. ANÁLISIS DEL CAPÍTULO X. CÓDIGOS DE CONDUCTA Y DIRECTRICES

Como pusimos de relieve en la introducción de este capítulo, a la hora de construir el marco normativo general de la inteligencia artificial consignado en el RIA, el legislador europeo ha querido dar voz e involucrar en la tarea regulatoria a múltiples partes interesadas, particularmente, a aquellos sectores de la industria y la tecnología más directamente relacionados con el desarrollo y la generalización del uso de la inteligencia artificial en sus más amplios sentidos.

De acuerdo con ello y junto a la regulación jurídica vinculante que prepondera en el RIA[42], se ha querido dar entrada en él a mecanismos propios de la autorregulación y la corregulación[43], como son la normalización, los códigos

---

[42] Entendemos por tal el conjunto de normas imperativas y dispositivas que emanan directamente de los órganos de la Unión Europea con poder legislativo, resultado del ejercicio directo de sus competencias en la materia y fruto de su elaboración conforme a los procedimientos legislativos establecidos en los Tratados. Se trata, en definitiva, de la norma jurídica directamente vinculante impuesta en sentido vertical o desde arriba por los poderes públicos a los sujetos destinatarios de sus mandatos.

[43] No es posible profundizar aquí en los diversos modelos regulatorios, puros o hibridados, que pueden inspirar la actuación de los poderes legislativos. Baste con señalar al respecto

de buenas prácticas y los códigos de conducta[44]. Nuestra exposición se centrará aquí sobre estos últimos, a los que se dedica el art. 95 RIA.

Por otra parte, la apelación que el RIA hace a la Comisión para que elabore directrices que faciliten la ejecución práctica de algunas normas y procesos, muestra que el legislador europeo es consciente de que la complejidad de las normas dificulta en buena medida su correcto cumplimiento por parte de sus destinatarios naturales y de los beneficios que conlleva lograr un nivel adecuado de homogeneización de dicha ejecución práctica en todo el territorio de la Unión. A través de las directrices de la Comisión, los destinatarios de las normas del RIA podrán hacerse una idea mucho más clara y ajustada de lo que se les exigirá en virtud de las normas sobre cuya aplicación, en cada caso, versen las correspondientes directrices. A pesar de que las invocaciones a la Comisión para que las dicte aparecen de forma dispersa en el articulado de la norma y cuando la materia lo requiere, el art. 96 RIA se dedica, justamente, a compilar sobre qué aspectos deberán dictarse.

---

del sentido e importancia de los mecanismos de autorregulación y, sobre todo, de corregulación, lo indicado en el *Libro Blanco de la Gobernanza Europea*, COM (2001) 428 final (2001/C 287/01), publicado en DOUE de 12 de octubre de 2001.

Sobre el asunto, con más profundidad, *cfr.* DANARCULETTA GARDELLA, M.ª. M., *Derecho administrativo y autorregulación: la autorregulación regulada,* Editorial Universidad de Girona, Girona, 2002. Versión electrónica: http://hdl.handle.net/10803/7681; ESTEVE PARDO, J., *Autorregulación. Génesis y efectos,* Editorial Aranzadi, Cizur Menor, 2002; DANARCULETTA GARDELLA, M.ª. M., "La autorregulación y sus fórmulas como instrumentos de regulación de la economía", en *Revista General de Derecho Administrativo,* núm. 13, 2009; LAGUNA DE PAZ, J. C., "Regulación, externalización de actividades administrativas y autorregulación", en *Revista de administración pública,* núm. 185, 2011; CAFAGGI, F., "Los nuevos fundamentos de la regulación privada transnacional", en *Revista de Derecho Privado,* núm. 26, 2014; ALBERTSEN, J. C., "El buen gobierno a través de un esquema de autorregulación regulada", en RODRÍGUEZ-ARANA MUÑOZ, J. (dir.), *La buena administración del procedimiento administrativo en el derecho administrativo iberoamericano,* Editorial Colex, 2024. Sobre Internet y el mundo digital, puede verse BARRIO ANDRÉS, M., *Derecho Público e Internet: la actividad administrativa de regulación de la Red,* Editorial Instituto Nacional de Administración Pública INAP, Madrid, 2017.

44 La importancia de la normalización, a la que se alude en muchos otros lugares del RIA, aflora claramente en la sección 5 del capítulo III, particularmente en el art. 40, al que nos remitimos. Por su parte, los códigos de buenas prácticas son objeto específico del art. 56 RIA que conforma en solitario la sección 4 del capítulo V. Igualmente sobre este punto hemos de remitirnos al capítulo correspondiente de esta obra.

Aunque, como puede fácilmente percibirse, entre los códigos de conducta del art. 95 y las directrices de la Comisión del art. 96 RIA no hay identidad de razón que justifique su tratamiento conjunto y aislado en un capítulo específico dedicado a ello, su nexo de unión quizá pueda hallarse en el hecho de que unos y otras se incardinan en el ámbito del *soft law* y persiguen, desde postulados y métodos diversos de elaboración, acercar las normas a sus más directos destinatarios, facilitándoles su cumplimiento.

1. LOS CÓDIGOS DE CONDUCTA

En sentido amplio, un código de conducta puede definirse como un conjunto sistematizado de normas elaborado por una determinada organización (sociedad, asociación, fundación, colectivos de la sociedad civil, etc.) para autorregularse en algún aspecto y que, una vez aprobado, resulta de obligado cumplimiento para sus miembros. Su contenido y finalidad puede ser muy diverso[45]. En los sectores económicos regulados (mercados de valores, entidades financieras, seguros, competencia, etc.), los códigos se elaboran *ad internum* por las empresas pero con base en una previsión legal al respecto contenida en alguna norma jurídica a cuyos principios y reglas deben los códigos de conducta ulteriores adaptarse.

---

45 Sobre los códigos de conducta, tanto en general, como en algunos ámbitos sectoriales concretos que pueden presentar concomitancias con la inteligencia artificial y su regulación, *cfr.* MALUQUER DE MOTES BERNET, C. J., "Los códigos de conducta como fuente de Derecho", en *Derecho Privado y Constitución,* núm. 17, 2003; LLÁCER MATACÁS, M.ª. R., "Códigos de conducta y *on-line dispute resolutions:* una aproximación a la privatización del Derecho", en *Anuario de Derecho Civil,* Tomo LXVII, fasc. IV, 2009; GARCÍA RUBIO, M.ª. P., "Responsabilidad social empresarial y autorregulación. Los códigos de conducta y las fuentes del Derecho", en *Boletín del Ministerio de Justicia,* núm. 2141, 2012; ORNELAS, L. e HIGUERA PÉREZ, M., "La autorregulación en materia de protección de datos personales: la vía hacia una protección global", en *Revista de Derecho, Comunicaciones y Nuevas Tecnologías*; núm. 9, 2013; LAZCANO BROTÓNS, I. "Los códigos de autorregulación de los contenidos audiovisuales y sus efectos jurídicos", en *Revista Vasca de Administración Pública,* núms. 99-100, 2014; GALIANA SAURA, A., "Autorregulación a través de códigos de conducta privados. Seguridad jurídica y límites desde una perspectiva iusfilosófica", en *Sistema: revista de ciencias sociales;* núm. 260; 2021; SERRANO PÉREZ, M.ª. M., "Algunos elementos de los códigos de conducta: la autorregulación regulada", en *Asuntos constitucionales,* núm. 0, 2021; y LÓPEZ JIMÉNEZ, D., "La autorregulación en materia de consumo: especial valoración del mundo digital", en *Actualidad Jurídica Iberoamericana,* núm. 17, 2022.

De acuerdo con su rúbrica, la finalidad primordial de los códigos de conducta a los que se refiere el art. 95 RIA es la de propiciar que el cumplimiento de los requisitos que se imponen necesaria y obligatoriamente en su capítulo III, sección 2 para los sistemas de IA de alto riesgo se extiendan también, mediante la adhesión voluntaria a estos códigos, a los sistemas de IA que no respondan a aquella calificación; es decir, a cualesquiera otros que presenten umbrales de riesgo inferiores que los dejan fuera de la catalogación del sistema de IA como de alto riesgo.

En este sentido, el legislador europeo hace en el art. 95.1 un llamamiento tanto a la Oficina Europea de IA como a los Estados miembros para que, teniendo en cuanta las soluciones técnicas disponibles y las mejores prácticas del sector, fomenten y faciliten la elaboración de estos códigos que, además, deberán establecer los correspondientes mecanismos de gobernanza. Cabe precisar, pese al silencio de la norma en este punto, que los sujetos llamados a elaborar estos códigos de conducta para la adopción voluntaria de requisitos específicos de los sistemas de IA son los proveedores, pues también ellos son los destinatarios naturales de la obligación de cumplir con tales exigencias *ex* arts. 8 a 15 RIA cuando el sistema es de alto riesgo (arg. *ex* arts. 16, 95.1 y 95.2 y 3 RIA).

A tenor del art. 95.2 RIA, los códigos de conducta pueden tener también otras finalidades distintas, directamente relacionadas con la autoimposición de otros requisitos específicos dirigidos a evitar que los sistemas de IA causen perjuicios en otros bienes jurídicos que en todo caso deben respetar y a cuya protección, además, debieran contribuir. Así, este apartado reproduce nuevamente la encomienda a la Oficina Europea de IA y a los Estados miembros para que faciliten la elaboración de códigos de conducta destinados a propiciar la adhesión a ellos y su aplicación también por parte de los responsables del despliegue de los sistemas de IA, con la finalidad de reforzar por la vía de la autorregulación el compromiso de todo el sector no solo con una IA ética (letra a), sino también con la tutela de bienes jurídicos especialmente valiosos como son la sostenibilidad medioambiental y la eficiencia energética (letra b), la necesaria promoción de la alfabetización en materia de IA (letra c), la necesidad de facilitar diseños inclusivos y diversos de los sistemas de IA (letra d) y la protección de las personas o colectivos vulnerables, con particular atención a la accesibilidad de las personas con discapacidad a la inteligencia artificial y el respeto a la igualdad de género (letra e)[46]. Para que el compromiso con estos fines sea firme y comprobable y no se quede meramente en la superficie, el art. 95.2 RIA ordena tener en cuenta objetivos claros e indicadores clave de resultados para medir la consecución de dichos objetivos.

El apartado 3 del art. 95 RIA precisa que la elaboración de estos códigos de conducta corresponde a los proveedores o a los responsables del despliegue de sistemas de IA particulares, pero también a las organizaciones que los representen, pudiendo actuar todos juntos o por separado. Se admitirá la participación de cualquier otra parte interesada y sus organizaciones representativas, entre los que se destacan a modo de ejemplo en el precepto las organizaciones de la sociedad civil y el mundo académico. Como los códigos de conducta pueden tener por objeto uno o varios sistemas de IA, parece lógico que, si se trata de una pluralidad de ellos, presenten similitud en sus respectivas finalidades.

Por último, el art. 95.4 RIA termina efectuando un llamamiento especial a la Oficina Europea de IA y a los Estados miembros para que, a la hora de fomentar y facilitar la elaboración de los códigos de conducta, tengan en cuenta los intereses y necesidades específicos de las pymes, incluidas las empresas emergentes o *startups*.

Ya al margen del contenido específico del art. 95 RIA, debe tenerse en cuenta que el art. 112.7 RIA encomienda a la Comisión la tarea de evaluar la incidencia y eficacia de estos códigos de conducta por primera vez a los cuatro años de la entrada en vigor del Reglamento y luego, de modo periódico, cada tres años.

Para terminar con este apartado y aunque se desenvuelve en un ámbito diferente del RIA y no admite un paralelismo con la norma del art. 95 RIA, parece oportuno mencionar la iniciativa en torno al llamado "Código de Conducta Internacional del Proceso de Hiroshima" (o Código de Hiroshima). Promovido en el contexto de la construcción de un marco político global para la inteligencia artificial auspiciado por la Unión Europea y otros miembros del G7, tiene como objetivo lograr una IA segura y fiable en todo el mundo. Proporciona orientaciones voluntarias para las acciones de las organizaciones que desarrollan los sistemas de IA más avanzados, incluidos los modelos básicos más avanzados y la IA generativa. Las organizaciones deben seguir estas acciones en consonancia con un enfoque basado en el riesgo. Este código de conducta es un documento vivo que se revisará y actualizará según sea necesario, en particular mediante con-

---

[46] En relación con los distintos aspectos en que los códigos de conducta están llamados a incidir, véanse también los considerandos 20, 27, 165 y 174 del RIA.

sultas multilaterales inclusivas en curso, con el fin de garantizar que siga siendo adecuado para su finalidad y responda a esta tecnología en rápida evolución[47].

2. LAS DIRECTRICES DE LA COMISIÓN

Las directrices de la Comisión Europea, en general, son comunicaciones y se consideran instrumentos atípicos de *soft law* a través de los cuales aquella intenta ofrecer a los Estados miembros y a los operadores económicos un marco de referencia claro y coherente sobre aspectos de su interés en un sector específico.

A decir de la doctrina, tienen una evidente "función pedagógica" y en ellas la Comisión, a partir de los principios aplicables a un sector concreto, extraídos de la legislación y la jurisprudencia, efectúa una labor de reordenación, sistematización y generalización que le permite marcar pautas claras de actuación a los Estados miembros o a los operadores económicos. Así, sobre ellas se ha dicho que finalmente constituyen "*auténticas disciplinas sectoriales, relativas a los diferentes sectores industriales a los que son de aplicación*" y que "*se publican con un claro afán de seguridad jurídica*"[48]. Aunque su eficacia jurídica ha sido objeto de debate doctrinal y jurisprudencial, tradicionalmente se les ha negado carácter vinculante para el TJUE, los Estados miembros y los operadores económicos, no así para la propia Comisión que, en virtud del principio de confianza legítima de los administrados, sí debe quedar generalmente vinculada por sus propias comunicaciones y directrices[49]. Con todo, es claro que por la vía de los hechos logran obtener un gran impacto en la forma en que se implementan y aplican las leyes de la UE.

Por cuanto concierne al art. 96 RIA, podríamos definir las directrices de la Comisión como el conjunto de pautas que el legislador le encomienda elaborar con el fin de proporcionar a los operadores una orientación valiosa sobre cómo

---

47 Para más información, *cfr. Declaración de los dirigentes del G-7 sobre el proceso de la IA de Hiroshima*, de 30 de octubre de 2023. Disponible en: https://digital-strategy.ec.europaeu/es/library/g7-leaders-stament-hiroshima-ai-process

48 En el texto hemos seguido el planteamiento de PÉREZ RIVARÉS, J. A., "Los efectos jurídicos de las Directrices de la Comisión Europea en materia de ayudas de Estado", en *Revista Electrónica de Estudios Internacionales,* núm. 21, 2011. Las palabras entrecomilladas se hallan en la pág. 4.

49 Sobre este asunto, nos remitimos al trabajo de PÉREZ RIVARÉS, J. A. citado en la nota anterior.

se deben interpretar y aplicar en la práctica las disposiciones del RIA a las que tales directrices deben referirse.

La elaboración de directrices no está limitada a un elenco taxativo de supuestos, sino que el art. 96.1 RIA se pronuncia en los más amplios términos posibles cuando se refiere a la elaboración de directrices por parte de la Comisión, que pueden abarcar cualesquiera aspectos que las requieran para la aplicación práctica del RIA. En cuanto al listado que a continuación se proporciona, se limita a enumerar una serie de aspectos del articulado de la norma para los que ya se hace un encargo particular a la Comisión.

Desborda nuestro cometido en estas páginas abordar el análisis de cada uno de los aspectos y preceptos sobre los que el Parlamento Europeo y el Consejo ordenan ya a la Comisión elaborar directrices que esclarezcan su sentido y cómo han de aplicarse en la práctica, pero su mera lectura permite apreciar que se trata de cuestiones especialmente trascendentes en el ámbito del RIA y/o de gran complejidad:

a) la aplicación de los requisitos y obligaciones a que se refieren los artículos 8 a 15 y el artículo 25 del RIA;
b) las prácticas prohibidas a que se refiere el artículo 5 del RIA;
c) la aplicación práctica de las disposiciones relacionadas con modificaciones sustanciales;
d) la aplicación práctica de las obligaciones de transparencia establecidas en el artículo 50 del RIA;
e) información detallada sobre la relación entre el RIA y la lista de actos legislativos de armonización de la Unión enumerados en el anexo I, así como otras disposiciones de Derecho de la Unión pertinentes, también por cuanto se refiere a la coherencia en su aplicación;
f) la aplicación de la definición de sistema de IA que figura en el artículo 3, punto 1 del RIA.

El párrafo tercero del propio art. 96.1 RIA conmina a la Comisión a tener particularmente en cuenta en la elaboración de estas directrices el estado de la técnica generalmente reconocido en materia de IA, así como las normas armonizadas y especificaciones comunes pertinentes a que se refieren los artículos 40 y 41, o las normas armonizadas o especificaciones técnicas que se establezcan con arreglo al Derecho de armonización de la Unión.

Por su parte, desde un enfoque más general, el párrafo segundo del mismo art. 96.1 RIA solicita de la Comisión una atención especial a las necesidades de las pymes, incluidas las empresas emergentes, de las administraciones públicas locales y de los sectores que tengan más probabilidades de verse afectados por el RIA a la hora de publicar sus directrices.

Por último, de acuerdo con lo previsto en el art. 96.2 RIA, corresponde también a la misma Comisión la función de actualizar las directrices que hubiere adoptado cuando ello se considere necesario, una actualización que puede emprender por propia iniciativa o a petición de los Estados miembros de la Unión o de la Oficina Europea de IA.

IV. A MODO DE CONCLUSIÓN

Tras cuanto se ha expuesto a lo largo de las páginas precedentes, se comprenderá que no queramos abandonarlas sin hacer una breve reflexión acerca de la, en ocasiones, innecesaria complejidad que presentan las normas del RIA y el amplio margen de mejora que, a nuestro modo de ver, admiten desde el punto de vista de una buena técnica legislativa. La estructura de los capítulos, no siempre fácilmente justificable, la reiteración innecesaria en preceptos sucesivos de consecuencias que bien podrían agruparse, la cierta aleatoriedad que en ocasiones se observa a la hora de decantar las rúbricas de capítulos, secciones y títulos..., todo ello redunda en perjuicio de la imprescindible claridad de una norma tan importante como esta y que ambiciona convertirse en el modelo regulatorio de la IA para el resto del mundo.

En este sentido, también se echan particularmente en falta la multitud de ejemplos que en otros reglamentos y directivas paneuropeos pueblan los considerandos de sus partes expositivas, ayudando al intérprete jurista a aterrizar sobre la realidad cotidiana el supuesto que tenía en mente el legislador cuando plasmó para él, con una literalidad concreta, las reglas jurídicas pertinentes. Tampoco ayuda a la mejor comprensión del texto el trepidante ritmo que se ha impuesto a la tarea de los lingüistas juristas pues, a pesar de sus indudables y denodados esfuerzos por ofrecernos el RIA en su mejor versión española, en no pocas ocasiones es preciso volver la vista atrás, leer y releer un precepto para tratar de esclarecer un sentido que, por la extensión de las frases o el orden de sus elementos, resulta esquivo a la interpretación y más aún cuando se lo pone en relación con otros en cuyo contexto se inserta.

Seguramente la inversión de algo más de tiempo en perfeccionar la versión aprobada del RIA elevaría en mucho la calidad del producto final; un tiempo que, sin duda, el legislador europeo ha considerado que no podía seguir escatimando a la publicación de la norma en el DOUE, que pondrá en marcha el contador de los meses y años que faltan para que sus normas, sucesivamente, vayan entrando en vigor.

Cuando ello suceda y comience a aplicarse, estaremos en situación de juzgar su eficacia. Entretanto, lo que parece claro es que el RIA es hijo de nuestra época, una que exige a los humanos ritmos acelerados que se acompasan mal con la elaboración de normas jurídicas depuradas, decantadas al albur de reflexiones sosegadas y pulimentos sucesivos.

Capítulo VI
RÉGIMEN SANCIONADOR

JOAQUÍN DELGADO MARTÍN
Magistrado de la Sala Penal de la Audiencia Nacional
Miembro de la Red Judicial de Especialistas en Derecho UE (REDUE)

I. SOBRE EL RÉGIMEN SANCIONADOR PARA LA EFECTIVIDAD DEL RIA

El RIA contiene determinadas disposiciones destinadas a garantizar su eficacia mediante la imposición de sanciones y otras medidas de ejecución.

Como afirma el propio considerando 168 del RIA:

> *"Los Estados miembros deben tomar todas las medidas necesarias para garantizar que se apliquen las disposiciones del presente Reglamento, incluso estableciendo sanciones efectivas, proporcionadas y disuasorias para las infracciones, lo que incluye respetar el principio de non bis in idem. A fin de reforzar y armonizar las sanciones administrativas por infracción del presente Reglamento, deben establecerse los límites máximos para la imposición de las multas administrativas en el caso de ciertas infracciones concretas. A la hora de determinar la cuantía de las multas, los Estados miembros deben tener en cuenta, en cada caso concreto, todas las circunstancias pertinentes de la situación en cuestión, considerando especialmente la naturaleza, gravedad y duración de la infracción y de sus consecuencias, así como el tamaño del proveedor, en particular si este es una pyme o una empresa emergente. El Supervisor Europeo de Protección de Datos debe estar facultado para imponer multas a las instituciones, los órganos y los organismos de la Unión incluidos en el ámbito de aplicación del presente Reglamento".*

El régimen sancionador contenido en el RIA se configura en torno a tres elementos, y se recoge en tres preceptos:

a) Un régimen sancionador general, contenido en el artículo del 99 RIA por falta de cumplimiento de la normativa por parte de los operadores, y cuya concreción se encomienda a los Estados miembros.

b) Un régimen sancionador específico para la propia Administración de la Unión Europea (UE), contenido en el artículo 100 del RIA y que está referido a las instituciones, los órganos y los organismos de la Unión. Su competencia se atribuye al Supervisor Europeo de Protección de Datos (SEPD).

c) Un régimen sancionador específico para los proveedores de modelos de inteligencia artificial de uso general o de propósito general, que se contiene en el artículo del 101 RIA, y cuya competencia se atribuye a la Comisión Europea.

II. RÉGIMEN SANCIONADOR GENERAL

Corresponde a los Estados miembros establecer el régimen de sanciones por las infracciones del RIA que cometan los operadores, con las siguientes limitaciones recogidas en el propio artículo 99 del RIA:

a) Efectividad de sanciones: debe tratarse de sanciones efectivas, proporcionadas y disuasorias.
b) Efectividad de medidas de ejecución: deben adoptar todas las medidas necesarias para garantizar que se aplican las mencionadas sanciones.
c) Directrices de la Comisión: debe tener en cuenta las directrices emitidas por la Comisión Europea con arreglo al artículo 96 del RIA.
d) Pymes: deben tener en cuenta los intereses de las pymes, incluidas las empresas emergentes o *startups*, así como su viabilidad económica.

Pese a que no nos encontramos con una Directiva, sino con un Reglamento, el artículo 99 del RIA tiene elementos que necesitan un desarrollo normativo en el ordenamiento interno de cada Estado miembro de tal manera que lleva consigo una especie de armonización normativa "blanda", especialmente mediante la exigencia de que las sanciones sean efectivas, proporcionadas y disuasorias. De esta manera, se respetan las especificidades del régimen sancionador de los Estados miembros, esto es, los principios, las autoridades competentes y el procedimiento sancionador.

Esta forma de actuar viene siendo utilizada por la UE en otros Reglamentos, pudiéndose citar como ejemplos el artículo 83 del Reglamento (UE) 2016/679 del Parlamento Europeo y del Consejo, de 27 de abril de 2016, relativo a la protección de las personas físicas en lo que respecta al tratamiento de datos personales y a la libre circulación de estos datos y por el que se deroga la Directiva 95/46/CE (RGPD), o el artículo 16 del Reglamento (UE) 2020/1998 del Consejo, de 7 de diciembre de 2020, relativo a medidas restrictivas contra violaciones y abusos graves de los derechos humanos.

1. CATÁLOGO DE INFRACCIONES

1.1. INFRACCIONES MUY GRAVES

No respetar la prohibición de las prácticas de IA a que se refiere el artículo 5 del RIA (art. 99.3 RIA).

1.2. INFRACCIONES GRAVES

Incumplimiento por parte de un sistema de IA de cualquiera de las disposiciones que figuran a continuación en relación con los operadores o los organismos notificados, distintas de los mencionados en el artículo 5 del RIA (art. 99.4 RIA):

a) Las obligaciones de los proveedores con arreglo al artículo 16;
b) Las obligaciones de los representantes autorizados con arreglo al artículo 22;
c) Las obligaciones de los importadores con arreglo al artículo 23;
d) Las obligaciones de los distribuidores con arreglo al artículo 24;
e) Las obligaciones de los responsables del despliegue con arreglo al artículo 26;
f) Los requisitos y obligaciones de los organismos notificados con arreglo al artículo 31, al artículo 33, apartados 1, 3 y 4, o al artículo 34; y
g) Las obligaciones de transparencia de los proveedores y usuarios con arreglo al artículo 50.

1.3. INFRACCIONES LEVES

La presentación de información inexacta, incompleta o engañosa a organismos notificados o a las autoridades nacionales competentes en respuesta a una solicitud (art. 99.5 RIA).

2. ELEMENTO SUBJETIVO

Las anteriores infracciones serán castigadas tanto si se realizan de forma deliberada (dolo), como si tienen lugar por negligencia (imprudencia). Así se deduce de la letra i) del artículo 99.7 del RIA.

3. SANCIONES

3.1. CONTEMPLADAS POR EL PROPIO RIA

Por infracciones muy graves: multas administrativas de hasta 35.000.000 euros o, si el infractor es una empresa, de hasta el 7% de su volumen de negocios mundial total correspondiente al ejercicio financiero anterior, si esta cuantía fuese superior (art. 99.3 RIA).

Por infracciones graves: multas administrativas de hasta 15.000.000 euros o, si el infractor es una empresa, de hasta el 3% de su volumen de negocios mundial total correspondiente al ejercicio financiero anterior, si esta cuantía fuese superior (art. 99.4 RIA).

Por infracciones leves: multas administrativas de hasta 7.500.000 euros o, si el infractor es una empresa, de hasta el 1% del volumen de negocios mundial total correspondiente al ejercicio financiero anterior, si esta cuantía fuese superior (art. 99.5 RIA).

3.2. CONTEMPLADAS POR EL ORDENAMIENTO INTERNO

De los términos del artículo 99.1 del RIA se deduce que el ordenamiento interno de los Estados miembros puede establecer otras infracciones, que resulten complementarias a las fijadas por el propio RIA y que se acaban de examinar.

En similar sentido, y en materia de protección de datos personales, la Ley Orgánica 3/2018, de 5 de diciembre, de Protección de Datos Personales y garantía de los derechos digitales (LOPDGDD) introdujo un listado de infracciones (arts. 71 y ss. LOPDGDD) más concreto que el contenido del RGPD. Cabe recordar que el artículo 71 de la LOPDGDD dispone que "*constituyen infracciones los actos y conductas a las que se refieren los apartados 4, 5 y 6 del artículo 83 del Reglamento (UE) 2016/679, así como las que resulten contrarias a la presente ley orgánica*", y en los artículos 72 y siguientes contiene el catálogo de infracciones muy graves, graves y leves.

4. CRITERIOS PARA INDIVIDUALIZAR LA RESPONSABILIDAD

El artículo 99.7 del RIA recoge diferentes elementos para fijar la cuantía de la multa, teniendo en cuenta consideración todas las circunstancias pertinentes de la situación de que se trate; así como, en su caso, los siguientes criterios:

a) La naturaleza, la gravedad y la duración de la infracción y de sus consecuencias, teniendo en cuenta la finalidad del sistema de IA y, cuando proceda, el número de personas afectadas y el nivel de los daños que hayan sufrido;
b) Si otras autoridades de vigilancia del mercado de uno o varios Estados miembros han impuesto ya multas administrativas al mismo operador por la misma infracción;
c) Si otras autoridades han impuesto ya multas administrativas al mismo operador por infracciones de otros actos legislativos nacionales o de la Unión, cuando dichas infracciones se deriven de la misma actividad u omisión que constituya una infracción pertinente del presente Reglamento;
d) El tamaño, el volumen de negocios anual y la cuota de mercado del operador que comete la infracción;
e) Cualquier otro factor agravante o atenuante aplicable a las circunstancias del caso, como los beneficios financieros obtenidos o las pérdidas evitadas, directa o indirectamente, a través de la infracción.
f) El grado de cooperación con las autoridades nacionales competentes con el fin de poner remedio a la infracción y mitigar sus posibles efectos adversos;
g) El grado de responsabilidad del operador, teniendo en cuenta las medidas técnicas y organizativas aplicadas;
h) La forma en que las autoridades nacionales competentes tuvieron conocimiento de la infracción, en particular si el operador notificó la infracción y, en tal caso, en qué medida;
i) La intencionalidad o negligencia en la infracción; y
j) Las acciones emprendidas por el operador para mitigar los perjuicios sufridos por las personas afectadas.

Como puede observarse, algunos de los anteriores criterios determinan una agravación de la responsabilidad (agravantes) y otros una atenuación (atenuantes).

5. AUTORIDAD COMPETENTE

El primer inciso del artículo 99.9 del RIA establece lo siguiente: "*En función del ordenamiento jurídico de los Estados miembros, las normas relativas a las multas administrativas podrán aplicarse de tal modo que las multas las impongan órganos jurisdiccionales nacionales competentes u otros organismos, según proceda en dichos Estados miembros*".

De esta manera, será autoridad competente para sancionar aquélla que tenga atribuida la competencia en el Estado miembro de conformidad con su normativa interna. La normativa española todavía no ha realizado la atribución competencial, por lo que resultará necesaria la correspondiente adaptación legislativa, aunque en principio parece que corresponderá a la AESIA, la Agencia Española de Supervisión de la Inteligencia Artificial.

Pues bien, el artículo 99.9 del RIA admite que las sanciones sean impuestas por los órganos jurisdiccionales nacionales competentes o bien por otros organismos. En todo caso, la aplicación de las normas sancionadores en los Estados miembros tendrá un efecto equivalente (último inciso del art. 99.9 RIA).

6. PROCEDIMIENTO

Se aplicará el procedimiento sancionador previsto por el ordenamiento interno del Estado miembro, teniendo en cuenta que el artículo 99.9 del RIA recoge una doble posibilidad: la imposición por los órganos jurisdiccionales nacionales competentes, o bien por organismos administrativos competentes.

Según el artículo 99.10 del RIA, el ejercicio de poderes en virtud del presente artículo estará sujeto a garantías procesales adecuadas de conformidad con el Derecho de la Unión y nacional, entre ellas la tutela judicial efectiva y el respeto de las garantías procesales.

En caso de imposición de la sanción por un órgano judicial, son plenamente aplicables las garantías propias del proceso penal.

Si la sanción es impuesta por una autoridad administrativa, resultan de aplicación las garantías del procedimiento administrativo sancionador.

Asimismo, la persona afectada tiene derecho de acceso a la justicia mediante un recurso judicial idóneo, lo que se examina en el apartado siguiente. Es necesario recordar que el Tribunal Constitucional ha extendido el ejercicio de los derechos fundamentales que recoge el artículo 24 de la Constitución al ámbito del procedimiento administrativo sancionador (STC 160/2002, de 16 de noviembre). Y, por otro lado, el artículo 53.2 de la Ley 39/2015, de 1 de octubre, del Procedimiento Administrativo Común de las Administraciones Públicas, establece que, además de los derechos previstos en el artículo 53.1, en el caso de procedimientos administrativos de naturaleza sancionadora, los presuntos responsables tendrán los siguientes derechos:

a) A ser notificado de los hechos que se le imputen, de las infracciones que tales hechos puedan constituir y de las sanciones que, en su caso, se les pudieran imponer, así como de la identidad del instructor, de la autoridad competente para imponer la sanción y de la norma que atribuya tal competencia.

b) A la presunción de no existencia de responsabilidad administrativa mientras no se demuestre lo contrario.

7. RECURSO JUDICIAL EFECTIVO

El ordenamiento nacional de cada Estado miembro ha de establecer los medios para que la persona afectada ejercite el derecho a recurso judicial efectivo frente a las sanciones impuestas por la autoridad nacional competente.

En la normativa europea de derechos humanos, el concepto de derecho de acceso a la justicia se recoge en los artículos 6 y 13 del Convenio Europeo de Derechos Humanos (CEDH) y en el artículo 47 de la Carta de los Derechos Fundamentales de la Unión Europea (CDFUE), que garantizan el derecho a un proceso equitativo y a un recurso efectivo, según la interpretación del Tribunal Europeo de Derechos Humanos (TEDH) y el Tribunal de Justicia de la Unión Europea (TJUE), respectivamente.

Recordemos que el artículo 6 del Convenio Europeo para la Protección de los Derechos Humanos y de las Libertades Fundamentales dispone que "*toda persona tiene derecho a que su causa sea vista equitativa y públicamente en un plazo razonable, por un tribunal independiente e imparcial, establecido por la ley, que decidirá sea sobre sus derechos y obligaciones civiles, sea sobre el fundamento de cualquier acusación en materia penal dirigida contra ella*". Por otro lado, el artículo 47 de la Carta de Derechos Fundamentales de la Unión Europea afirma que "*toda persona cuyos derechos y libertades garantizados por el Derecho de la Unión hayan sido violados tiene derecho a la tutela judicial efectiva respetando las condiciones establecidas en el presente artículo*".

De conformidad con la legislación europea, el concepto de acceso a la justicia obliga a los Estados a garantizar a todas las personas el derecho de acudir a los órganos jurisdiccionales (o, en algunas circunstancias, a otro órgano de resolución alternativa de conflictos) para interponer una demanda si se han vulnerado sus derechos. Y el derecho de acceso a la justicia comprende varios derechos humanos fundamentales, como el derecho a un proceso equitativo según el artículo 6 del CEDH y el artículo 47 de la CDFUE, y el derecho a un recurso efectivo según el artículo 13 del CEDH y el artículo 47 de la CDFUE

Examinemos brevemente la jurisprudencia del Tribunal Europeo de Derechos Humanos (TEDH). El derecho de acceso a un órgano jurisdiccional es un elemento importante del derecho de acceso a la justicia, dado que los órganos jurisdiccionales ofrecen protección contra prácticas ilegales y defienden el Estado de Derecho (STEDH n.º 47273/99, 12 de noviembre de 2002, *Běleš y otros c. República Checa*). El TEDH considera que los derechos deben ser "prácticos y efectivos" más que "teóricos e ilusorios" (STEDH n.º 6694/74, 13 de mayo de 1980, *Artico c. Italia*, apdo. 33). El derecho de acceso a un órgano jurisdiccional no es absoluto, sino que se puede limitar. Por ejemplo, cabe imponer plazos razonables puede favorecer la correcta administración de justicia. Sin embargo, estas restricciones no deben atentar contra "la esencia misma del derecho" (TEDH n.º 8225/78, 28 de mayo de 1985, *Ashingdane c. Reino Unido*, apdo. 57). Por ejemplo, demorar un proceso durante mucho tiempo puede violar el derecho de acceso a un órgano jurisdiccional porque puede impedir a una persona obtener una "resolución" sobre el litigio (TEDH n.º 48778/99, 1 de marzo de 2002, Kutic c. Croacia, apdo. 25).

El Tribunal de Justicia de la Unión Europea (TJUE) viene entendiendo que el artículo 47 de la Carta de los Derechos Fundamentales de la UE incorpora el principio jurídico comunitario de que los Estados miembros deben garantizar la tutela judicial efectiva de los derechos de las personas que emanan del Derecho de la Unión Europea (incluidos los derechos recogidos en la Carta). Esto significa que el derecho de acceso a un órgano jurisdiccional se aplica siempre que estén afectados los derechos y libertades garantizados por el Derecho de la UE.

¿Qué órgano judicial es el competente? El recurso ha de ser conocido por tribunal competente del Estado miembro en el que esté establecida la autoridad que ha impuesto la sanción. El tribunal competente surge de la aplicación de la normativa interna del Estado. En España hay que acudir a la distribución de competencias en la Ley Orgánica del Poder Judicial.

¿Qué procedimiento es el aplicable? El que se regule por cada ordenamiento procesal nacional. Cabe recordar que corresponde a los Estados miembros de la UE establecer un régimen de recursos y procedimientos legales que garantice el respeto de los derechos contemplados en el Derecho de la UE (STJUE de 13 de marzo de 2007, asunto C-432/05, caso *Unibet-London Ltd y Unibet-International Ltd c. Justitiekanslern*, apdos. 37-42). La legislación nacional no debe menoscabar la tutela judicial efectiva de estos derechos (STJUE de 22 de diciembre de 2010, asunto C-279/09, caso *DEB Deutsche Energiehandels- und Beratungsgesellschaft mbH c. Bundesrepublik Deutschland*, apdo. 59).

8. INFORMACIÓN A LA COMISIÓN EUROPEA

De acuerdo con el artículo 99.11 del RIA, los Estados miembros deben informar anualmente a la Comisión de las multas administrativas que hayan impuesto durante ese año de conformidad con el presente artículo y de cualquier litigio o proceso judicial relacionados.

9. CASOS ESPECÍFICOS

9.1. SOBRE LAS PYMES Y *STARTUPS*

El artículo 99.1 del RIA dispone, con carácter general, que las sanciones tendrán en cuenta los intereses de las pymes, incluidas las empresas emergentes, así como su viabilidad económica.

En relación con la cuantía de las multas, el artículo 99.6 del RIA establece que, en el caso de las pymes, incluidas las empresas emergentes, cada una de las multas a que se refiere el presente artículo podrá ser por el porcentaje o el importe a que se refieren los apartados 3, 4 y 5, según cuál de ellos sea menor.

9.2. SOBRE LA POSIBLE RESPONSABILIDAD DE LAS ENTIDADES DEL SECTOR PÚBLICO

El artículo 99.8 del RIA permite a cada Estado miembro el establecimiento de normas que determinen en qué medida es posible imponer multas administrativas a autoridades y organismos públicos establecidos en dicho Estado miembro.

Se trata de la misma solución que se adoptó por la normativa de protección de datos personales (RGPD), habiendo optado el Derecho español por la no imposición de sanciones económicas a las entidades públicas, sin perjuicio de la declaración de infracción (art. 77 LOPDGDD). En este último sentido, hay que recordar que el artículo 77.2 de la LOPDGDD establece que, cuando los responsables o encargados enumerados en el artículo 77.1 cometiesen alguna de las infracciones a las que se refieren los artículos 72 a 74 de esta ley orgánica, la autoridad de protección de datos que resulte competente dictará resolución declarando la infracción y estableciendo, en su caso, las medidas que proceda adoptar para que cese la conducta o se corrijan los efectos de la infracción que se hubiese cometido. Habrá que esperar la decisión que tome el legislador español en relación con el RIA.

III. RÉGIMEN SANCIONADOR PARA LA ADMINISTRACIÓN DE LA UNIÓN EUROPEA

1. ÁMBITO DE APLICACIÓN

El artículo 100 del RIA contiene un específico régimen sancionador para las instituciones, los órganos y los organismos de la Unión Europea.

2. INFRACCIONES

Son las siguientes:

a) Infracciones muy graves: el no respeto de la prohibición de las prácticas de IA a que se refiere el artículo 5 del RIA (art. 100.2 RIA).

b) Infracciones graves: el incumplimiento por parte del sistema de IA de cualquiera de los requisitos u obligaciones establecidos en el presente Reglamento, distintos de los previstos en el artículo 5 del RIA (art. 100.3 RIA).

3. SANCIONES

Por infracciones muy graves: multas administrativas de hasta 1.500.000 euros (art. 100.2 RIA).

Por infracciones graves: multas administrativas de hasta 750.000 euros (art. 100.3 RIA).

4. CRITERIOS PARA INDIVIDUALIZAR LA RESPONSABILIDAD

El artículo 100.1 del RIA recoge diferentes elementos para fijar la cuantía de la multa, teniendo en cuenta consideración todas las circunstancias pertinentes de la situación de que se trate; así como, en su caso, los siguientes criterios:

a) La naturaleza, la gravedad y la duración de la infracción y de sus consecuencias; teniendo en cuenta la finalidad del sistema de IA de que se trate, el número de personas afectadas y el nivel de los daños que hayan sufrido, así como cualquier infracción anterior pertinente;
b) El grado de responsabilidad de la institución, órgano u organismo de la Unión, teniendo en cuenta las medidas técnicas y organizativas aplicadas;
c) Las acciones emprendidas por la institución, órgano u organismo de la Unión para mitigar los perjuicios sufridos por las personas afectadas;
d) El grado de cooperación con el Supervisor Europeo de Protección de Datos con el fin de poner remedio a la infracción y mitigar sus posibles efectos adversos, incluido el cumplimiento de cualquiera de las medidas que el propio Supervisor Europeo de Protección de Datos haya ordenado previamente contra la institución, órgano u organismo de la Unión de que se trate en relación con el mismo asunto;
e) Toda infracción anterior similar cometida por la institución, órgano u organismo de la Unión.
f) La forma en que el Supervisor Europeo de Protección de Datos tuvo conocimiento de la infracción, en particular si la institución, órgano u organismo de la Unión notificó la infracción y, en tal caso, en qué medida; y
g) El presupuesto anual de la institución, órgano u organismo de la Unión.

5. AUTORIDAD COMPETENTE

La competencia se atribuye al Supervisor Europeo de Protección de Datos (SEPD).

Establecido por el Reglamento (UE) 2018/1725[1], el SEPD es un organismo independiente de la UE que se encarga de supervisar la aplicación de las normas sobre protección de datos en las instituciones europeas y de investigar las denun-

---

1 Reglamento (UE) 2018/1725 del Parlamento Europeo y del Consejo, de 23 de octubre de 2018, relativo a la protección de las personas físicas en lo que respecta al tratamiento de datos personales por las instituciones, órganos y organismos de la Unión, y a la libre circulación de esos datos, y por el que se derogan el Reglamento (CE) nº 45/2001 y la Decisión nº 1247/2002/CE.

cias, a la que el RIA le atribuye la competencia de sancionar a las instituciones, los órganos y los organismos de la Unión Europea por infracciones del RIA.

6. PROCEDIMIENTO

El artículo 100 del RIA contempla varios elementos mínimos del procedimiento tramitado por el Supervisor Europeo de Protección de Datos. Son los siguientes:

6.1. AUDIENCIA

Antes de tomar ninguna decisión en virtud del presente artículo, el Supervisor Europeo de Protección de Datos ofrecerá a la institución, órgano u organismo de la Unión sometida al procedimiento instruido por el Supervisor Europeo de Protección de Datos la oportunidad de ser oída en lo que respecta a la posible infracción (primer inciso del art. 100.4 RIA).

6.2. CONTRADICCIÓN

El Supervisor Europeo de Protección de Datos basará sus decisiones únicamente en los elementos y las circunstancias sobre los que las partes afectadas hayan podido manifestarse (segundo inciso del art. 100.4 RIA). Los denunciantes, si los hay, participarán estrechamente en el procedimiento (último inciso del art. 100.4 RIA).

6.3. DEFENSA

Los derechos de defensa de las partes estarán garantizados plenamente en el curso del procedimiento (primer inciso del art. 100.5 RIA).

6.4. ACCESO AL EXPEDIENTE

Las partes tendrán derecho a acceder al expediente del Supervisor Europeo de Protección de Datos, sin perjuicio del interés legítimo de las personas físicas y las empresas en la protección de sus datos personales o secretos comerciales (último inciso del art. 100.5 RIA).

7. INFORMACIÓN A LA COMISIÓN

De conformidad con el artículo 100.7 del RIA, el Supervisor Europeo de Protección de Datos informará anualmente a la Comisión de las multas administrativas que haya impuesto en virtud del presente artículo y de cualquier litigio o proceso judicial que haya iniciado.

8. DESTINO DE LAS MULTAS

La recaudación proveniente de la imposición de multas con arreglo al presente artículo contribuirá al presupuesto general de la Unión (primer inciso del art. 100.6 RIA).

En todo caso, las multas no afectarán al funcionamiento efectivo de la institución, órgano u organismo de la Unión sancionado (último inciso del art. 100.6 RIA).

IV. RÉGIMEN SANCIONADOR PARA LOS PROVEEDORES DE MODELOS IA DE USO GENERAL

1. ÁMBITO DE APLICACIÓN

Es aplicable a los proveedores de modelos de inteligencia artificial de uso general o de propósito general. Cabe recordar que "modelo de IA de uso general" es un modelo de IA, también uno entrenado con un gran volumen de datos utilizando la autosupervisión a gran escala, que presenta un grado considerable de generalidad y es capaz de realizar de manera competente una gran variedad de tareas distintas, independientemente de la manera en que el modelo se introduzca en el mercado, y que puede integrarse en diversos sistemas o aplicaciones posteriores, excepto los modelos de IA que se utilizan para actividades de investigación, desarrollo o creación de prototipos antes de su introducción en el mercado (art. 3.63) RIA).

En relación con los proveedores de modelos de inteligencia artificial de uso general y, con el objetivo de garantizar el cumplimiento adecuado y efectivo de los requisitos y obligaciones previstos en el RIA, debe aplicarse en su totalidad el sistema relativo a la vigilancia del mercado y la conformidad de los productos establecido por el Reglamento (UE) 2019/1020 del Parlamento Europeo y del Consejo, de 20 de junio de 2019, relativo a la vigilancia del mercado y la conformidad de los productos y por el que se modifican la Directiva 2004/42/CE y los

Reglamentos (CE) n.º 765/2008 y (UE) n.º 305/2011 (Reglamento Vigilancia del Mercado).

En este sentido, el primer inciso del artículo 74.1 del RIA dispone que "*el Reglamento (UE) 2019/1020 se aplicará a los sistemas de IA regulados por el presente Reglamento*". Y las autoridades de vigilancia del mercado designadas con arreglo al RIA deben disponer de todos los poderes de ejecución establecidos en el citado RIA y en el Reglamento (UE) 2019/1020, y deben ejercer sus poderes y desempeñar sus funciones de manera independiente, imparcial y objetiva (cdo. 156 RIA).

Por otro lado, cabe recordar que el RIA contiene normas específicas para los modelos de IA de uso general y para los modelos de IA de uso general que entrañan riesgos sistémicos, que deben aplicarse también cuando estos modelos estén integrados en un sistema de IA o formen parte de un sistema de IA. Y también establece un régimen de supervisión, investigación, cumplimiento y seguimiento respecto de proveedores de esos modelos de IA de uso general (arts. 88 y ss.).

2. INFRACCIONES

Son las siguientes:

a) Incumplimiento de las disposiciones pertinentes del Reglamento;
b) Falta de atención a una solicitud de información o documentos con arreglo al artículo 91 del RIA, o facilitación de información inexacta, incompleta o engañosa;
c) Incumplimiento de una medida solicitada en virtud del artículo 93; y
d) Negativa de acceso a la Comisión al modelo de IA de uso general o al modelo de IA de uso general con riesgo sistémico para que se lleve a cabo una evaluación con arreglo al artículo 92.

2. ELEMENTO SUBJETIVO

Las anteriores infracciones serán castigadas tanto si se realizan de forma deliberada (dolo), como si tienen lugar por negligencia (imprudencia).

3. SANCIONES

La Comisión podrá imponer multas a los proveedores de modelos de IA de uso general que no superen el 3% de su volumen de negocios mundial total correspondiente al ejercicio financiero anterior o de 15.000.000 euros.

Al fijar el importe de la multa o de la multa coercitiva, se tomarán en consideración la naturaleza, gravedad y duración de la infracción, teniendo debidamente en cuenta los principios de proporcionalidad y adecuación. La Comisión también tendrá en cuenta los compromisos contraídos de conformidad con el artículo 93, apartado 3, y en los códigos de buenas prácticas pertinentes previstos en el artículo 56.

4. AUTORIDAD COMPETENTE

Es la Comisión Europea.

5. PROCEDIMIENTO

5.1. DERECHO A UNA BUENA ADMINISTRACIÓN

El artículo 41 de la Carta de los Derechos Fundamentales de la UE recoge el derecho a una buena administración. Se basa en la existencia de la Unión como una comunidad de Derecho, cuyas características ha desarrollado la jurisprudencia, que consagró, entre otras cosas, la buena administración como un principio general de Derecho (véase, entre otras, la STJUE de 31 de marzo de 1992, asunto C-255/90, caso *P. Burban*, Rec. 1992, pág. I-2253; así como las sentencias del Tribunal de Primera Instancia de 18 de septiembre de 1995, asunto T-167/94, caso *Nölle*, Rec. 1995, pág. II-2589; de 9 de julio de 1999, asunto T-231/97, caso *New Europe Consulting y otros*, Rec. 1999. pág. II-2403).

Pues bien, el derecho del artículo 41 incluye en particular (art. 41.1 CDFUE):

a) El derecho de toda persona a ser oída antes de que se tome en contra suya una medida individual que la afecte desfavorablemente;

b) El derecho de toda persona a acceder al expediente que le concierna, dentro del respeto de los intereses legítimos de la confidencialidad y del secreto profesional y comercial; y

c) La obligación que incumbe a la administración de motivar sus decisiones.

Las manifestaciones de este derecho enunciadas en los dos primeros apartados se derivan de la jurisprudencia (SSTJUE de 15 de octubre de 1987, asunto 222/86, caso *Heylens*, Rec. 1987, pág. 4097, apartado 15; de 18 de octubre de 1989, asunto 374/87, caso *Orkem*, Rec. 1989, pág. 3283; de 21 de noviembre de 1991, asunto C-269/90, caso *TU München*, Rec. 1991, pág. I-5469, y sentencias del Tribunal de Primera Instancia de 6 de diciembre de 1994, asunto

T-450/93, caso Lisrestal, Rec. 1994, pág. II-1177; de 18 de septiembre de 1995, asunto T-167/94, caso Nölle, Rec. 1995, pág. II-2589). Y, con respecto a la obligación de motivar, el artículo 296 del Tratado de Funcionamiento de la Unión Europea establece que "los actos jurídicos deberán estar motivados y se referirán a las propuestas, iniciativas, recomendaciones, peticiones o dictámenes previstos por los Tratados".

5.2. GARANTÍAS PROCEDIMENTALES

En relación con las garantías procedimentales de los operadores económicos del modelo de IA de uso general, el artículo 94 del RIA remite expresamente al Reglamento (UE) 2019/1020 del Parlamento Europeo y del Consejo, de 20 de junio de 2019, relativo a la vigilancia del mercado y la conformidad de los productos y por el que se modifican la Directiva 2004/42/CE y los Reglamentos (CE) nº 765/2008 y (UE) nº 305/2011.

Cabe recordar que el artículo 94 del RIA dispone lo siguiente: "*El artículo 18 del Reglamento (UE) 2019/1020 se aplicará mutatis mutandis a los proveedores del modelo de IA de uso general, sin perjuicio de las garantías procesales más específicas previstas en el presente Reglamento*".

Pues bien, los derechos procedimentales que se recogen en el citado artículo 18 del Reglamento (UE) 2019/1020 son los siguientes:

a) Motivación. Toda medida, decisión u orden que adopten las autoridades de vigilancia del mercado con arreglo a la legislación de armonización de la Unión o al presente Reglamento deberá estar motivada con exactitud (art. 18.1 Reglamento Vigilancia del Mercado).

b) Notificación. Toda medida, decisión u orden de ese tipo se comunicará sin demora al operador económico pertinente, informándole al mismo tiempo de las vías de recurso que le ofrece el Derecho del Estado miembro de que se trate y los plazos para la interposición de los recursos (art. 18.2 Reglamento Vigilancia del Mercado).

c) Audiencia. Antes de adoptar una medida, decisión u orden según el apartado 1, se ofrecerá al operador económico afectado la oportunidad de ser oído en un plazo adecuado no inferior a diez días hábiles, a menos que la urgencia de la medida, la decisión o la orden no permita ofrecerle esa oportunidad, habida cuenta de los requisitos de salud o seguridad u otros motivos relacionados con los intereses públicos protegidos por la legislación de armonización de la Unión aplicable (art. 18.3.1º Reglamento Vigilancia del Mercado).

Si la medida, la decisión o la orden se adoptan sin dar al operador económico la oportunidad de ser oído, se le dará después esa oportunidad tan pronto como sea posible, y la medida, la decisión o la orden serán revisadas sin demora por la autoridad de vigilancia del mercado (art. 18.3.2º Reglamento Vigilancia del Mercado)

6. RECURSOS

El Tribunal de Justicia de la Unión Europea tendrá plena competencia jurisdiccional para examinar las decisiones de imposición de una multa adoptadas por la Comisión Europea en virtud del RIA. Podrá anular, reducir o incrementar la cuantía de la multa impuesta.